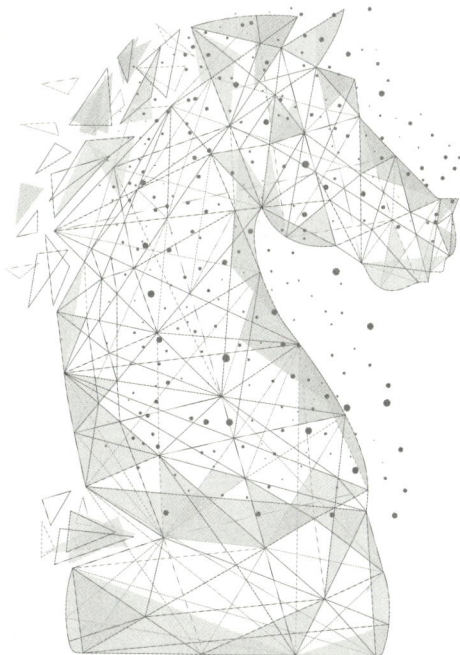

"十四五"职业教育国家规划教材
（中等职业学校公共基础课程教材）

# 数　学

## （基础模块）　上册

第 **4** 版

主　　编：曹一鸣
分册主编：付　勇　董连春
分册副主编：郑常秀　李茂良　杨裕铨　钟建林
分册参编：胡琴竹　周　阳　李　恒　周海燕　田世伟

SHUXUE JICHU MOKUAI SHANGCE

北京师范大学出版集团
BEIJING NORMAL UNIVERSITY PUBLISHING GROUP
北京师范大学出版社

**图书在版编目(CIP)数据**

数学：基础模块. 上册 / 曹一鸣，付勇，董连春主编. —4
版. —北京：北京师范大学出版社，2021.8(2025.7 重印)
ISBN 978-7-303-27089-7

Ⅰ.①数…　Ⅱ.①曹…②付…③董…　Ⅲ.①数学课—中
等专业学校—教材　Ⅳ.①G634.603

中国版本图书馆 CIP 数据核字(2021)第 127012 号

出版发行：北京师范大学出版社 https://www.bnupg.com
　　　　　北京市西城区新街口外大街 12-3 号
　　　　　邮政编码：100088
印　　刷：北京盛通印刷股份有限公司
经　　销：全国新华书店
开　　本：889 mm×1194 mm　1/16
印　　张：14
字　　数：214 千字
版　　次：2021 年 8 月第 4 版
印　　次：2025 年 7 月第 41 次印刷
定　　价：27.00 元

策划编辑：林　子　余娟平　　　责任编辑：马力敏
美术编辑：焦　丽　　　　　　　　装帧设计：焦　丽
责任校对：陈　民　　　　　　　　责任印制：陈　涛

# "十四五"职业教育国家规划教材（中等职业学校公共基础课程教材）出版说明

为贯彻党的二十大精神，落实《中华人民共和国职业教育法》规定，深化职业教育"三教"改革，全面提高技术技能型人才培养质量，按照《职业院校教材管理办法》《中等职业学校公共基础课程方案》和有关课程标准的要求，在国家教材委员会的统筹领导下，根据教育部职业教育与成人教育司安排，教育部职业教育发展中心组织有关出版单位完成对数学、英语、信息技术、体育与健康、艺术、物理、化学7门公共基础课程国家规划新教材修订工作，修订教材经专家委员会审核通过，统一标注"十四五"职业教育国家规划教材（中等职业学校公共基础课程教材）。

修订教材根据教育部发布的中等职业学校公共基础课程标准和国家新要求编写，全面落实立德树人根本任务，突显职业教育类型特征，遵循技术技能人才成长规律和学生身心发展规律，聚焦核心素养、注重德技并修，在教材结构、教材内容、教学方法、呈现形式、配套资源等方面进行了有益探索，旨在推动中等职业教育向就业和升学并重转变，打牢中等职业学校学生的科学文化基础，提升学生的综合素质和终身学习能力，提高技术技能人才培养质量，巩固中等职业教育在职业教育体系中的基础地位。

各地要指导区域内中等职业学校开齐开足开好公共基础课程，认真贯彻实施《职业院校教材管理办法》，确保选用本次审核通过的国家规划修订教材。如使用过程中发现问题请及时反馈给出版单位，以推动编写、出版单位精益求精，不断提高教材质量。

中等职业学校公共基础课程教材建设专家委员会

2023 年 6 月

# 前　言 >>>>>>>>>>
·······

　　中等职业学校数学课程是中等职业学校各专业学生必修的公共基础课程，承载着落实立德树人根本任务、发展素质教育的功能，具有基础性、发展性、应用性和职业性等特点。本套教材是"十四五"职业教育国家规划教材（中等职业学校公共基础课程教材），依据《中等职业学校公共基础课程方案》和《中等职业学校数学课程标准》（以下简称"新课标"）编写。

## 一、本套教材的主要内容

　　本套教材注重提升学生数学运算、直观想象、逻辑推理、数学抽象、数据分析和数学建模六大数学学科核心素养；注重提高学生学习数学的兴趣，增强学生学好数学的主动性和自信心，使学生养成理性思维、敢于质疑、善于思考的科学精神和精益求精的工匠精神，加深对数学的科学价值、应用价值、文化价值和审美价值的认识；注重依据中职学生的实际情况，为不同需求的学生提供未来发展所需的数学知识，并培养其相应的数学能力。

　　本套教材内容体系如下。

```
                                  ┌── 基础知识 ──┬── 第一单元  集合
                                  │              └── 第二单元  不等式
                           ┌ 上册 │              ┌── 第三单元  函数
                           │      └── 函数 ──────┼── 第四单元  指数函数与对数函数
基础模块 ──────────────────┤                     └── 第五单元  三角函数
                           │      ┌── 几何与代数 ┬── 第六单元  直线与圆的方程
                           └ 下册 │              └── 第七单元  简单几何体
                                  └── 概率与统计 ──── 第八单元  概率与统计初步

                                  ┌── 基础知识 ──── 第一单元  充要条件（简易逻辑）
                                  │                 ┌── 第二单元  三角计算
                           ┌ 上册 ┼── 函数 ─────────┴── 第三单元  数列
                           │      │ 几何与代数      ┌── 第四单元  平面向量
拓展模块一 ────────────────┤      └（几何部分）────┼── 第五单元  圆锥曲线
                           │                       └── 第六单元  立体几何
                           │      ┌ 几何与代数
                           └ 下册 ┤（代数部分）──── 第七单元  复数
                                  │                 ┌── 第八单元  排列组合
                                  └── 概率与统计 ───┼── 第九单元  随机变量及其分布
                                                    └── 第十单元  统计
```

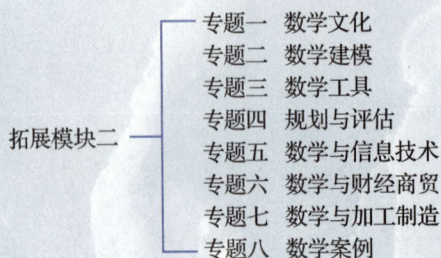

## 二、本套教材的主要特色

### ·紧扣新课标新理念，注重发展核心素养

为全面贯彻党的教育方针、落实立德树人根本任务，本套教材严格依据新课标编写，全面落实新课标要求，在数学内容设计中突出数学学科核心素养，注重学生核心素养的提升。

### ·重视实践体现应用，突显数学育人价值

本套教材充分考虑中等职业教育的教学规律、一线职业学校学生的实际情况和学生未来职业发展需求，注重创设贴近学生生活、未来职场的数学情境，生动自然地引入、呈现、展开数学知识的学习。数学情境多源自日常生活、社会生活或生产实践案例，注重在案例情境中提出数学问题，使学生学会运用数学知识和数学思维解决实际问题，提升学生的数学运用能力。

### ·新知生成旧知迁移，有机构建数学整体

本套教材注重数学新知识的自然生成，设置"知识回顾""问题提出/观察思考""分析理解""抽象概括"等栏目，通过层层递进的符合逻辑规律的结构体例，让学生了解数学知识的来龙去脉。教材注意各部分知识之间的内在联系，通过类比、联想、知识的迁移和应用等手段，使学生体会知识之间的有机联系，感受数学的整体性，正确认识数学的本质。

### ·尊重学生主体地位，体现分层教学理念

本套教材坚持以学生为本，尊重学生主体地位，关注学生的个体差异。在例题选择、习题编排等方面均差别化设置难度，突出学业水平评价要素，体现分层教学的理念，既适应不同地区、不同专业类别、不同数学基础学生的特点，又兼顾学生升学和就业的需要。

## 三、本套教材的配套资源

本套教材为学生提供配套学习指导与能力训练，帮助学生进行同步复习与学习检测，兼顾升学和就业两种发展需求，提升学生学习效率和效果。

"京师智教"为本套教材配套资源服务平台，为教师开展多样化教学、学生开展个性化自主学习提供全方位的支持和服务。本套教材配备丰富的数字资源，资源类型包括教学课件、同步教案、重难点知识讲解视频、重难点习题讲解视频以及在线交互习题等。我们将继续开展其他优质数字教学资源的研发和建设，不断更新和丰富相关内容，做到与时俱进。师生可访问京师智教官方网站：https：//jsek.bnuic.com，登录后搜索书名进行查看。

## 四、本教材的编写团队及分工

本套教材由北京师范大学数学科学学院曹一鸣教授担任主编，负责设计教材的编写提纲、编写体例，本册教材为基础模块上册，由付勇、董连春担任分册主编。本册教材书稿撰写分工如下：第一单元，周阳、胡琴竹；第二单元，董连春、钟建林；第三单元，郑常秀、胡琴竹、周海燕；第四单元，付勇、杨裕铨；第五单元，李茂良、李恒、田世伟。曹一鸣对全书进行统稿、定稿，并对第一、第二、第三单元进行较大幅度的修改，付勇、董连春、胡琴竹、郑常秀、李茂良、杨裕铨、钟建林参与全书的审稿和定稿工作。

除上述主要编者外，参加本教材讨论、修改和相关教学资源制作的还有（以姓氏笔画为序）：王立东（北京师范大学），刘雷雷（重庆市北碚职业教育中心），严凯（上海市材料工程学校），张金玲（重庆市育才职业教育中心），林雪梅（上海市商业会计学校），柴光祥（绥阳县中等职业技术学校），徐永昌（长垣职业中等专业学校），高晓兵（北部湾职业技术学校），曾善鹏（杭州市电子信息职业学校）。同时，在教材前期的试教试用过程中，我们收到了很多省市数学教研员、教师的宝贵意见和建议，在此一并表示感谢！

由于时间较为仓促，教材难免存在不足之处，我们诚恳地期待各位读者提出宝贵的修改意见和建议（请发邮件至 yjp@bnupg.com）。

目录

CONTENTS

目　录

如期实现建军一百年奋斗目标，加快把人民军队建成世界一流军队，是全面建设社会主义现代化的战略要求．其中，武器装备现代化是军队现代化的重点之一．在 2019 年 10 月 1 日举行的中华人民共和国成立 70 周年的阅兵式上，共出现 32 个装备方队．根据各种装备的功能，可以将这 32 个装备方队分成 7 个模块，例如，战旗方队、坦克方队、轻型装甲方队、两栖突击车方队等 9 个方队组成了陆上作战模块；岸舰导弹方队、舰舰/潜舰导弹方队和舰载防空武器方队组成了海上作战模块；预警雷达方队、地空导弹第一方队、地空导弹第二方队和野战防空导弹方队组成了防空反导模块等．

我们还可以列出更多关于阅兵式的重要信息，借助集合的思想和方法可以解决相关问题，这是本单元将要学习的内容．

集合论是现代数学的一个重要基础，很多数学分支都是建立在集合论的基础上的．由于集合语言简明准确，有利于迅速、快捷地思考，清晰简洁地表述问题，因此它在人们的日常生活和生产实践中得到了较广泛的应用．

本单元主要学习集合的初步知识，包括集合及其表示、集合之间的关系、集合的运算等．通过本单元的学习，你们将能更好地理解初中学过的数学知识内容，更好地理解数学中的集合语言．尝试运用集合语言简洁地表述数学中的问题，学会运用集合的思想方法研究和解决这些数学问题，有助于你们提升数学运算、直观想象、逻辑推理和数学抽象等核心素养，并为你们进一步学习数学奠定扎实的基础．

第一单元

# 集　合

1. 集合及其表示.

了解集合的概念；理解元素与集合之间的关系；了解空集、有限集和无限集的含义；掌握常用数集的表示符号，初步掌握列举法和描述法等集合的表示方法.

2. 集合之间的关系.

理解集合之间包含与相等、子集与真子集的含义；掌握集合之间基本关系的符号表示.

3. 集合的运算.

理解两个集合的交集、并集；了解全集和补集的含义.

# 1.1　集合及其表示 >>>>>>>>>>

## 1.1.1　集合与元素 >>>

**观察思考**

观察几组对象：

(1) 中华人民共和国成立 70 周年阅兵式上的海上作战模块包括的所有方队；

(2) 0～10 中的所有奇数；

(3) 我国农历二十四节气；

(4) 方程 $x^2-5x-6=0$ 的解；

(5) 到一个角的两边距离相等的所有点.

**分析理解**

(1) 中的所有对象是岸舰导弹方队、舰舰/潜舰导弹方队和舰载防空武器方队；(2) 中的所有对象是 1，3，5，7，9；(3) 中的所有对象是立春、雨水、惊蛰等二十四节气. 类似地，也可以找到 (4) 和 (5) 中的所有对象.

**抽象概括**

像这样，由一些确定的对象所组成的整体就称为**集合**(简称**集**)，集合通常用大写字母 $A$，$B$，$C$，…表示.

集合中的每个确定的对象叫作这个集合的**元素**. 集合中的元素通常用小写字母 $a$，$b$，$c$，…表示.

如果 $a$ 是集合 $A$ 中的元素，就说 $a$ **属于** $A$，记作 $a\in A$，读作"$a$ 属于 $A$"；如果 $b$ 不是集合 $A$ 中的元素，就说 $b$ **不属于** $A$，记作 $b\notin A$，读作"$b$ 不属于 $A$".

**特别提示**

给定一个集合，任何一个对象是否属于这个集合就很明确了. 也就是说，给定一个集合，就给定了一个明确的条件，据此可以判定任何一个对象是否属于这个集合. 这说明集合的元素具有**确定性**.

例如，"大于 10 的偶数"可以组成一个集合，将其记为集合 $B$，那么集合 $B$ 中的元素就是 12，14，16，18，20，…，则 $16 \in B$，$17 \notin B$，$8 \notin B$.

"联合国安全理事会常任理事国"可以组成一个集合，这个集合中的元素是中国、俄罗斯、美国、英国、法国. 如果把这个集合记为 $D$，则中国 $\in D$，日本 $\notin D$.

另外，一个给定集合中的元素不能重复，且在排序上没有顺序要求. 也就是说，集合中的元素具有**互异性**和**无序性**.

**例** 下列对象能否组成集合？

(1) 英文大写字母的全体；

(2) 我们班上高个子同学的全体；

(3) 不等式 $2x-7<0$ 的所有实数解；

(4) 能被 5 整除的正整数的全体.

**分析** 一些对象是否能够组成集合，要看条件所指的对象是不是确定的. 不能确定的对象是不能组成集合的.

(1) 因为"英文大写"这一条件是明确的，所以"英文大写字母"是确定的对象.

(2) 因为"高个子"这一条件不明确，所以它所指的对象不确定.

(3) 解不等式 $2x-7<0$ 得 $x<\dfrac{7}{2}$. 任意一个实数，都可以和 $\dfrac{7}{2}$ 比较大小，所以不等式 $2x-7<0$ 的所有实数解都是确定的对象.

(4) 任意一个正整数，能否被 5 整除是确定的，所以能被 5 整除的正整数能组成集合.

**解** (1) 能；    (2) 不能；    (3) 能；    (4) 能.

**合作交流**

同桌两人，其中一人举出一个集合的例子，另一人说出这个集合中的两个元素，再交换练习，看谁的正确率高.

**随堂练习**

1. 你所在班级的任课教师能组成一个集合吗？如果能，请你说出这个集合中的所有元素.

2. 说出由 $a$，$b$，$c$，$d$，$e$ 组成的集合中的元素.

3. 判断下列对象能否组成集合.

(1) 很大的数；

(2) 一次函数 $y=2x$ 的图像上所有的点.

4. 请你举出两个集合的例子，再说一说它们的元素分别是什么.

笔记

### 1.1.2　常见集合 >>>

**分析理解**

在上节例 (1) 中，集合中元素的个数是 26 个，是有限个. 像这样元素个数有限的集合，称为**有限集**.

在例 (3) (4) 中，集合中元素的个数有无限多个. 像这样元素个数无限的集合，称为**无限集**.

还有一种集合，它不含任何元素. 例如，方程 $x^2+1=0$ 的实数解组成的集合，因为方程 $x^2+1=0$ 在实数范围内无解，因此，这个集合中没有任何元素. 这样的集合叫作**空集**，记作 $\varnothing$.

> 概念
>
> 有限集
>
> 无限集
>
> 空集

**合作交流**

由数字 0 组成的集合与空集 $\varnothing$ 有区别吗？与同学交流讨论.

**例 1**　请指出下列对象中，哪些是有限集，哪些是无限集.

(1) 某中职学校计算机班上体重 50 kg 以上的学生的全体；

(2) 方程 $x^2+2x+2=0$ 的所有实数解；

(3) 不等式 $3-2x>0$ 的所有实数解.

**解**　(1) 计算机班上体重 50 kg 以上的学生的数量是有限的，所以这是一个有限集.

(2) 方程 $x^2+2x+2=0$ 没有实数解，这个集合中元素的个数为 0. 所以这个集合是有限集.

(3) 不等式 $3-2x>0$ 的解集为 $\left\{x \mid x<\dfrac{3}{2}\right\}$，包含无限多个实数，所以这个集合是无限集.

> 知识回顾
>
> 有理数：整数和分数的统称；
>
> 无理数：无限不循环小数；
>
> 实数：有理数和无理数的统称.

如果集合中的元素是数，那么这样的集合称为**数集**. 在数学中，常用的数集有规定的记号.

全体自然数组成的集合，记作 **N**，称为**自然数集**；

全体正整数组成的集合，记作 **N₊** 或 **N***，称为**正整数集**；

全体整数组成的集合，记作 **Z**，称为**整数集**；

全体有理数组成的集合，记作 **Q**，称为**有理数集**；

全体实数组成的集合，记作 **R**，称为**实数集**.

**例 2**　用符号"$\in$"或"$\notin$"填空.

(1) 1 _____ **N₊**；　(2) $\sqrt{3}$ _____ **Q**；　(3) $\dfrac{1}{2}$ _____ **Z**.

**解**　(1) 1 是正整数，所以填"$\in$"；

(2) $\sqrt{3}$ 是无理数，不是有理数，所以填"$\notin$"；

(3) $\dfrac{1}{2}$ 不是整数，所以填"$\notin$".

**随堂练习**

　　1. 判断下列对象能否组成集合. 若能，指出其是有限集、无限集还是空集.

(1) 中国名山中的五岳；

(2) 所有面积较大的三角形的全体；

(3) 不等式 $3x+1>0$ 的所有实数解.

2. 请你举出 3 个集合的实例，并且指出：

(1) 哪些是有限集？　　　　(2) 哪些是无限集？

(3) 哪些是空集？ 如果没有空集，请举出两个空集的例子.

3. 用符号"$\in$"或"$\notin$"填空.

3.14 _____ **Q**；　　　　$-5$ _____ **Z**；　　　$\pi$ _____ **Q**；

$\pi$ _____ **Z**；　　　$2\sqrt{3}$ _____ **Q**；　　$2\sqrt{3}$ _____ **Z**；

$2\sqrt{3}$ _____ **R**；　　　0 _____ **N₊**；　　　0 _____ **N**.

**1.1.3　集合的表示** >>>

**问题提出**

　　自然数集、正整数集、整数集、有理数集、实数集、空集有特定的符号表示，那么，一般的集合怎么表示呢？

抽象概括

在集合的表示方法中，常用的有列举法和描述法.

### 1. 列举法

把集合中的元素一一列举出来，写在大括号内，这种表示集合的方法叫作**列举法**.

例如，中华人民共和国成立 70 周年阅兵式中，装备方队的防空反导模块组成的集合用列举法可以表示为{预警雷达方队，地空导弹第一方队，地空导弹第二方队，野战防空导弹方队}.

小于 3 的自然数组成的集合用列举法可以表示为{0，1，2}.

由 $a$，$b$，$c$ 三个字母组成的集合用列举法可以表示为{$a$，$b$，$c$}.

**例 1**　用列举法表示下列集合.

(1) 中国的直辖市组成的集合；　(2) 大于 10 的奇数组成的集合.

**解**　(1) 中国的直辖市组成的集合用列举法可以表示为{北京，天津，上海，重庆}.

(2) 大于 10 的奇数组成的集合用列举法可以表示为{11，13，15，17，19，…}.

### 2. 描述法

把集合中所有元素的共同特征描述出来，这种表示集合的方法叫作**描述法**.

描述法的一般形式为

{元素的一般符号及取值(或变化)范围 | 集合中元素所具有的共同特征}.

例如，由数字 1，3，5，7，9 组成的集合用描述法可以表示为

$$\{x \in \mathbf{R} \mid x \text{ 是小于 10 的正奇数}\}. \qquad ①$$

小于 3 的自然数组成的集合用描述法可以表示为

$$\{x \in \mathbf{N} \mid x < 3\}. \qquad ②$$

方程 $x^2 - 3x = 0$ 的所有实数解组成的集合用描述法可以表示为

$$\{x \in \mathbf{R} \mid x^2 - 3x = 0\}. \qquad ③$$

如果集合中元素 $x$ 的取值范围是全体实数，则 $x$ 的取值范围可以省略. 例如，①和③中的"$\in \mathbf{R}$"常常省略不写，而分别写成{$x \mid x$ 是小于 10 的正奇数}和{$x \mid x^2 - 3x = 0$}.

笔记

**特别提示**

例 1(2) 中的集合含有无限多个元素，不需要或不可能一一列举出来，可以依其规律，写出几个元素，用省略号表示其他元素.

**例 2**　用描述法表示下列集合.

(1) 方程 $x^2-4=0$ 的所有实数解组成的集合;

(2) 满足 $1<x\leqslant3$ 的所有实数 $x$ 组成的集合;

(3) 大于 10 的偶数组成的集合;

(4) 在平面直角坐标系中, 一次函数 $y=-x$ 的图像上所有的点组成的集合.

**分析**　用描述法表示集合, 关键是找出集合中元素所具有的共同特征. 根据对共同特征的描述必须能判定任一对象是否属于这个集合.

**解**　(1) 方程 $x^2-4=0$ 的所有实数解组成的集合用描述法可以表示为

$$\{x\mid x^2-4=0\}.$$

(2) 满足 $1<x\leqslant3$ 的所有实数 $x$ 组成的集合用描述法可以表示为

$$\{x\mid 1<x\leqslant3\}.$$

(3) 由于正偶数都能够写成 $2n(n\in\mathbf{N}_+)$ 的形式, 所以大于 10 的偶数组成的集合用描述法可以表示为

$$\{x\mid x=2n,\ n>5,\ n\in\mathbf{N}_+\}.$$

(4) 由于平面直角坐标系中的点都可以用坐标写成 $(x,\ y)$ 的形式, 其中 $x$ 表示横坐标, $y$ 表示纵坐标, 所以一次函数 $y=-x$ 的图像上所有的点组成的集合用描述法可以表示为

$$\{(x,\ y)\mid y=-x\}.$$

我们把方程或不等式的所有实数解组成的集合叫作该方程或不等式的**解集**. 例如, 例 2 (1) 和 (2) 中的集合就是方程和不等式的解集. 由于解集中的元素是数, 因此方程或不等式的解集也是数集.

由于数轴上的点与实数是一一对应的, 所以实数也可以用数轴上的点来表示. 我们把由点组成的集合叫作**点集**. 例如, 例 2 (4) 中的集合就是一个点集, 它是由一次函数 $y=-x$ 的图像上所有的点组成的集合.

数集可以用数轴上的点集表示. 例 2 (2) 中的数集在数轴上的表示如图 1-1 所示.

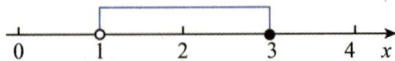

图 1-1

用数轴上的点集来表示数集时, 实心的点表示的数属于这一数集, 空心的点表示的数不属于这一数集.

**合作交流**

分别举出几个集合的例子，使用不同的方法表示这些集合．并与同学交流：哪些集合适合用列举法表示，哪些集合适合用描述法表示？

**随堂练习**

1. 用列举法表示下列集合．

(1) 中国古代的四大发明组成的集合；

(2) 小于 16 的正偶数组成的集合；

(3) 方程 $x^2+3x+2=0$ 的解集．

2. 用描述法表示下列集合．

(1) 大于 3 的自然数组成的集合；

(2) 所有正奇数组成的集合．

3. 分别用列举法和描述法表示由 5，10，15，20，25 组成的集合．

4. 填空题．

(1) 集合 $\{x\in \mathbf{Z}\mid 0\leqslant x<4\}$ 用列举法可以表示为＿＿＿＿＿＿＿＿；

(2) 集合 $\left\{\dfrac{1}{2},\ \dfrac{1}{4},\ \dfrac{1}{6},\ \dfrac{1}{8},\ \dfrac{1}{10},\ \cdots\right\}$ 用描述法可以表示为＿＿＿＿＿＿．

# 习题 1.1 >>>>>>>>>>>>>

**水平一**

1. 判断下列对象能否组成集合，能的画"√"，不能的画"×"．

(1) 不超过 $\pi$ 的正整数的全体． （　　）

(2) 数学课本中所有的难题． （　　）

(3) 中国的大城市的全体． （　　）

(4) 平方后等于自身的数的全体． （　　）

(5) 你们班上身高 1.5 m 以上的学生的全体． （　　）

2. 选择题．

已知集合 $M=\{x\mid x=4n,\ n\in \mathbf{N}_+\}$，则下列各数属于集合 $M$ 的是（　　）．

A. 0　　　　　　B. 2 007　　　　　　C. 2 008　　　　　　D. 2 009

3. 填空题.

(1) 用符号"∈"或"∉"填空.

$\dfrac{2}{5}$____**Q**,　$\dfrac{2}{5}$____**Z**,　$\dfrac{2}{5}$____**R**,　$\sqrt{2}$____**Q**,　$\sqrt{2}$____**R**.

(2) 你们班班委会成员组成的集合用列举法可以表示为_____

_____.

(3) 4 的整数倍组成的集合可以表示为_____.

(4) 已知集合 $A=\{2,3,2a\}$，若 $10\in A$，则 $a$ 的值为_____.

4. 用适当的方法表示下列集合.

(1) 不超过 10 的正偶数组成的集合;

(2) 方程 $x^2-3x+2=0$ 的解集;

(3) 由所有锐角三角形组成的集合.

5. 用描述法表示下列集合，并在数轴上表示出来.

(1) 不等式 $x+4\geqslant0$ 的解集;

(2) 不等式 $3x\leqslant9$ 的解集;

(3) 不等式 $-x<3$ 的解集.

**水平二**

1. 已知集合 $M=\{x\mid x^2=a\}$ 中只有一个元素，请写出由 $a$ 的可能取值组成的集合.

2. 被 7 除余 1 的整数组成的集合可以表示为_____.

3. 用描述法表示平面直角坐标系中第二象限内的所有点组成的集合.

# 1.2　集合之间的关系 >>>>>>>>>>>>

## 1.2.1　子集 >>>

**观察思考**

我国提出并贯彻新发展理念，着力推进高质量发展，自 2012 年以来的十年间，我国城镇化率提高 11.6%，2021 年末城镇化率达到 64.7%. 若 2021 年年末全国城镇常住人口组成一个集合 $A$，全国人口组成一个集合 $B$，则集合 $A$ 与集合 $B$ 之间有什么关系呢?

📑 笔 记

**分析理解** 🎯

我们知道, 全国城镇常住人口中的每个人都是全国人口中的一员, 因此, 集合 $A$ 中的任何一个元素都是集合 $B$ 中的元素, 这时我们就说集合 $A$ 与集合 $B$ 有包含关系.

同样, 整数集与有理数集、有理数集与实数集也有包含关系.

**抽象概括** ⚙️

一般地, 对于两个集合 $A$ 与 $B$, 如果集合 $A$ 中的任何一个元素都是集合 $B$ 中的元素, 即若 $a \in A$, 则 $a \in B$, 那么称集合 $A$ **包含于**集合 $B$, 或集合 $B$ **包含**集合 $A$, 记作 $A \subseteq B$(或 $B \supseteq A$), 读作"集合 $A$ 包含于集合 $B$"或"集合 $B$ 包含集合 $A$", 并称集合 $A$ 是集合 $B$ 的**子集**.

由此, 全国城镇常住人口集合 $A$ 就是全国人口集合 $B$ 的一个子集, 即 $A \subseteq B$.

当集合 $A$ 中有元素不属于集合 $B$ 时, 则称集合 $A$ **不包含于**集合 $B$, 或集合 $B$ **不包含**集合 $A$, 记作 $A \nsubseteq B$ (或 $B \nsupseteq A$).

例如, (1) 集合 $A = \{1\}$, $B = \{2, 3, 4\}$, 则 $A \nsubseteq B$ (或 $B \nsupseteq A$).

(2) 集合 $A = \{1, 2, 3\}$, $B = \{0, 3, 5\}$, 则 $A \nsubseteq B$ (或 $B \nsupseteq A$).

(3) 集合 $C = \{x \mid x > 6\}$, $D = \{x \mid x \geqslant -3\}$, 如图 1-2 所示. 若 $x > 6$, 则一定有 $x \geqslant -3$, 也就是说集合 $C$ 中的所有元素都属于集合 $D$, 所以集合 $C$, $D$ 的关系就可以表示为 $C \subseteq D$ (或 $D \supseteq C$).

📖 概念
**子集**

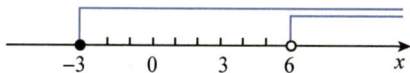

图 1-2

为了直观地表示集合间的关系, 我们常用一个封闭的平面几何图形的内部表示集合. 这种直观表示集合及其关系的图形, 称为 **Venn 图**.

如图 1-3 所示, 它直观地表示了集合 $A$ 是集合 $B$ 的子集.

当 $A \nsubseteq B$, 且 $B \nsubseteq A$ 时, 它们之间的关系有两种可能, 如图 1-4 (1) (2) 所示.

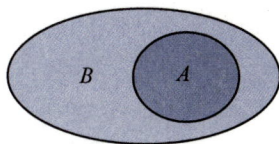

图 1-3

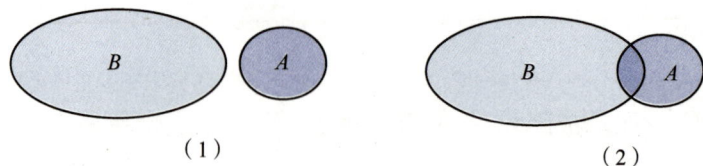

（1）　　　　　　（2）

**图 1-4**

根据子集的定义，任何一个集合 $A$ 都是它自身的子集，即 $A \subseteq A$.

我们规定：**空集是任何集合的子集**，即对于任何一个集合 $A$，都有 $\varnothing \subseteq A$.

**例 1**　某产品在质量和款式上都合格时，才能被评为合格．若用 $A$ 表示合格产品的集合，$B$ 表示质量合格的产品的集合，$C$ 表示款式合格的产品的集合，指出这三个集合之间的包含关系，并指出其中的子集.

**解**　依题意知，$A \subseteq B$，$A \subseteq C$. $A$ 是 $B$ 的子集，$A$ 也是 $C$ 的子集．这三个集合之间的包含关系如图 1-5 所示.

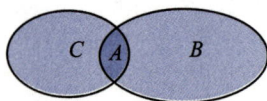

**图 1-5**

**例 2**　写出集合 $\{0, 1\}$ 的所有子集.

**解**　$\{0, 1\}$ 的所有子集是 $\varnothing$，$\{0\}$，$\{1\}$，$\{0, 1\}$.

**合作交流**

符号"$\in$"和"$\subseteq$"有什么不同？与同学交流讨论.

**笔记**

**随堂练习**

1. 用符号"$\in$""$\notin$""$\subseteq$""$\supseteq$""$\nsubseteq$"填空.

(1) $\pi$ _____ $\{x \mid x \leqslant 3.141\,6\}$；

(2) $\varnothing$ _____ $\{0\}$；

(3) $\{a, b, c, d\}$ _____ $\{b, d, e, f, a\}$；

(4) $\{1, 3, 5, 7, 9, 15\}$ _____ $\{1, 3, 5, 15\}$.

2. 在某次体育测试中，百米跑和跳高都及格时，才能被评为及格．若 $A$ 表示百米跑及格的同学组成的集合，$B$ 表示跳高及格的同学组成的集合，$C$ 表示体育测试及格的同学组成的集合，请指出 $A$，$B$，$C$ 之间的包含关系，并指出其中的子集.

3. 写出集合 $\{2, 3\}$ 的所有子集.

### 1.2.2 真子集与相等集合 >>>

**问题提出**

考查下面的集合:

(1) 某中职学校服装设计班所有学生组成集合 $M$, 该服装设计班里所有男生组成集合 $P$;

(2) 集合 $A=\{x \mid x^2=1\}$, $B=\{-1, 1\}$.

集合 $M$ 与集合 $P$、集合 $A$ 与集合 $B$ 有什么关系?

**分析理解**

对于"问题提出"中的 (1), 显然有 $P\subseteq M$.

但是该服装设计班的女生不属于集合 $P$, 也就是说, 集合 $M$ 中有元素不属于集合 $P$. 这时候, 我们说集合 $P$ 是集合 $M$ 的真子集.

**概念**

**真子集**

**抽象概括**

对于两个集合 $A$, $B$, 如果集合 $A$ 是集合 $B$ 的子集, 且集合 $B$ 中至少有一个元素不属于集合 $A$, 那么集合 $A$ 叫作集合 $B$ 的**真子集** (如图 1-6 所示), 记作 $A\subsetneqq B$ (或 $B\supsetneqq A$), 读作"$A$ 真包含于 $B$"或"$B$ 真包含 $A$".

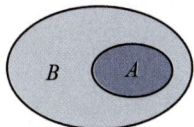

**图 1-6**

例如, 自然数集 **N** 是整数集 **Z** 的真子集, 即 $\mathbf{N}\subsetneqq\mathbf{Z}$.

自然数集 **N** 也是实数集 **R** 的真子集, 即 $\mathbf{N}\subsetneqq\mathbf{R}$.

整数集 **Z** 是有理数集 **Q** 的真子集, 即 $\mathbf{Z}\subsetneqq\mathbf{Q}$.

这些集合之间的关系可以用图 1-7 直观表示.

**笔记**

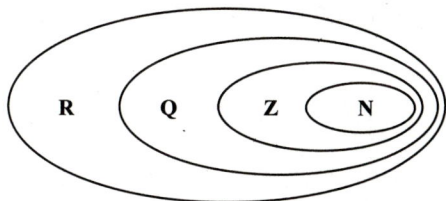

**图 1-7**

**空集是任何非空集合的真子集**, 即对任何非空集合 $A$, 总有 $\varnothing\subsetneqq A$.

例如, 因为集合 $\{0\}$ 中有一个元素 0, 是非空集合, 所以 $\varnothing\subsetneqq\{0\}$.

**例1** 写出集合 $A=\{a,b,c\}$ 的所有子集，并说出集合 $A$ 有几个真子集.

**分析** 为了不重不漏地写出集合 $A$ 的所有子集，我们应分为以下几个步骤来写.

(1) $\varnothing$ 是所有集合的子集，所以先写出 $\varnothing$；

(2) 写出含有一个元素的子集：$\{a\}$，$\{b\}$，$\{c\}$；

(3) 写出含有两个元素的子集：$\{a,b\}$，$\{a,c\}$，$\{b,c\}$；

(4) 写出含有三个元素的子集：$\{a,b,c\}$.

**解** 集合 $A$ 的所有子集是 $\varnothing$，$\{a\}$，$\{b\}$，$\{c\}$，$\{a,b\}$，$\{a,c\}$，$\{b,c\}$，$\{a,b,c\}$.

除了 $\{a,b,c\}$ 外，其他集合都是集合 $A$ 的真子集，所以集合 $A$ 有 7 个真子集.

**合作交流**

请举出两个有包含关系的集合，然后说出它们之间的包含关系，指出其中的子集或者真子集，并用 Venn 图表示它们之间的关系，与同学互相交流.

**分析理解**

对于"问题提出"中的 (2)，不难发现集合 $A$ 和集合 $B$ 中都只有两个元素 $-1$ 和 $1$，所以 $A\subseteq B$，且 $B\subseteq A$. 事实上，这两个集合中的元素是完全相同的，只是这两个集合的表达形式不同.

**抽象概括**

一般地，对于两个集合 $A$，$B$，如果 $A\subseteq B$，且 $B\subseteq A$，那么此时集合 $A$ 与集合 $B$ 的元素是完全一样的，称集合 $A$ 与集合 $B$ **相等**，记作

$$A=B;$$

否则称集合 $A$ 与集合 $B$ 不相等，记作 $A\neq B$.

例如，集合 $A=\{x\mid x$ 是有两条边相等的三角形$\}$，$B=\{x\mid x$ 是等腰三角形$\}$，就有 $A\subseteq B$，且 $B\subseteq A$，所以 $A=B$. 同样，$\{x\mid x$ 是小于 10 的正奇数$\}=\{1,3,5,7,9\}$；$\{x\mid x^2+5x+6=0\}=\{-2,-3\}$.

这样，真子集还可以理解为：对于集合 $A$，$B$，如果 $A\subseteq B$，并且 $A\neq B$，就称集合 $A$ 是集合 $B$ 的真子集.

**例2** 说出下列每对集合之间的关系.

(1) $A=\{1,2,3,4\}$ 和 $B=\{1,3,4\}$;

(2) $P=\{x\mid x>4\}$ 和 $Q=\{x\mid x>1\}$;

(3) $C=\{x\mid x^2+3=0\}$ 和 $\varnothing$.

**解** (1) $A\supsetneqq B$;(2) $P\subsetneqq Q$;(3) $C=\varnothing$.

**合作交流**

与同学交流讨论,说一说子集、真子集、相等集合的区别与联系.

**随堂练习**

1. 用符号"$\in$""$\notin$""$=$""$\subsetneqq$""$\supsetneqq$"填空.

(1) 4＿＿＿＿$\{1,2,3,4,5\}$;

(2) $\{a,b,c\}$＿＿＿＿$\{c,b,a\}$;

(3) $\{a\}$＿＿＿＿$\{b,c,d,a\}$;

(4) $\{x\mid x<5\}$＿＿＿＿$\{x\mid x<3\}$;

(5) $\{x\mid x$ 是正方形$\}$＿＿＿＿$\{x\mid x$ 是矩形$\}$.

2. 写出集合 $A=\{a,b,c,d\}$ 的所有子集,并说出 $A$ 有几个非空真子集.

3. 设集合 $A=\{x\mid x$ 是正方形$\}$,$B=\{x\mid x$ 是矩形$\}$,$C=\{x\mid x$ 是平行四边形$\}$,写出它们之间所有的包含关系.

# 习题 1.2 >>>>>>>>>>>

**水平一**

1. 设集合 $M=\{x\mid x>-1\}$,则下列关系式中正确的是( ).

A.$0\subsetneqq M$    B.$-\sqrt{2}\in M$    C.$\varnothing\in M$    D.$\{0\}\subsetneqq M$

2. 设集合 $A=\{x\in\mathbf{Z}\mid x<5\}$,$B=\{x\in\mathbf{Z}\mid x\leqslant 3\}$,则集合 $A$ 与 $B$ 的关系是＿＿＿.

3. 已知集合 $A=\{4+a,-4\}$,$B=\{2,b\}$.若 $A=B$,求 $a$,$b$ 的值.

4. 举例说明 $A\subseteq B$ 与 $A\subsetneqq B$ 的区别.

**水平二**

1. 设集合 $M=\{x \mid x=3n, n\in\mathbf{N}\}$，$P=\{x \mid x=6n, n\in\mathbf{N}\}$，则下列关系式中正确的是(　　).

A. $M=P$　　　　B. $M\subsetneqq P$　　　　C. $P\subsetneqq M$　　　　D. $P\subseteqq M$

2. 设集合 $A=\{x \mid x$ 是三角形$\}$，$B=\{x \mid x$ 是等腰三角形$\}$，$C=\{x \mid x$ 是等边三角形$\}$，$D=\{x \mid x$ 是直角三角形$\}$，写出它们之间所有的包含关系.

3. 设集合 $M=\{x \mid x^2-4=0\}$，$P=\{a\}$.

(1) 用列举法表示集合 $M$；

(2) 写出集合 $M$ 的所有子集；

(3) 若 $P\subseteq M$，求 $a$ 的值.

# 1.3　集合的运算 ▷▷▷▷▷▷▷▷▷▷▷▷

## 观察思考

到 2035 年，我国要发展成为体育强国. 北京市曾在 2008 年和 2022 年分别举办了第 29 届夏季奥运会和第 24 届冬季奥运会，因此成为世界上第一个既举办过夏季奥运会又举办过冬季奥运会的城市. 现在用集合的观点来分析这个问题，如图 1-8 所示，我们用集合 $U$ 表示世界上所有的城市，用集合 $A$ 表示到 2022 年年底举办过夏季奥运会的城市，用集合 $B$ 表示到 2022 年年底举办过冬季奥运会的城市.

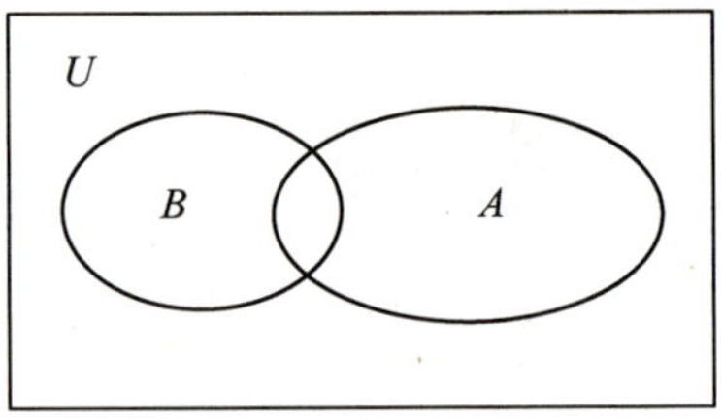

图 1-8

(1) 图中哪部分表示既举办过夏季奥运会又举办冬季奥运会的城市？

(2) 图中哪部分表示举办过夏季奥运会或者举办过冬季奥运会的城市？

(3) 图中哪部分表示没举办过夏季奥运会的城市？

(4) 图中哪部分表示既没举办过夏季奥运会又没举办过冬季奥运会的城市？

## 1.3.1 交集 >>>

**分析理解**

我们来研究本节"观察思考"中的问题 (1).

到 2022 年年底举办过夏季奥运会的城市组成集合 $A$，举办过冬季奥运会的城市组成集合 $B$，同时举办过两种奥运会的城市也组成一个集合 $C$，这个集合中的元素既是集合 $A$ 中的元素，又是集合 $B$ 中的元素. 也就是说，集合 $C$ 是集合 $A$ 与集合 $B$ 的所有公共元素组成的集合，如图 1-9 所示.

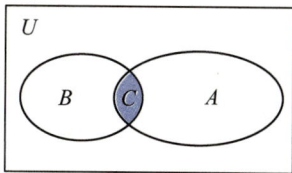

再如，集合 $M=\{1, 2\}$，集合 $P=\{1, 2, 3\}$，集合 $Q=\{1, 2, 5, 6\}$，则集合 $M$ 中的元素既是集合 $P$ 中的元素，又是集合 $Q$ 中的元素. 集合 $M$ 是集合 $P$ 和集合 $Q$ 中的所有公共元素组成的集合，如图 1-10 所示.

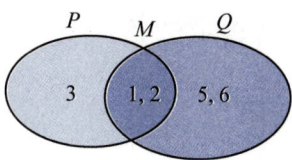

图 1-9

图 1-10

**抽象概括**

一般地，设 $A$，$B$ 是两个集合，由属于 $A$ 且属于 $B$ 的所有元素组成的集合 $C$ 叫作集合 $A$ 与集合 $B$ 的**交集**，记作 $A\bigcap B$，读作"$A$ 交 $B$"，即

$$C=A\bigcap B=\{x \mid x\in A \text{ 且 } x\in B\}.$$

图 1-11 中的涂色部分表示集合 $A$ 与集合 $B$ 的交集.

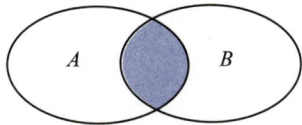

图 1-11

**例 1** 设集合 $A=\{2, 3, 5, 7\}$，$B=\{-2, 0, 3, 5, 8\}$，求 $A\bigcap B$.

**解** $A\bigcap B=\{3, 5\}$.

**例 2** 设集合 $A=\{x \mid -1<x<7\}$，$B=\{x \mid -3<x\leqslant 3\}$，求 $A\bigcap B$.

**分析** 可先将已知集合在数轴上表示出来，然后观察得出交集，但是一定要注意分析端点的情况.

**解** 在数轴上将集合 $A$ 与 $B$ 表示出来 (如图 1-12 所示).

观察可知

$$A\bigcap B=\{x \mid -1<x\leqslant 3\}.$$

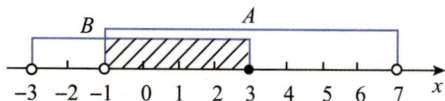

概念
交集

笔记

图 1-12

**例3** 设集合 $A=\{x\mid x\leqslant 2\}$，$B=\{x\mid x<-1\}$，求 $A\cap B$.

**解** 在数轴上将集合 $A$，$B$ 表示出来 (如图 1-13 所示).

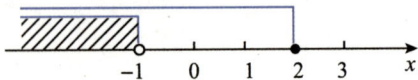

图 1-13

观察可知

$$A\cap B=\{x\mid x<-1\}.$$

**例4** 设集合 $A=\{(x,\ y)\mid x+2y-6=0\}$，$B=\{(x,\ y)\mid x-4y=0\}$，求 $A\cap B$.

**分析** 集合 $A$ 表示方程 $x+2y-6=0$ 的解集，集合 $B$ 表示方程 $x-4y=0$ 的解集，两个解集的交集就是二元一次方程组

$$\begin{cases} x+2y-6=0, \\ x-4y=0 \end{cases}$$

的解集.

**解** 解方程组 $\begin{cases} x+2y-6=0, \\ x-4y=0, \end{cases}$ 得 $\begin{cases} x=4, \\ y=1. \end{cases}$

所以 $A\cap B=\{(4,\ 1)\}$.

根据交集的含义可以知道，对于任意两个集合 $A$，$B$，有下述性质.

(1) $A\cap B=B\cap A$；　　　　　(2) $A\cap A=A$，$A\cap\varnothing=\varnothing$；

(3) $A\cap B\subseteq A$，$A\cap B\subseteq B$；　　(4) 若 $A\subseteq B$，则 $A\cap B=A$.

**合作交流**

1. 与同学交流讨论例 4 的答案，若表示为 $A\cap B=\{4,1\}$ 可不可以？为什么？

2. 你能解释交集的这四条性质吗？与同学交流讨论.

**随堂练习**

1. 填空题.

(1) $\{-1,\ 0,\ 1\}\cap\{0,\ 1,\ 2\}=$＿＿＿＿＿＿；

(2) $\{x,\ y\}\cap\{a,\ b,\ c\}=$＿＿＿＿＿＿；

(3) $\{x\mid x$ 是等腰三角形$\}\cap\{x\mid x$ 是直角三角形$\}=$＿＿＿＿＿＿；

(4) $\mathbf{N}_+\cap\mathbf{Z}=$＿＿＿＿＿＿．

2. 求下列集合的交集.

(1) 设集合 $A=\{x \mid x$ 是 20 以内的正奇数$\}$，$B=\{x \mid x$ 是 20 以内能被 3 整除的正整数$\}$；

(2) 设集合 $A=\{x \mid -1<x\leqslant 3\}$，$B=\{x \mid 0\leqslant x\leqslant 5\}$；

(3) 设集合 $A=\{x \mid x>0\}$，$B=\{x \mid x\leqslant 5\}$；

(4) 设集合 $A=\{x \mid x<3\}$，$B=\{x \mid x<-2\}$；

(5) 设集合 $A=\{x \mid x>5\}$，$B=\{x \mid x<4\}$；

(6) 设集合 $A=\{(x, y) \mid x+y-3=0\}$，$B=\{(x, y) \mid 2x+y-4=0\}$.

## 1.3.2 并集 >>>

**分析理解**

我们再来研究本节"观察思考"中的问题 (2).

显然，我们只要把到 2022 年年底举办过夏季奥运会的城市或者举办过冬季奥运会的城市全部合并在一起就行了，这样合并在一起的城市就组成了一个新的集合，这个集合中的元素属于 $A$ 或者属于 $B$，如图 1-14 所示.

再如，集合 $P=\{a, b, c\}$，集合 $Q=\{a, b, d, e\}$，集合 $M=\{a, b, c, d, e\}$，集合 $M$ 中的元素是由集合 $P$ 或集合 $Q$ 中的元素组成的 (如图 1-15 所示).

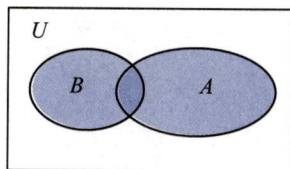

图 1-14

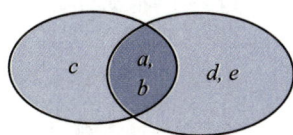

图 1-15

**抽象概括**

一般地，设 $A$，$B$ 是两个集合，由所有属于 $A$ 或者属于 $B$ 的元素组成的集合 $C$ 叫作集合 $A$ 与集合 $B$ 的**并集**，记作 $A\cup B$，读作"$A$ 并 $B$"，即

$$C=A\cup B=\{x \mid x\in A \text{ 或 } x\in B\}.$$

图 1-16 (1) (2) 中的涂色部分就表示集合 $A$ 与集合 $B$ 的并集.

概念

并集

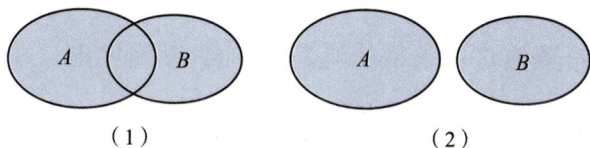

（1）

（2）

图 1-16

**例 1** 已知集合 $A=\{1, 3, 5, 7, 9\}$，$B=\{2, 3, 5, 7\}$，求 $A \cup B$.

**解** $A \cup B=\{1, 2, 3, 5, 7, 9\}$.

**例 2** 已知集合 $A=\{x \mid -1<x<7\}$，$B=\{x \mid -3<x \leqslant 3\}$，求 $A \cup B$.

**解** 在数轴上将集合 $A$，$B$ 表示出来 (如图 1-17 所示).

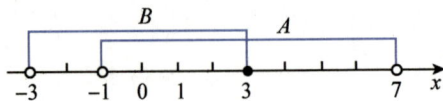

**图 1-17**

观察可知 $A \cup B=\{x \mid -3<x<7\}$.

笔 记

合作交流

与同学交流讨论例 2：

(1) $-1$，$7$ 是否属于 $A \cup B$？为什么？

(2) $-3$，$3$ 是否属于 $A \cup B$？为什么？

**例 3** 设集合 $A=\{x \mid x>4\}$，$B=\{x \mid x \leqslant -2\}$，求 $A \cup B$.

**解** 在数轴上将集合 $A$，$B$ 表示出来，如图 1-18 所示.

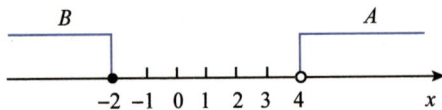

**图 1-18**

观察可知 $A \cup B=\{x \mid x>4$ 或 $x \leqslant -2\}$.

根据并集的含义可以知道，对于任意两个集合 $A$，$B$，有下述性质.

(1) $A \cup B=B \cup A$;　　　　(2) $A \cup A=A$，$A \cup \varnothing=A$;

(3) $A \subseteq A \cup B$，$B \subseteq A \cup B$;　　(4) 若 $B \subseteq A$，则 $A \cup B=A$.

合作交流

你能解释并集的这四条性质吗？与同学交流讨论.

**随堂练习**

1. 填空题.

(1) $\{-1,\ 0,\ 1\}\cup\{0,\ 1,\ 2\}=$ _____;

(2) $\{x,\ y\}\cup\{a,\ b,\ c\}=$ _____;

(3) $\{x\mid x\ 是等腰三角形\}\cup\{x\mid x\ 是直角三角形\}=$ _____;

(4) $\mathbf{N}_+\cup\mathbf{Z}=$ _____.

2. 求下列集合的并集.

(1) 设集合 $A=\{x\mid -1<x\leqslant 3\}$，$B=\{x\mid 0\leqslant x\leqslant 5\}$；

(2) 设集合 $A=\{x\mid x>-3\}$，$B=\{x\mid x\leqslant 2\}$；

(3) 设集合 $A=\{x\mid x<3\}$，$B=\{x\mid x<-2\}$；

(4) 设集合 $A=\{x\mid x<0\}$，$B=\{x\mid x\geqslant 5\}$.

3. 用符号"$\subseteq$"或"$\supseteq$"填空：$A\cap B$ _____ $A\cup B$.

4. 已知集合 $A=\{1,\ 4,\ 7\}$，$B=\{1,\ 3,\ 5,\ 7,\ 8\}$，$C=\{1,\ 2,\ 4,\ 7\}$，求 (1) $A\cap B$；(2) $A\cap C$；(3) $(A\cap B)\cup(A\cap C)$.

**笔记**

## 1.3.3　全集与补集 >>>

**分析理解**

我们继续来研究本节"观察思考"中的问题 (3).

到 2022 年年底举办过夏季奥运会的城市组成的集合 $A$ 是 $U$ 的一个子集. 在 $U$ 中所有不属于 $A$ 的元素就是到 2022 年年底没举办过夏季奥运会的城市，如图 1-19 所示. 设这些城市组成的集合为 $P$，则集合 $P$ 也是 $U$ 的一个子集. 如果把 $U$ 叫作全集，那么这时集合 $P$ 叫作集合 $A$ 在全集 $U$ 中的补集，同样集合 $A$ 也叫作集合 $P$ 在全集 $U$ 中的补集.

再如，集合 $U=\{不大于 10 的正整数\}$，集合 $P=\{不大于 10 的正奇数\}$，集合 $Q=\{不大于 10 的正偶数\}$，显然，集合 $P$ 是由集合 $U$ 中不属于集合 $Q$ 的元素组成的，所以，集合 $P$ 是集合 $Q$ 在全集 $U$ 中的补集. 同理，集合 $Q$ 也是集合 $P$ 在全集 $U$ 中的补集.

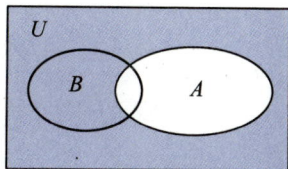

图 1-19

概念

全集

补集

**抽象概括**

一般地，如果一个集合含有我们研究的问题中涉及的全部元素，那么这个集合叫作**全集**，常用符号 $U$ 表示．设 $U$ 是全集，$A$ 是 $U$ 的一个子集，则由 $U$ 中所有不属于 $A$ 的元素组成的集合叫作子集 $A$ 在全集 $U$ 中的**补集**（或**余集**），记作 $\complement_U A$，读作"$A$ 在全集 $U$ 中的补集"．即

$$\complement_U A = \{x \mid x \in U \text{ 且 } x \notin A\}.$$

图 1-20 中的涂色部分就表示 $\complement_U A$．

例如，全班同学组成的集合为 $U$，全班女同学组成的集合为 $A$，则全班男同学组成的集合 $B$ 就是集合 $A$ 在全集 $U$ 中的补集．即

$$B = \complement_U A = \{x \mid x \in U \text{ 且 } x \notin A\}.$$

根据全集和补集的含义可以知道，对于全集 $U$ 和它的一个子集 $A$，有下述性质．

(1) $A \cup (\complement_U A) = U$；　　(2) $A \cap (\complement_U A) = \varnothing$；　　(3) $\complement_U(\complement_U A) = A$.

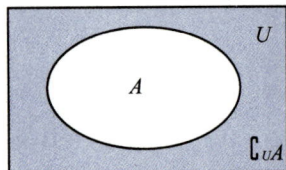

图 1-20

笔记

**合作交流**

你能解释全集和补集的这三条性质吗？与同学交流讨论．

**例 1** 设全集 $U = \{x \mid x$ 是小于 10 的自然数$\}$，集合 $A = \{2, 5, 6, 7\}$，$B = \{1, 3, 5, 7\}$．求：

(1) $A \cap B$ 和 $A \cup B$；　　(2) $\complement_U A$ 和 $\complement_U B$；　　　　(3) $(\complement_U A) \cap (\complement_U B)$；

(4) $\complement_U(A \cup B)$；　　　　(5) $(\complement_U A) \cup (\complement_U B)$；　　(6) $\complement_U(A \cap B)$．

**解** 由 $U = \{0, 1, 2, 3, 4, 5, 6, 7, 8, 9\}$，得

(1) $A \cap B = \{5, 7\}$，$A \cup B = \{1, 2, 3, 5, 6, 7\}$．

(2) $\complement_U A = \{0, 1, 3, 4, 8, 9\}$，$\complement_U B = \{0, 2, 4, 6, 8, 9\}$．

(3) $(\complement_U A) \cap (\complement_U B) = \{0, 4, 8, 9\}$．

(4) $\complement_U(A \cup B) = \{0, 4, 8, 9\}$．

(5) $(\complement_U A) \cup (\complement_U B) = \{0, 1, 2, 3, 4, 6, 8, 9\}$．

(6) $\complement_U(A \cap B) = \{0, 1, 2, 3, 4, 6, 8, 9\}$．

**合作交流**

根据例 1，与同学一起交流讨论：$(\complement_U A) \cap (\complement_U B)$ 和 $\complement_U(A \cup B)$ 的结果，看看它们之间存在什么关系．

**例 2** 设全集为 **R**,集合 $A=\{x\mid -2<x<5\}$,$B=\{x\mid -5<x<3\}$. 求:

(1) $(A\cap B)\cup(A\cup B)$;　　(2) $(\complement_{\mathbf{R}}A)\cap(\complement_{\mathbf{R}}B)$;　　(3) $(\complement_{\mathbf{R}}A)\cap B$;

(4) $(\complement_{\mathbf{R}}B)\cap A$;　　　　(5) $(\complement_{\mathbf{R}}A)\cup B$;　　　　(6) $(\complement_{\mathbf{R}}B)\cup A$.

**解** 在数轴上将集合 $A$,$B$ 表示出来 (如图 1-21 所示).

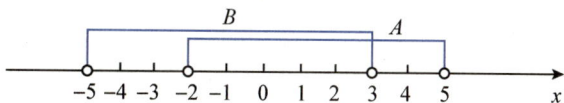

**图 1-21**

(1) 观察图 1-21,可得

$$A\cap B=\{x\mid -2<x<3\},\quad A\cup B=\{x\mid -5<x<5\},$$

所以 $(A\cap B)\cup(A\cup B)=\{x\mid -5<x<5\}$.

(2) $\complement_{\mathbf{R}}A=\{x\mid x\leqslant -2 \text{ 或 } x\geqslant 5\}$,　$\complement_{\mathbf{R}}B=\{x\mid x\leqslant -5 \text{ 或 } x\geqslant 3\}$,

所以 $(\complement_{\mathbf{R}}A)\cap(\complement_{\mathbf{R}}B)=\{x\mid x\leqslant -5 \text{ 或 } x\geqslant 5\}$.

(3) $(\complement_{\mathbf{R}}A)\cap B=\{x\mid -5<x\leqslant -2\}$.

(4) $(\complement_{\mathbf{R}}B)\cap A=\{x\mid 3\leqslant x<5\}$.

(5) $(\complement_{\mathbf{R}}A)\cup B=\{x\mid x<3 \text{ 或 } x\geqslant 5\}$.

(6) $(\complement_{\mathbf{R}}B)\cup A=\{x\mid x\leqslant -5 \text{ 或 } x>-2\}$.

结合本节的例题,本节"观察思考"中问题 (4) 的答案也尽在其中了.

如图 1-22 涂色部分所示,$\complement_U(A\cup B)$ 表示到 2022 年年底既没举办过夏季奥运会也没举办过冬季奥运会的城市.

求集合的交集、并集、补集是集合的三种运算. 这里集合运算的含义如下:由两个已知的集合,按照某种指定的法则,得到一个新的集合.

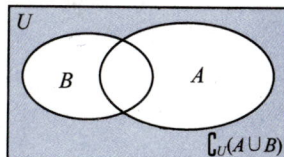

**图 1-22**

### 随堂练习

1. 已知全集 $U=\{2,3,5,7,11,13,17,19\}$,集合 $A=\{3,5,7,11\}$,$B=\{2,7,13,19\}$. 求:

(1) $A\cup B$,$A\cap B$;　(2) $\complement_U A$,$\complement_U B$;　(3) $\complement_U(A\cup B)$,$\complement_U(A\cap B)$.

2. 已知全集 $U=\{1,2,3,4,5,6,7,8\}$,$\complement_U A=\{1,4,7\}$,求集合 $A$.

3. 设全集为 **R**,集合 $A=\{x\mid x\geqslant -2\}$,$B=\{x\mid x<3\}$,则 $\complement_{\mathbf{R}}A=$ _____,$\complement_{\mathbf{R}}B=$ _____,$(\complement_{\mathbf{R}}A)\cap B=$ _____.

4. 设全集 $U=\mathbf{R}$, 集合 $A=\{x \mid -5 \leqslant x < 1\}$, $B=\{x \mid x \leqslant 2\}$, 求 $A \cap B$, $A \cup B$, $(\complement_U A) \cap B$, $(\complement_U A) \cup B$, $(\complement_U B) \cap A$, $(\complement_U B) \cup A$.

## 习题 1.3  >>>>>>>>>>>>

**水平一**

1. 填空题.

(1) 已知集合 $A=\{m, a, t, h, s\}$, $B=\{e, n, g, l, i, s, h\}$, 则 $A \cup B=$ _____, $A \cap B=$ _____;

(2) 若集合 $A=\{x \mid x$ 是直角三角形$\}$, $B=\{x \mid x$ 是等边三角形$\}$, 则 $A \cap B=$ _____;

(3) 若集合 $A=\{x \mid x$ 是正方形$\}$, $B=\{x \mid x$ 是矩形$\}$, 则 $A \cup B=$ _____;

(4) 设集合 $A=\{x \mid x>1\}$, $B=\{x \mid -2<x<3\}$, 则 $A \cup B=$ _____, $A \cap B=$ _____.

2. 选择题.

(1) 设全集 $U=\{x \in \mathbf{N}_+ \mid x \leqslant 9\}$, 集合 $A=\{2, 3, 5, 7\}$, 则 $\complement_U A=(\quad)$.

A. $\{0, 4, 6, 8, 9\}$ 　　　　　　B. $\{0, 1, 4, 6, 8, 9\}$

C. $\{1, 4, 6, 8, 9\}$ 　　　　　　D. $\{4, 6, 8, 9\}$

(2) 已知集合 $A=\{1, 2, a^2\}$, $B=\{-1, 4\}$, $A \cap B=\{4\}$, 则 $a=(\quad)$.

A. $-2$ 或 $2$ 　　B. $4$ 　　　　C. $-2$ 　　　　D. $2$

3. 设全集为 $\mathbf{R}$, 集合 $A=\{x \mid -1<x<3\}$, $B=\{x \mid x<-2\}$. 求:

(1) $\complement_{\mathbf{R}} A$, $\complement_{\mathbf{R}} B$; (2) $(\complement_{\mathbf{R}} A) \cap (\complement_{\mathbf{R}} B)$; (3) $(\complement_{\mathbf{R}} A) \cup (\complement_{\mathbf{R}} B)$.

**水平二**

1. 选择题.

(1) 设全集为 $\mathbf{R}$, 集合 $M=\{x \mid -3 \leqslant x < 2\}$, $P=\{x \mid x \geqslant 0\}$, 则 $\complement_{\mathbf{R}}(M \cap P)=(\quad)$.

A. $\{x \mid 0 \leqslant x < 2\}$ 　　　　　B. $\{x \mid x \geqslant 2\}$

C. $\{x \mid x<0$ 或 $x \geqslant 2\}$ 　　　D. $\{x \mid x \leqslant 0$ 或 $x>2\}$

笔记

(2) 设全集 $U=\mathbf{R}$，集合 $A=\left\{x \mid -4<x<\dfrac{1}{2}\right\}$，$B=\{x \mid x\leqslant -4\}$，则 $\complement_{\mathbf{R}}(A\cup B)=(\qquad)$.

A. $\left\{x \mid x<\dfrac{1}{2}\right\}$
B. $\left\{x \mid x\leqslant \dfrac{1}{2}\right\}$

C. $\left\{x \mid x>\dfrac{1}{2}\right\}$
D. $\left\{x \mid x\geqslant \dfrac{1}{2}\right\}$

(3) 已知全集 $U=\{1,2,3,4\}$，集合 $A=\{3,4\}$，$M=\complement_U A$，$A=\complement_U P$，则 $M$ 与 $P$ 的关系是 $(\qquad)$.

A. $M=\complement_U P$
B. $M=P$

C. $P\subsetneqq M$
D. $M\subsetneqq P$

(4) 设全集 $U=\{a,b,c,d\}$，集合 $A=\{a\}$，$B=\{a,b,c\}$，则下列集合为空集的是 $(\qquad)$.

A. $A\cap(\complement_U B)$
B. $(\complement_U A)\cap(\complement_U B)$

C. $(\complement_U A)\cap B$
D. $A\cap B$

2. 请将"交集"或"并集"填在下面的空格里.

(1) 求方程 $(x+2)(x+1)=0$ 的解集，就是求方程 $x+2=0$ 和 $x+1=0$ 的解集的_____；

(2) 求不等式组 $\begin{cases} x>3, \\ x-2\leqslant 4 \end{cases}$ 的解集就是求不等式 $x>3$ 和 $x-2\leqslant 4$ 的解集的_____.

# 数学园地 >>>>>>>>>>

## 康托尔和集合论

进入中职学校学习后，同学们会发现自己所学的第一个数学概念是：集合. 研究集合的数学理论在现代数学中称为集合论. 它是数学的一个基本分支，在数学中占据着重要的地位，其基本概念已渗透到数学的所有领域. 如果把现代数学比作一座无比辉煌的大厦，那么可以说集合论正是构成这座大厦的基石. 其创始人康托尔也因集合论的成就被誉为对 20 世纪数学发展影响最深的学者之一.

康托尔 (Georg Cantor, 1845—1918)，德国数学家，集合论的创始人. 1845 年 3 月 3 日生于圣彼得堡，1918 年 1 月 6 日病逝于哈雷，其父是迁居俄国的丹麦商人. 康托尔 11 岁时随家移居德国，自幼对数学有浓厚的兴趣. 1862 年，康托尔进入瑞士苏黎世大学，翌年转入柏林大学. 1867 年，康托尔获博士学位，之后他一直在哈雷大学任教，从事数学教学与研究.

人们把康托尔于 1873 年 12 月 7 日最早提出集合论思想的那一天定为集合论诞生日. 他对集合所下的定义如下：把若干确定的、有区别的（不论是具体的或抽象的）事物合并起来，看作一个整体，就称为一个集合，其中各事物称为该集合的元素. 不到 30 岁的康托尔向神秘的"无穷"宣战，他靠着智慧和汗水，成功地证明了一条直线上的点能够和一个平面上的点一一对应，也能和空间中的点一一对应. 这样看起来，1 cm 长的线段内的点与太平洋海面上的点以及整个地球内部的点都"一样多". 后来几年，康托尔对这类"无穷集合"问题发表了一系列文章，通过严格证明得出了许多惊人的结论. 在中职数学中，我们所学习的只是集合论的最基本知识. 学习过程中，同学们或许觉得一切都是很自然与简单的，根本无法想象它在诞生之日遭到激烈反对的情景，也体会不到康托尔的功绩之所在.

事实证明，康托尔的集合论不仅为数学分析奠定了基础，而且对整个现代数学结构产生了重大而深远的影响. 1897 年举行的第一次国际数学家会议上，他的成就得到承认.

如果你想知道康托尔和他的集合论在诞生之日不被理解、遭到激烈反对的情景，如果你想知道康托尔在当时受到的不公正待遇，如果你想知道康托尔坚持真理最后获得成功的过程，可以到网上搜索，你将会了解到更多关于康托尔和集合论的故事.

# 单元小结 >>>>>>>>>>

## 学习导图

```
                          集合与元素
                                      有限集与无限集
                          常见集合 ————————————————
          集合及其表示                  常见数集
                          集合的表示  列举法
                                      ————————
    集合                             子集 ————————
          集合之间的关系                   不包含
                                              真包含
                          真子集与相等集合 ————————
                                          ————————
          集合的运算  ————————————————
                      全集与补集
```

## 学习指导

1. 集合及其表示.

(1) 由一些确定的对象所组成的整体就称为集合.

(2) 集合中元素的特征: ①确定性; ②互异性; ③无序性.

(3) 符号 "$\in$" 和 "$\notin$" 表示元素和集合之间的关系.

(4) 元素个数有限的集合, 称为有限集; 元素个数无限的集合, 称为无限集. 如果一个集合中没有任何元素, 这样的集合叫作空集, 记作 $\varnothing$.

(5) 常见数集的表示: 自然数集 $\mathbf{N}$, 正整数集 $\mathbf{N}_+$ 或 $\mathbf{N}^*$, 整数集 $\mathbf{Z}$, 有理数集 $\mathbf{Q}$, 实数集 $\mathbf{R}$.

(6) 集合主要有两种表示方法: 列举法和描述法. 两种表示方法各有特点.

2. 集合之间的关系.

(1) 对于两个集合 $A$, $B$, 若集合 $A$ 中的任何一个元素都是集合 $B$ 中的元素, 则称集合 $A$ 是集合 $B$ 的子集, 记作 $A \subseteq B$ (或 $B \supseteq A$); 空集是任何集合的子集.

(2) 如果集合 $A$ 是集合 $B$ 的子集, 且集合 $B$ 中至少有一个元素不属于集合 $A$, 则集合 $A$ 叫作集合 $B$ 的真子集, 记作 $A \subsetneqq B$ (或 $B \supsetneqq A$); 空集是任何非空集合的真子集.

（3）对于两个集合 $A$，$B$，如果 $A \subseteq B$，且 $B \subseteq A$，那么此时集合 $A$ 与集合 $B$ 的元素是完全一样的，称集合 $A$ 与集合 $B$ 相等．记作 $A = B$.

3. 集合的运算.

（1）两个集合的交集 $A \cap B = \{x \mid x \in A \ 且 \ x \in B\}$.

（2）两个集合的并集 $A \cup B = \{x \mid x \in A \ 或 \ x \in B\}$.

（3）集合的补集 $\complement_U A = \{x \mid x \in U \ 且 \ x \notin A\}$.

# 单元检测 >>>>>>>>>>>>

水平一

1. 选择题.

(1) 下列表示方法正确的是(　　).

A. $\{a\} \in \{a, b, c\}$

B. $0 \in \varnothing$

C. $\mathbf{N}_+ \subsetneqq \mathbf{N}$

D. $\{x \mid x$ 是无限小数$\} = \{x \mid x$ 是无理数$\}$

(2) 方程 $(x^2+1)(x-2)(x-3)=0$ 的解集表示不正确的是 (　　).

A. $\{2, 3\}$　　　　　　　　B. $\{3, 2\}$

C. $\{x \mid (x^2+1)(x-2)(x-3)=0\}$　D. $\{(2, 3)\}$

(3) 设全集为 $\mathbf{N}$, 集合 $M=\{x \in \mathbf{N} \mid x \geqslant 8\}$, 则 $\complement_{\mathbf{N}} M$ 中元素的个数为(　　).

A. 7 个　　　　　B. 8 个　　　　C. 9 个　　　D. 无限多个

(4) 集合 $\{x \in \mathbf{N} \mid -1 < x \leqslant 2\}$ 的真子集的个数是(　　).

A. 15 个　　　　　B. 16 个　　　　C. 7 个　　　D. 8 个

(5) 已知全集 $U=\{x \in \mathbf{N}_+ \mid -2 < x < 9\}$, 集合 $M=\{3, 4, 5\}$, $P=\{1, 3, 6\}$, 则 $\{2, 7, 8\}$ 是(　　).

A. $M \cup P$　　　　　　　　　B. $M \cap P$

C. $(\complement_U M) \cup (\complement_U P)$　　　　D. $(\complement_U M) \cap (\complement_U P)$

2. 已知全集为 $\mathbf{R}$, 集合 $A=\{x \mid x \geqslant 1\}$, $B=\{x \mid 0 \leqslant x < 3\}$, 则 $A \cup B=$ _____, $A \cap B=$ _____, $\complement_{\mathbf{R}}(A \cup B)=$ _____, $\complement_{\mathbf{R}}(A \cap B)=$ _____.

3. 已知集合 $A=\{2, 4, 5, 9, 11\}$, $B=\{1, 3, 5, 7, 9\}$, 则 $A \cup B=$ _____, $A \cap B=$ _____.

4. 设全集 $U=\mathbf{R}$, 集合 $A=\{x \mid x < -1\}$, $B=\{x \mid -3 \leqslant x < 3\}$, 求 $A \cap B$, $A \cup B$, $\complement_U A$, $\complement_U B$, $(\complement_U A) \cap (\complement_U B)$, $\complement_U(A \cup B)$, $(\complement_U A) \cup (\complement_U B)$, $\complement_U(A \cap B)$.

**水平二**

1. 已知集合 $A=\{-4, x^2\}$，$B=\{x-1, 9\}$，求满足下列条件的 $x$ 的值.

(1) $9\in A\cap B$；　　　(2) $\{9\}=A\cap B$.

2. 集合 $M=\{x\mid ax^2+2x+1=0\}$ 只有一个元素，写出由 $a$ 的值组成的集合.

3. 设集合 $A=\{x\mid -4<x<2\}$，$B=\{x\mid -m-1<x<m-1, m>0\}$，求分别满足下列条件的 $m$ 的取值的集合.

(1) $A\subseteq B$；　　　(2) $A\cap B=\varnothing$.

4. 已知集合 $A=\{x\mid x^2-3x+2=0\}$，$B=\{x\mid x^2-ax+a-1=0\}$.

(1) 用列举法表示集合 $A$，$B$；

(2) 如果 $A=B$，求 $a$ 的值.

5. 已知全集 $U=\{x\mid x$ 是不大于 20 的质数$\}$，$A\subseteq U$，$B\subseteq U$，且 $A\cap(\complement_U B)=\{3, 5\}$，$B\cap(\complement_U A)=\{7, 19\}$，$(\complement_U A)\cap(\complement_U B)=\{2, 17\}$.

(1) 用 Venn 图表示已知条件中集合之间的关系；

(2) 求集合 $A$ 和 $B$.

物体有轻有重，速度有快有慢，气温有高有低，光线有强有弱，面积有大有小……在实际生活中，这种不相等的数量关系无处不在．我们可以利用不等关系构建不等式，并通过不等式解决现实生活中的问题．

例如，随着时代的进步，人们对住宅的要求越来越高．通常人们在选择住宅时，都会考虑采光问题，这就需要把窗户开得尽可能大．按采光标准，窗户的有效透光面积与室内地面面积的比值应不小于 $\frac{1}{7}$，这个比值越大，住宅的采光效果越好．

如果窗户的有效透光面积和室内地面面积同时增加相同的面积，是不是采光效果就会更好呢？解决这样的问题就需要用到有关不等式的知识．

不等式是数学中的重要内容，它具有应用广泛、变换灵活的特点，是研究数量大小关系的必备知识，与数学的其他分支内容有着密切的联系，也是学习高等数学的基础和工具．

本单元在初中学习的基础之上，进一步学习不等式的基本性质、区间、一元二次不等式、含绝对值的不等式等．学习根据数量关系列出相应的不等式，并利用这些不等式找到问题的解决方案，提升数学运算、直观想象、逻辑推理和数学建模等核心素养．

第二单元

# 不等式

1. 不等式的基本性质.

(1) 掌握判断两个数(式)大小的"作差比较法";

(2) 了解不等式的基本性质.

2. 区间.

理解区间的概念.

3. 一元二次不等式.

(1) 了解一元二次不等式的概念;

(2) 了解二次函数、一元二次方程与一元二次不等式三者之间的关系;

(3) 掌握一元二次不等式的解法.

4. 含绝对值的不等式.

(1) 了解含绝对值的不等式 $|x| < a$ 和 $|x| > a$ $(a > 0)$的含义;

(2) 掌握形如 $|ax + b| < c$ 和 $|ax + b| > c (c > 0)$ 的不等式的解法.

5. 不等式的应用.

初步掌握从实际问题中抽象出一元二次不等式模型解决简单实际问题的方法.

# 2.1　不等式的基本性质　>>>>>>>>>>

## 2.1.1　不等式的基本性质　>>>

**知识回顾**

我们知道：

(1) $a>b \Leftrightarrow a-b>0$；

(2) $a>b \Leftrightarrow b<a$；

(3) 若 $a>b$，$b>c$，则 $a>c$．

初中我们还学习过不等式的下列性质：

**性质 1**　$a>b \Leftrightarrow a \pm c>b \pm c$．

**性质 2**　$a>b$，$c>0 \Rightarrow ac>bc \left(\text{或} \dfrac{a}{c}>\dfrac{b}{c}\right)$．

**性质 3**　$a>b$，$c<0 \Rightarrow ac<bc \left(\text{或} \dfrac{a}{c}<\dfrac{b}{c}\right)$．

**特别提示**

"$\Rightarrow$"表示"推出"，如 $A \Rightarrow B$，意思是"由条件 $A$ 可以推出结论 $B$"；"$\Leftrightarrow$"表示"等价于"，即可以互相推出。

**问题提出**

有观点认为，最美人体的下半身长(肚脐至脚的触地点的长度)与全身长之比是 $\dfrac{\sqrt{5}-1}{2}$ $\left(\dfrac{\sqrt{5}-1}{2} \approx 0.618\right)$，这被称为黄金分割比例．某芭蕾舞演员全身长 166 cm，下半身长 98 cm．表演过程中，芭蕾舞演员会立起脚尖跳舞，此时肚脐与脚的触地点的距离增加了 8 cm．试问：该芭蕾舞演员下半身长与全身长的比值，在脚尖立起前后哪个大? 哪一个更接近 0.618?

**笔记**

**分析理解**

该芭蕾舞演员脚尖立起前，下半身长与全身长的比值为 $\dfrac{98}{166}$；脚尖立起后，下半身长与全身长的比值为 $\dfrac{98+8}{166+8}=\dfrac{106}{174}$．本题要求比较这两个分数的大小．

⚙ 抽象概括

　　为了借助不等式知识解决上面的问题，我们需要进一步研究不等式的性质. 根据初中学过的不等式的 3 个基本性质，可以得到一系列推论.

　　根据性质 1，可得下列推论.

**推论 1**　$a>b$，$c>d \Rightarrow a+c>b+d$.

**证明**　根据性质 1，可知

$$a>b \Rightarrow a+c>b+c,$$

$$c>d \Rightarrow c+b>d+b, \text{即 } b+c>b+d.$$

从而 $a+c>b+c>b+d$，即 $a+c>b+d$.

例如，$5>1$，$3>-2$，根据推论 1，有 $5+3>1+(-2)$，即 $8>-1$.

**推论 2**　$a+b>c \Rightarrow a>c-b$.

根据性质 2，可得下列推论.

**推论 3**　$a>b>0$，$c>d>0 \Rightarrow ac>bd$.

🤝 合作交流

　　请你自己尝试证明推论 2 和推论 3，并与同学进行交流讨论.

　　**例 1**　已知 $a>b>0$.

　　(1) 比较 $2a$ 与 $2b$ 的大小；

　　(2) 比较 $-2a$ 与 $-2b$ 的大小；

　　(3) 比较 $ac$ 与 $bc$ 的大小.

　　**解**　(1) 因为 $a>b$，$2>0$，根据性质 2，有 $2a>2b$.

　　(2) 因为 $a>b$，$-2<0$，根据性质 3，有 $-2a<-2b$.

　　(3) 若 $c>0$，根据性质 2，有 $ac>bc$.

　　若 $c<0$，根据性质 3，有 $ac<bc$.

　　若 $c=0$，则有 $ac=bc=0$，所以 $ac=bc$.

　　**例 2**　已知 $a>b$，比较 $a-1$ 与 $b-2$ 的大小.

　　**解**　因为 $a>b$，$-1>-2$，

　　根据推论 1，有 $a+(-1)>b+(-2)$，

　　即 $a-1>b-2$.

**随堂练习**

1. 用">"或"<"填空.

(1) $a+5$ _____ $b+5$ $(a<b)$；　　(2) $x+5$ _____ $x+2$；

(3) $m+1$ _____ $m-1$；　　(4) $-5p$ _____ $-5q$ $(p<q)$.

2. 用">"或"<"填空.

(1) 若 $4x<2$，则 $x$ _____ $\dfrac{1}{2}$；　　(2) 若 $a<0$，则 $2a$ _____ $a$.

## 2.1.2　作差比较法 >>>

**分析理解**

我们知道实数可以比较大小. 数学中经常用下面的等价关系比较 $a$，$b$ 的大小.

$$a-b>0 \Leftrightarrow a>b;$$
$$a-b<0 \Leftrightarrow a<b;$$
$$a-b=0 \Leftrightarrow a=b.$$

由此可见，比较 $a$，$b$ 的大小，只要判断它们的差 $a-b$ 与 0 的大小关系即可.

例如，我们可以作差比较 $a^2+1$ 与 $2a$ 的大小 $(a\neq 1)$.

因为 $(a^2+1)-2a=a^2-2a+1=(a-1)^2$，且当 $a\neq 1$ 时，$(a-1)^2>0$，所以 $a^2+1>2a$.

**例 1**　分析本节"问题提出"中的问题.

**解**　作差可得 $\dfrac{98}{166}-\dfrac{98+8}{166+8}=\dfrac{98}{166}-\dfrac{106}{174}=\dfrac{98\times 174-106\times 166}{166\times 174}=\dfrac{-544}{166\times 174}<0$，所以 $\dfrac{98}{166}<\dfrac{106}{174}$.

又因为 $\dfrac{98}{166}\approx 0.590\ 4$，$\dfrac{106}{174}\approx 0.609\ 2$，所以立起脚尖后，该芭蕾舞演员的下半身长与全身长的比值更接近 0.618.

**特别提示**

本例中，作差时也可以这样计算：$\dfrac{98}{166}-\dfrac{106}{174}=\left(1-\dfrac{68}{166}\right)-$

$\left(1-\dfrac{68}{174}\right)=\dfrac{68}{174}-\dfrac{68}{166}$. 因为分子相同时，分母越大，分数越小，所以

$\dfrac{98}{166}-\dfrac{106}{174}=\dfrac{68}{174}-\dfrac{68}{166}<0$.

**例2** 已知 $b>a>0$，$c>0$，比较 $\dfrac{a+c}{b+c}$ 与 $\dfrac{a}{b}$ 的大小.

**解** 作差可得 $\dfrac{a+c}{b+c}-\dfrac{a}{b}=\dfrac{(a+c)b}{(b+c)b}-\dfrac{a(b+c)}{b(b+c)}=\dfrac{(b-a)c}{(b+c)b}$.

因为 $b>a>0$，$c>0$，所以 $b-a>0$，$b+c>0$. 所以 $\dfrac{(b-a)c}{(b+c)b}>0$，

即 $\dfrac{a+c}{b+c}-\dfrac{a}{b}>0$，所以 $\dfrac{a+c}{b+c}>\dfrac{a}{b}$.

**合作交流**

1. 例2中，如果 $a$，$b$，$c$ 是任意不等于0的数，能否得出 $\dfrac{a+c}{b+c}>\dfrac{a}{b}$ 的结论？如果能，请写出证明过程；如果不能，请举出反例.

2. 本单元开篇的实例中，设窗户的有效透光面积为 $a$，室内地面面积为 $b$. 若 $a$，$b$ 同时增加 $m$，能保证 $\dfrac{a+m}{b+m}\geqslant\dfrac{a}{b}$ 吗？你能证明吗？

**随堂练习**

1. 比较下列一组数的大小.

$\dfrac{9}{8}$，$-3$，$\dfrac{10}{9}$，$-\pi$.

2. 用"$>$"或"$<$"填空.

(1) $a-1$ ____ $a+1$；      (2) 若 $a>b>0$，则 $\dfrac{3}{a}$ ____ $\dfrac{3}{b}$.

3. 比较 $x^2-x$ 与 $(x+1)(x-2)$ 的大小.

4. 我们知道，如果在一杯糖水中继续加入一些糖，那么待糖全部溶解后，这杯糖水就会变得更甜. 你能借助不等式的知识来解释其中的道理吗？

## 习题 2.1 >>>>>>>>>>>

**水平一**

1. 比较下列各组数的大小.

(1) $-\dfrac{5}{6}$ 与 $-\dfrac{4}{5}$；        (2) $\dfrac{90}{165}$ 与 $\dfrac{98}{173}$.

2. 设 $a=\dfrac{7}{2}$，$b=3$，$c=2$，比较下列一组数的大小，并在数轴上排列出来：$ab$，$bc$，$ca$，$a^2$，$b^2$，$c^2$.

3. 比较 $(x+1)(x+5)$ 与 $(x+3)^2$ 的大小.

4. 比较 $x^2-2x$ 与 $-5$ 的大小.

5. 比较 $3a$ 与 $2a+1$ 的大小.

**水平二**

1. 若 $a>b$，$c>d$，则下列不等关系中不一定成立的是(    ).
A. $a-b>d-c$    B. $a+d>b+c$    C. $a-c>b-c$    D. $a-c<a-d$

2. 比较 $a(a-2)+1$ 与 $(a+1)^2$ 的大小.

3. 分别举一个反例，说明下列推理不正确.

(1) $ac>bc \Rightarrow a>b$；        (2) $\dfrac{a}{c}>\dfrac{b}{c} \Rightarrow a>b$.

4. 已知 $a>b>c>d$，比较 $\dfrac{1}{a-d}$ 与 $\dfrac{1}{b-c}$ 的大小.

5. 比较 $a^2+a$ 与 $2a-1$ 的大小.

## 2.2 区间 >>>>>>>>>>>>

**分析理解**

以不等式表示元素共同特征的数集，还有一种更为简单的表示方法，叫作**区间表示法**.

设 $a<b$，我们规定：

(1) 满足不等式 $a\leqslant x\leqslant b$ 的 $x$ 的集合叫作**闭区间**，表示为 $[a, b]$.

(2) 满足不等式 $a<x<b$ 的 $x$ 的集合叫作**开区间**，表示为 $(a, b)$.

(3) 满足不等式 $a \leqslant x < b$ 和 $a < x \leqslant b$ 的 $x$ 的集合分别叫作**左闭右开区间**和**左开右闭区间**，分别表示为 $[a, b)$，$(a, b]$.

这里的 $a$ 与 $b$ 都叫作相应区间的端点. 这些区间还可以用数轴表示 (如表 2-1 所示). 在数轴上，用实心点表示包括在区间内的端点，用空心点表示不包括在区间内的端点.

表 2-1

| 定义 | 名称 | 符号 | 数轴表示 |
|---|---|---|---|
| $\{x \mid a \leqslant x \leqslant b\}$ | 闭区间 | $[a, b]$ | |
| $\{x \mid a < x < b\}$ | 开区间 | $(a, b)$ | |
| $\{x \mid a \leqslant x < b\}$ | 左闭右开区间 | $[a, b)$ | |
| $\{x \mid a < x \leqslant b\}$ | 左开右闭区间 | $(a, b]$ | |

实数集 $\mathbf{R}$ 可以用区间表示为 $(-\infty, +\infty)$. 符号 "$\infty$" 读作 "无穷大"，它不是一个具体的数，仅表示某个量在变化时，绝对值无限增大的趋势. "$+\infty$" 读作 "正无穷大"，表示某个量沿正方向无限增大；"$-\infty$" 读作 "负无穷大"，表示某个量沿负方向无限变化，其绝对值无限增大.

我们还可以把满足 $x \geqslant a$，$x > a$，$x \leqslant b$，$x < b$ 的 $x$ 的集合用区间分别表示为 $[a, +\infty)$，$(a, +\infty)$，$(-\infty, b]$，$(-\infty, b)$，如表 2-2 所示.

表 2-2

| 定义 | 符号 | 数轴表示 |
|---|---|---|
| $\{x \mid x \geqslant a\}$ | $[a, +\infty)$ | |
| $\{x \mid x > a\}$ | $(a, +\infty)$ | |
| $\{x \mid x \leqslant b\}$ | $(-\infty, b]$ | |
| $\{x \mid x < b\}$ | $(-\infty, b)$ | |

**例1**  把下列集合用区间表示出来，并指出区间的类型.

(1) $\{x \mid -3 \leqslant x \leqslant 1\}$；　　　(2) $\{x \mid -1 < x < 2\}$；

(3) $\left\{x \mid \dfrac{3}{2} \leqslant x < 4\right\}$；　　(4) $\left\{x \mid -6 < x \leqslant -\dfrac{1}{2}\right\}$；

(5) $\{x \mid x \geqslant 2\}$；　　　　(6) $\{x \mid x < 1\}$.

**解**  (1) $[-3, 1]$，是闭区间；

(2) $(-1, 2)$，是开区间；

(3) $\left[\dfrac{3}{2}, 4\right)$，是左闭右开区间；

(4) $\left(-6, -\dfrac{1}{2}\right]$，是左开右闭区间；

(5) $[2, +\infty)$，是左闭右开区间；

(6) $(-\infty, 1)$，是开区间.

> **特别提示**
>
> 区间也是一个集合，它是实数集的一个子集. 但并非所有的数集都能用区间表示. 例如，集合 $\{1, 3, 4, 5, 7, 8, 11, 12\}$、自然数集 **N**、整数集 **Z** 就不能用区间表示.

**例2**  用区间表示不等式 $3x < 9x + 4$ 的解集，并在数轴上表示出来.

**解**  解不等式 $3x < 9x + 4$，得

$$x > -\frac{2}{3}.$$

所以不等式的解集用区间表示为 $\left(-\dfrac{2}{3}, +\infty\right)$，表示在数轴上如图 2-1 所示.

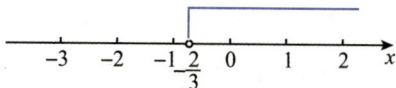

图 2-1

**例3**  设 **R** 为全集，集合 $A = \{x \mid -5 < x < 6\}$，$B = \{x \mid x \geqslant 3$ 或 $x \leqslant -3\}$，用区间表示 $A \cap B$.

**解**  在数轴上将集合 $A$，$B$ 表示出来，如图 2-2 所示.

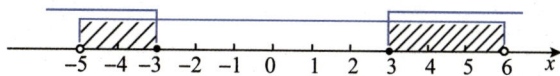

图 2-2

$$
\begin{aligned}
A \cap B &= \{x \mid -5 < x < 6\} \cap \{x \mid x \geqslant 3 \text{ 或 } x \leqslant -3\} \\
&= \{x \mid -5 < x \leqslant -3\} \cup \{x \mid 3 \leqslant x < 6\} \\
&= (-5, -3] \cup [3, 6).
\end{aligned}
$$

> 笔记

随堂练习

1. 用区间表示下列集合.

(1) $A=\{x \mid x>0\}$；

(2) $B=\{x \mid x<0\}$；

(3) $M=\{x \mid -1<x\leqslant 0\}$.

2. 填空题.

(1) $\{x \mid -\pi\leqslant x\leqslant\pi\}$用区间表示为＿＿＿＿；

(2) $\{x \mid -\pi<x<\pi\}$用区间表示为＿＿＿＿；

(3) $\{x \mid -\pi<x\leqslant\pi\}$用区间表示为＿＿＿＿；

(4) $\{x \mid -\pi\leqslant x<\pi\}$用区间表示为＿＿＿＿；

(5) $\{x \mid x\geqslant\pi\}$用区间表示为＿＿＿＿；

(6) $\{x \mid x<-\pi\}$用区间表示为＿＿＿＿.

3. 设 **R** 为全集，集合 $M=\{x \mid 4x>2x+4\}$，$P=\{x \mid -1\leqslant x\leqslant 1\}$，用区间表示下列集合.

(1) $M\cup P$，$M\cap P$；　　(2) $\complement_{\mathbf{R}}M$，$\complement_{\mathbf{R}}P$.

## 习题 2.2 >>>>>>>>>>>>

水平一

1. 集合$\{x \mid 0<x\leqslant 2\}$用区间表示为(　　).

A. $(0, 2)$　　　　B. $[0, 2]$　　　　C. $(0, 2]$　　　　D. $[0, 2)$

2. 解集是区间 $[2, +\infty)$的不等式是(　　).

A. $2x-4>0$　　B. $3x-6\geqslant 0$　　C. $4x\geqslant 2x$　　D. $3x-6\leqslant 0$

3. 集合$\{x \mid x>1\}$用区间表示为＿＿＿＿＿＿.

4. 已知区间 $A=[1, 2]$，$B=(3, 4)$，则 $\pi$ 属于哪个区间?

5. 设 **R** 为全集，集合 $M=\{x \mid 3x>4\}$，$P=\{x \mid x\leqslant\sqrt{2}\}$，用区间表示下列集合.

(1) $\complement_{\mathbf{R}}M$，$\complement_{\mathbf{R}}P$；　　(2) $M\cup P$，$M\cap P$.

笔 记

**水平二**

1. 用符号"⊆""⊇"或"≠"填空.

(1) [1, 2]_____(3, 4);

(2) [0, 2]_____(0, 2);

(3) (−∞, 0]_____[−100, 0).

2. 已知区间 $A=[0, a]$，$B=[0, 15]$，且 $A \subsetneqq B$，求 $a$ 所在的区间.

3. 设 **R** 为全集，集合 $M=\{x \mid 2x>x+3\}$，$P=\{x \mid -1 \leqslant x \leqslant 2\}$，用区间表示下列集合.

(1) $\complement_{\mathbf{R}} M$，$\complement_{\mathbf{R}} P$；

(2) $M \cup P$，$M \cap P$；

(3) $\complement_{\mathbf{R}}(M \cap P)$，$(\complement_{\mathbf{R}} M) \cup (\complement_{\mathbf{R}} P)$；

(4) $\complement_{\mathbf{R}}(M \cup P)$，$(\complement_{\mathbf{R}} M) \cap (\complement_{\mathbf{R}} P)$.

# 2.3　一元二次不等式 >>>>>>>>>>>>

## 2.3.1　一元二次不等式的概念 >>>

**问题提出**

### 汽车急刹车的停车距离

随着人民生活质量的提高，人们的购车意愿上升. 2021 年末全国民用汽车保有量 30 151 万辆，比 2020 年末增加 2 064 万辆. 在此背景下，汽车行驶安全越发需要引起人们的重视。汽车行驶的过程中，由于惯性的作用，急刹车后会继续向前滑行一段距离才能停住，一般称这段距离为汽车"急刹车的停车距离". 急刹车的停车距离 $y$(m) 与车速 $x$(km/h) 之间具有确定的关系. 不同车型的汽车急刹车的停车距离与车速之间的关系不同，同一车型的汽车急刹车的停车距离与车速之间的关系也会因为天气条件、道路状况等因素的不同而发生变化.

在正常天气条件下，某汽车在高速公路上急刹车的停车距离 $y$(m) 与车速 $x$(km/h) 之间的函数关系为 $y=0.007x^2+0.2x$，如果希望该汽车急刹车

的停车距离不超过 50 m，那么其行驶速度的范围是多少？(注：高速公路上的最低速度为 60 km/h)

**分析理解**

上述问题要求"汽车急刹车的停车距离不超过 50 m"，即 $y \leqslant 50$. 而该汽车急刹车的停车距离与车速之间的关系为 $y = 0.007x^2 + 0.2x$，因此得到

$$0.007x^2 + 0.2x \leqslant 50.$$

为了求出行驶速度的范围，我们需要对这个不等式进行求解. 这个不等式可以进一步整理为

$$0.007x^2 + 0.2x - 50 \leqslant 0.$$

这个不等式只含有一个未知数 $x$，并且未知数 $x$ 的最高次数为 2. 像这样的不等式还有很多，如 $2x^2 + 5x - 3 < 0$，$3x^2 + 6x - 1 > 0$ 等.

> **概念**
> 一元二次不等式

**抽象概括**

一般地，只含有一个未知数，且未知数的最高次数为 2 的整式不等式，叫作**一元二次不等式**. 一元二次不等式的一般表达式为 $ax^2 + bx + c > 0 (\geqslant 0)$ 或 $ax^2 + bx + c < 0 (\leqslant 0)$，其中 $a$，$b$，$c$ 均为常数，且 $a \neq 0$.

> **笔 记**

**知识回顾**

1. 一元二次方程

一元二次方程 $ax^2 + bx + c = 0 (a \neq 0)$ 的实数解的情况与求解公式如表 2-3 所示.

表 2-3

| 判别式 | 实数解的情况 | 求解公式 |
| --- | --- | --- |
| $\Delta = b^2 - 4ac > 0$ | 有两个不相等的实数解 | $x_1 = \dfrac{-b - \sqrt{b^2 - 4ac}}{2a}$, $x_2 = \dfrac{-b + \sqrt{b^2 - 4ac}}{2a}$ |
| $\Delta = b^2 - 4ac = 0$ | 有两个相等的实数解 | $x_1 = x_2 = -\dfrac{b}{2a}$ |
| $\Delta = b^2 - 4ac < 0$ | 无实数解 | 无 |

当 $\Delta = b^2 - 4ac > 0$ 时，有些一元二次方程也可以用因式分解法写成 $a(x - x_1)(x - x_2) = 0 (a \neq 0)$，然后再求解.

2. 二次函数

二次函数 $y = ax^2 + bx + c (a \neq 0)$ 的图像是一条抛物线. 当 $a > 0$ 时，抛物线开口向上；当 $a < 0$ 时，抛物线开口向下. 抛物线与 $x$ 轴共有 3 种

位置关系.

（1）当 $\Delta=b^2-4ac>0$ 时，抛物线与 $x$ 轴有两个交点；

（2）当 $\Delta=b^2-4ac=0$ 时，抛物线与 $x$ 轴只有一个交点；

（3）当 $\Delta=b^2-4ac<0$ 时，抛物线与 $x$ 轴无交点.

抛物线与 $x$ 轴的 3 种位置关系如表 2-4 所示.

表 2-4

| $a$ 的取值 | $\Delta=b^2-4ac>0$ | $\Delta=b^2-4ac=0$ | $\Delta=b^2-4ac<0$ |
|---|---|---|---|
| $a>0$ | | | |
| $a<0$ | | | |

二次函数 $y=ax^2+bx+c(a\neq0)$ 的图像的对称轴方程为 $x=-\dfrac{b}{2a}$，顶点坐标为 $\left(-\dfrac{b}{2a},\dfrac{4ac-b^2}{4a}\right)$，与 $y$ 轴的交点坐标为 $(0,c)$.

**例**　已知二次函数 $y=x^2-2x-3$，

（1）画出该函数图像；

（2）指出该函数图像上纵坐标分别为 $y=0$，$y>0$，$y<0$ 的所有点；

（3）根据函数图像写出 $y=0$，$y>0$，$y<0$ 时所对应的 $x$ 的值或取值范围.

**分析**　①根据 $x^2$ 的系数判断函数图像（抛物线）的开口方向；②用判别式判定出一元二次方程 $x^2-2x-3=0$ 的解的情况，从而确定二次函数 $y=x^2-2x-3$ 的图像与 $x$ 轴的交点个数和交点坐标；③计算二次函数图像的顶点坐标、与 $y$ 轴的交点坐标；④求出二次函数图像的对称轴方程，并利用函数图像的对称性再找出一些点；⑤最后根据上述信息画出函数图像.

画出图像后，$y=0$，$y>0$，$y<0$ 分别对应函数图像与 $x$ 轴相交、函数图像在 $x$ 轴上方、函数图像在 $x$ 轴下方三种情形，根据图像完成（2）（3）两个问题.

笔记

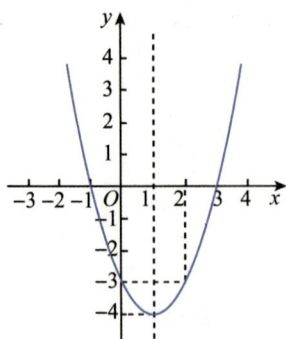

图 2-3

**解**　(1) 因为 $1>0$，所以函数图像为开口向上的抛物线.

因为 $\Delta=(-2)^2-4\times1\times(-3)=16>0$，

所以一元二次方程 $x^2-2x-3=0$ 有两个不相等的实数解.

解方程，得 $x_1=-1$，$x_2=3$.

所以抛物线与 $x$ 轴的交点坐标为 $(-1,0)$，$(3,0)$.

抛物线的顶点坐标为 $(1,-4)$.

抛物线的对称轴方程为 $x=1$. 抛物线与 $y$ 轴的交点坐标为 $(0,-3)$. 根据函数的对称性，可以再取一些点，如 $(2,-3)$.

根据以上信息，就可以画出函数 $y=x^2-2x-3$ 的图像 (如图 2-3 所示).

(2) 观察图像可知，满足 $y=0$ 的点是抛物线与 $x$ 轴的交点；满足 $y>0$ 的点是抛物线在 $x$ 轴上方的所有点；满足 $y<0$ 的点是抛物线在 $x$ 轴下方的所有点.

(3) 观察图像可知，当 $y=0$ 时，对应抛物线与 $x$ 轴的两个交点，此时 $x$ 有两个取值，$x_1=-1$，$x_2=3$；

当 $y>0$ 时，对应抛物线在 $x$ 轴上方的所有点，此时 $x$ 的取值范围是 $x<-1$ 或 $x>3$；

当 $y<0$ 时，对应抛物线在 $x$ 轴下方的所有点，此时 $x$ 的取值范围是 $-1<x<3$.

**🤝合作交流**

同学互相交流如何画二次函数的简图.

**随堂练习**

已知下列二次函数：

①$y=x^2-3x-4$，　②$y=x^2+x+2$，　③$y=x^2-6x+9$.

(1) 分别画出它们的函数图像；

(2) 根据函数图像写出 $y=0$，$y>0$，$y<0$ 时所对应的 $x$ 的值或取值范围.

### 2.3.2　一元二次不等式的基本解法 >>>

**分析理解**

回到本节开头的问题，如何解不等式 $0.007x^2+0.2x-50\leqslant0$ 呢？

当 $x$ 变化时，不等式的左边可以看作 $x$ 的二次函数 $y=0.007x^2+0.2x-50$. 这样解不等式 $0.007x^2+0.2x-50\leqslant0$ 的问题就可以转化为求二次函数 $y=0.007x^2+0.2x-50$ 的图像上 $y\leqslant0$ 所对应点的 $x$ 的取值范围问题.

二次函数 $y=0.007x^2+0.2x-50$ 的图像是开口向上的抛物线. 因为 $\Delta=(0.2)^2-4\times0.007\times(-50)=1.44>0$，所以抛物线与 $x$ 轴有两个交点，交点的横坐标是方程 $0.007x^2+0.2x-50=0$ 的两个解，解方程 $0.007x^2+0.2x-50=0$ 得 $x_1=-100$，$x_2=\dfrac{500}{7}$. 所以图像与 $x$ 轴的交点坐标为 $(-100,0)$，$\left(\dfrac{500}{7},0\right)$. 对称轴方程为 $x=-\dfrac{100}{7}$，顶点坐标为 $\left(-\dfrac{100}{7},-\dfrac{360}{7}\right)$.

故二次函数 $y=0.007x^2+0.2x-50$ 的简图如图 2-4 所示.

观察图像可知：

当 $y=0$ 时，对应抛物线与 $x$ 轴的两个交点，此时 $x_1=-100$，$x_2=\dfrac{500}{7}$；

当 $y<0$ 时，对应抛物线在 $x$ 轴下方的所有点，此时 $x$ 的取值范围是 $-100<x<\dfrac{500}{7}$.

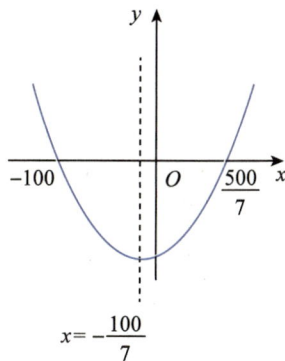

图 2-4

故满足不等式 $0.007x^2+0.2x-50\leqslant0$ 的 $x$ 所在的区间为 $\left[-100,\dfrac{500}{7}\right]$.

考虑到高速公路上的最低速度为 60 km/h，如果希望该汽车急刹车的停车距离不超过 50 m，那么其行驶速度的范围是 $\left[60,\dfrac{500}{7}\right]$，行驶速度的最大值为 $\dfrac{500}{7}$ (km/h).

**抽象概括**

一般地，使一元二次不等式成立的值叫作这个**一元二次不等式的解**.

一元二次不等式的所有解组成的集合，叫作这个**一元二次不等式的解集**.

上面的情形表明，二次函数图像的开口方向及其与 $x$ 轴的相交情况，可以确定其对应的一元二次不等式的解集.

**例** 利用二次函数的图像解下列一元二次不等式.

(1) $-x^2+3x+4<0$；  (2) $x^2-2x+3>0$.

**解** (1) $\Delta=3^2-4\times(-1)\times4=25>0$，所以函数 $y=-x^2+3x+4$ 的图像与 $x$ 轴有两个交点. 解方程 $-x^2+3x+4=0$ 可得，$x_1=-1$，$x_2=4$.

函数 $y=-x^2+3x+4$ 的图像是开口向下的抛物线，与 $x$ 轴的交点坐标是 $(-1,0)$，$(4,0)$，函数 $y=-x^2+3x+4$ 的图像如图 2-5 所示.

观察图像可得，不等式 $-x^2+3x+4<0$ 的解集是 $(-\infty,-1)\cup(4,+\infty)$.

(2) $\Delta=(-2)^2-4\times1\times3=-8<0$，所以函数 $y=x^2-2x+3$ 的图像与 $x$ 轴无交点.

函数 $y=x^2-2x+3$ 的图像是开口向上的抛物线，与 $x$ 轴无交点，其简图如图 2-6 所示.

观察图像可得，不等式 $x^2-2x+3>0$ 的解集为 **R**.

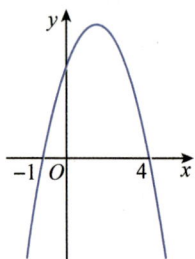

图 2-5

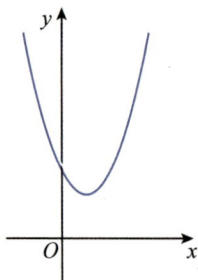

图 2-6

💡 **特别提示**

例 (1) 中，注意到不等式 $-x^2+3x+4<0\Leftrightarrow x^2-3x-4>0$，从而可将问题转化成解不等式 $x^2-3x-4>0$，即当一元二次不等式的二次项系数为负数时，可以利用不等式的性质将不等式化成二次项系数为正数的一元二次不等式，再求解.

📖 **笔记**

🚩 **探究发现**

通过上面的分析，发现二次函数的图像、一元二次方程的解、一元二次不等式的解集之间有着密切的联系，可以总结成表 2-5.

表 2-5

| 判别式 $\Delta=b^2-4ac$ | $\Delta>0$ | $\Delta=0$ | $\Delta<0$ |
|---|---|---|---|
| 二次函数 $y=ax^2+bx+c(a>0)$ 的图像 |  |  |  |

续表

| 判别式 $\Delta = b^2-4ac$ | $\Delta>0$ | $\Delta=0$ | $\Delta<0$ |
|---|---|---|---|
| 一元二次方程的解 $ax^2+bx+c=0(a>0)$ | 有两个不相等的实数解 $x_{1,2}=\dfrac{-b\pm\sqrt{b^2-4ac}}{2a}$ $(x_1<x_2)$ | 有两个相等的实数解 $x_1=x_2=-\dfrac{b}{2a}$ | 无实数解 |
| 一元二次不等式的解集 　$ax^2+bx+c>0$ $(a>0)$ | $\{x\mid x<x_1$ 或 $x>x_2\}$ | $\left\{x\mid x\neq-\dfrac{b}{2a}\right\}$ | **R** |
| $ax^2+bx+c\geq0$ $(a>0)$ | $\{x\mid x\leq x_1$ 或 $x\geq x_2\}$ | **R** | **R** |
| $ax^2+bx+c<0$ $(a>0)$ | $\{x\mid x_1<x<x_2\}$ | $\varnothing$ | $\varnothing$ |
| $ax^2+bx+c\leq0$ $(a>0)$ | $\{x\mid x_1\leq x\leq x_2\}$ | $\left\{x\mid x=-\dfrac{b}{2a}\right\}$ | $\varnothing$ |

**合作交流**

　　表 2-5 中要求 $a>0$，如果 $a<0$，应该怎样分析呢？请结合具体的例子进行思考，并将你的发现与同学进行交流讨论.

**抽象概括**

　　一般地，与二次函数 $y=ax^2+bx+c(a>0)$ 对应的一元二次不等式有四种情形，分别是 $ax^2+bx+c>0$，$ax^2+bx+c\geq0$，$ax^2+bx+c<0$，$ax^2+bx+c\leq0$. 利用二次函数 $y=ax^2+bx+c(a>0)$ 的图像求解相应的一元二次不等式，可以分为三步.

　　第一步：确定相应的一元二次方程 $ax^2+bx+c=0$ 的判别式 $\Delta=b^2-4ac$，从而确定二次函数的图像与 $x$ 轴的相交情况；如果有交点，则利用方程 $ax^2+bx+c=0$ 解出交点的横坐标.

　　第二步：画出二次函数 $y=ax^2+bx+c$ 的简图.

　　第三步：观察简图，写出不等式的解集.

**随堂练习**

　　利用二次函数的图像解下列一元二次不等式.

　　(1) $x^2-9>0$；　　　　　(2) $x^2+4x<0$；　　　　　(3) $x^2\leq4$；

笔记

(4) $x^2-3x-4>0$;　　　(5) $x^2-x-2\leqslant 0$;　　　(6) $-x^2-3x<0$;

(7) $-x^2+5x-6<0$;　　　(8) $-3x^2+2x-1>0$.

### 2.3.3 特殊类型一元二次不等式的解法 >>>

**分析理解**

观察下列不等式:

$$(x+1)(x-3)<0;　　　　　①$$
$$(x+1)(x-3)>0;　　　　　②$$
$$(x+1)(x-3)\leqslant 0;　　　　　③$$
$$(x+1)(x-3)\geqslant 0.　　　　　④$$

以上四个不等式对应的二次函数为 $y=(x+1)(x-3)$, 对应的一元二次方程为 $(x+1)(x-3)=0$. 其解为 $x_1=-1$, $x_2=3$. 二次函数 $y=(x+1)(x-3)$ 的图像与 $x$ 轴有两个交点 $(-1, 0)$, $(3, 0)$.

二次函数 $y=(x+1)(x-3)$ 的简图如图 2-7 所示.

结合二次函数 $y=(x+1)(x-3)$ 的简图, 我们可以得到以下结论.

(1) 不等式 $(x+1)(x-3)<0$ 的解在方程 $(x+1)(x-3)=0$ 的两解之间, 解集为 $(-1, 3)$;

(2) 不等式 $(x+1)(x-3)>0$ 的解在方程 $(x+1)(x-3)=0$ 的两解之外, 解集为 $(-\infty, -1)\cup(3, +\infty)$;

(3) 不等式 $(x+1)(x-3)\leqslant 0$ 的解在方程 $(x+1)(x-3)=0$ 的两解之间, 解集为 $[-1, 3]$;

(4) 不等式 $(x+1)(x-3)\geqslant 0$ 的解在方程 $(x+1)(x-3)=0$ 的两解之外, 解集为 $(-\infty, -1]\cup[3, +\infty)$.

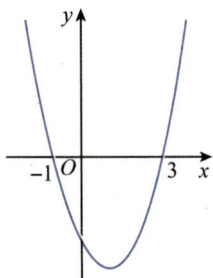

图 2-7

**抽象概括**

一般地, 一元二次方程 $(x-p)(x-q)=0$(其中 $p$, $q$ 为实数, 并且 $p<q$)有两个不相等的实数解 $x_1=p$, $x_2=q$, 二次函数 $y=(x-p)(x-q)$ 的简图如图 2-8 所示.

观察二次函数 $y=(x-p)(x-q)$ 的简图, 可知下列结论成立.

(1) 不等式 $(x-p)(x-q)<0$ 的解集为 $(p, q)$;

(2) 不等式 $(x-p)(x-q)>0$ 的解集为 $(-\infty, p)\cup(q, +\infty)$;

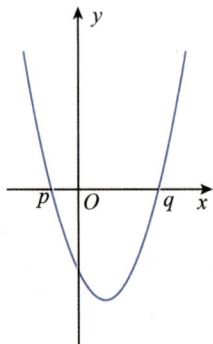

图 2-8

(3) 不等式 $(x-p)(x-q)\leqslant 0$ 的解集为 $[p, q]$;

(4) 不等式 $(x-p)(x-q)\geqslant 0$ 的解集为 $(-\infty, p]\cup[q, +\infty)$.

**例1** 解下列不等式.

(1) $(x+3)(x+1)<0$; 　　(2) $(6-x)(x+4)\leqslant 0$.

**解** (1) $(x+3)(x+1)<0$, 即 $[x-(-3)][x-(-1)]<0$.

所以不等式的解集为 $(-3, -1)$.

(2) 由 $(6-x)(x+4)\leqslant 0$ 得 $(x-6)(x+4)\geqslant 0$, 即

$$(x-6)[x-(-4)]\geqslant 0.$$

所以不等式的解集为 $(-\infty, -4]\cup[6, +\infty)$.

**例2** 解下列不等式.

(1) $(x+1)^2\geqslant 4$; 　　(2) $(2x-3)^2<9$.

**分析** 由 $(x+1)^2\geqslant 4$ 得 $x^2+2x+1\geqslant 4$, 即 $x^2+2x-3\geqslant 0$, 从而可以利用二次函数 $y=x^2+2x-3$ 的图像进行求解; 注意到 $4=2^2$, 也可以考虑将 $(x+1)^2\geqslant 4$ 整理为 $(x+1)^2-4\geqslant 0$, 并使用平方差公式, 即 $(x+1)^2-2^2\geqslant 0$, 得到 $(x+3)(x-1)\geqslant 0$, 此时可以借助上面的结论直接求解. 下面我们将使用后一种方法进行求解.

**解** (1) 由 $(x+1)^2\geqslant 4$ 得 $(x+1)^2-2^2\geqslant 0$,

从而　　　　　　 $[(x+1)+2][(x+1)-2]\geqslant 0$,

化简得　　　　　　 $(x+3)(x-1)\geqslant 0$,

即　　　　　　 $[x-(-3)](x-1)\geqslant 0$,

所以不等式的解集为 $(-\infty, -3]\cup[1, +\infty)$.

(2) 由 $(2x-3)^2<9$ 得 $(2x-3)^2-3^2<0$,

从而　　　　　　 $[(2x-3)+3][(2x-3)-3]<0$,

化简得　　　　　　 $2x(2x-6)<0$,

即　　　　　　 $x(x-3)<0$,

即　　　　　　 $(x-0)(x-3)<0$,

所以不等式的解集为 $(0, 3)$.

**随堂练习**

解下列一元二次不等式.

(1) $(x+2)(x-3)\geqslant 0$; 　　(2) $(5-x)(4+x)>0$;

(3) $(x-1)^2\leqslant 100$; 　　(4) $(x+5)^2>36$.

# 习题 2.3 >>>>>>>>>>>>

## 水平一

1. 选择题.

(1) 下列四个不等式，其中解集为 **R** 的是(　　).

① $-x^2+x+1\geqslant0$；　　② $x^2-5x+5>0$；

③ $x^2+6x+10>0$；　　④ $2x^2-3x+4<1$.

A. ④　　　　　B. ③　　　　　C. ②　　　　　D. ①

(2) 不等式 $x^2-2x+1>0$ 的解集是(　　).

A. $(-\infty, +\infty)$　　　　　　　　B. $(-\infty, 0)\cup(0, +\infty)$

C. $(0, +\infty)$　　　　　　　　　　D. $(-\infty, 1)\cup(1, +\infty)$

2. 填空题.

(1) 不等式 $x^2+3x+2>0$ 的解集是＿＿＿＿＿＿；

(2) 不等式 $x(x-1)<1$ 的解集是＿＿＿＿＿＿.

3. 求下列一元二次不等式的解集.

(1) $x^2<2$；　　　(2) $x^2>5$；　　　(3) $x^2>x$；

(4) $x^2<2x$；　　　(5) $x^2>3x$；　　　(6) $x^2\leqslant4x$.

4. 解下列一元二次不等式.

(1) $x^2+5x-6>0$；　　　　　　　(2) $x^2+4x-5<0$；

(3) $-x^2+4x-4\leqslant0$；　　　　　(4) $-x^2+3x>0$；

(5) $-3x^2+2x-1>0$；　　　　　　(6) $(2-3x)(2x+1)>2$.

## 水平二

1. 选择题.

(1) 已知集合 $M=\{x\mid x^2-3x-28\leqslant0\}$，$P=\{x\mid x^2-x-6>0\}$，则 $M\cap P=(\quad)$.

A. $[-4, -2)\cup(3, 7]$　　　　　　B. $(-4, -2]\cup[3, 7)$

C. $(-\infty, -2]\cup(3, +\infty)$　　　　D. $(-\infty, -2)\cup[3, +\infty)$

(2) 下列不等式中，解集为 $(2, 3]$ 的是 $(\quad)$.

A. $(x-3)(2-x)>0$　　　　　　　B. $(x-3)(2-x)\geqslant0$

C. $x^2-5x+6\leqslant0$　　　　　　　D. $0<x-2\leqslant1$

2. 如果不等式 $x^2-ax+1>0$ 的解集是 $(-\infty, +\infty)$，求 $a$ 的取值范围.

# 2.4　含绝对值的不等式 >>>>>>>>>>>>

## 2.4.1　含绝对值的不等式的基本解法 >>>

❓ 问题提出

### 商品房预售中的不等式知识

　　商品房预售时，房地产开发企业将正在建设中的房屋预先出售给购房者，并在购房合同中约定所购买房屋的具体面积（称为"合同约定面积"）。房屋竣工后，根据现场实测的房屋面积被称为"产权登记面积"。为保护购房者权益，我国相关法律规定，预售房屋的购房合同中应当写明"合同约定面积"与"产权登记面积"发生误差时的处理方式。合同未作约定的，按以下原则处理："（一）面积误差比绝对值在3%以内（含3%）的，根据'产权登记面积'结算房价款；（二）面积误差比绝对值超出3%时，购房者有权退房。其中，面积误差比＝（产权登记面积－合同约定面积）/合同约定面积×100%。"

　　李先生购买预售房屋时，合同约定面积为 100 m²。房屋竣工后，产权登记面积在什么范围时，李先生需要根据产权登记面积结算房价款？或者有权退房？

💬 知识回顾

　　1. 绝对值定义：数轴上表示数 $a$ 的点与原点之间的距离叫作数 $a$ 的绝对值，记作 $|a|$。

　　2. 一个正数的绝对值是它本身；一个负数的绝对值是它的相反数；0 的绝对值是 0，即

$$|a| = \begin{cases} a, & a>0, \\ 0, & a=0, \\ -a, & a<0, \end{cases} \text{也可以写成 } |a| = \begin{cases} a, & a\geqslant 0, \\ -a, & a<0. \end{cases}$$

　　3. 设 $a>0$，数轴上与原点的距离是 $a$ 的点有两个，它们在原点两侧，分别是 $-a$ 和 $a$，如图 2-9 所示。

图 2-9

笔记

**分析理解**

假设产权登记面积为 $x$（$\text{m}^2$），上述问题可用一个含有绝对值的不等式表示.

$$\left|\frac{x-100}{100}\right| \leqslant 3\%，或 \left|\frac{x-100}{100}\right| > 3\%，$$

可化为     $|x-100| \leqslant 3$，或 $|x-100| > 3$.

如果我们能解出这两个不等式，就能回答上述问题.

那么，如何解这种含有绝对值的不等式呢？我们先从简单的情形开始分析.

设 $a > 0$，由绝对值的意义可知，含有绝对值的方程 $|x| = a$ 的解是 $x = a$ 或 $x = -a$. 那么，含有绝对值的不等式（如 $|x| \geqslant a$，$|x| > a$，$|x| \leqslant a$，$|x| < a$ 等）怎么解呢？下面以不等式 $|x| \leqslant a(a > 0)$ 和 $|x| > a(a > 0)$ 为例进行分析.

由绝对值的几何意义，$|x|$ 表示实数 $x$ 对应的点与原点之间的距离. 因此，不等式 $|x| \leqslant a(a > 0)$ 表示数轴上到原点的距离不大于 $a$ 的点的集合. 在数轴上，满足 $|x| \leqslant a(a > 0)$ 的实数 $x$ 对应的点如图 2-10 所示.

图 2-10

所以不等式 $|x| \leqslant a(a > 0)$ 的解集是 $\{x \mid -a \leqslant x \leqslant a\}$，用区间表示为 $[-a, a]$.

同理，不等式 $|x| > a(a > 0)$ 表示数轴上到原点的距离大于 $a$ 的点的集合. 在数轴上，满足 $|x| > a(a > 0)$ 的实数 $x$ 对应的点如图 2-11 所示.

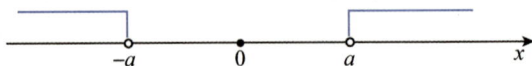

图 2-11

所以不等式 $|x| > a(a > 0)$ 的解集是 $\{x \mid x < -a$ 或 $x > a\}$，用区间表示为 $(-\infty, -a) \cup (a, +\infty)$.

由此，可以得到表 2-6.

表 2-6

| 不等式 | 解集 | 数轴表示 | 区间表示 |
| --- | --- | --- | --- |
| $|x| \leqslant a(a > 0)$ | $\{x \mid -a \leqslant x \leqslant a\}$ | | $[-a, a]$ |
| $|x| > a(a > 0)$ | $\{x \mid x < -a$ 或 $x > a\}$ | | $(-\infty, -a) \cup (a, +\infty)$ |

**例** 解不等式 $|2x|<5$.

**解** 由 $|2x|<5$ 得 $-5<2x<5$,

即
$$-\frac{5}{2}<x<\frac{5}{2}.$$

所以不等式的解集是 $\left(-\dfrac{5}{2},\dfrac{5}{2}\right)$.

**合作交流**

1. 仿照上面的分析,你能列出 $|x|<a\,(a>0)$ 和 $|x|\geqslant a\,(a>0)$ 的解的情况吗? 将你的发现与同学交流讨论.

2. 如果把 $a>0$ 改为 $a<0$ 或者 $a=0$,你能对上述不等式进行分析和求解吗? 将你的发现与同学交流讨论.

**随堂练习**

解下列不等式.

(1) $|x|\geqslant 2$;    (2) $|x|\leqslant 3$;

(3) $|2x|<3$;    (4) $|6x|>8$.

## 2.4.2 $|ax+b|<c$ 和 $|ax+b|>c\,(c>0)$ 的解法 》》》

**分析理解**

求解此类不等式时,可以将 $ax+b$ 看作一个整体,再利用含绝对值不等式的基本解法,去掉绝对值,然后进行求解.

**例1** 解不等式 $|2x-1|<5$.

**解** 由 $|2x-1|<5$ 得 $-5<2x-1<5$,

即
$$-4<2x<6,$$
$$-2<x<3.$$

所以不等式的解集是 $(-2,3)$.

**例2** 解不等式 $|1-2x|<3$.

**解** 因为 $|1-2x|=|2x-1|$,

所以由 $|1-2x|<3$ 得 $|2x-1|<3$.

由 $|2x-1|<3$ 得 $-3<2x-1<3$，

即 $\qquad -2<2x<4$，

$\qquad -1<x<2.$

所以不等式的解集是 $(-1,2)$.

**例 3** 解不等式 $|x+3|\geqslant 2$.

**解** 由 $|x+3|\geqslant 2$ 得 $x+3\leqslant -2$ 或 $x+3\geqslant 2$，

即 $\qquad x\leqslant -5$ 或 $x\geqslant -1$.

所以不等式的解集是 $(-\infty,-5]\cup[-1,+\infty)$.

现在我们回到本节开始的问题，解不等式 $|x-100|\leqslant 3$ 得 $97\leqslant x\leqslant 103$，解不等式 $|x-100|>3$ 得 $x>103$ 或 $x<97$. 如果产权登记面积在 $97$ $m^2$ 和 $103$ $m^2$ 之间（包含 $97$ $m^2$ 和 $103$ $m^2$）时，李先生按照产权登记面积结算房款；如果产权登记面积小于 $97$ $m^2$ 或大于 $103$ $m^2$ 时，李先生有权退房.

**例 4** 解不等式 $|3x-(x-2)|\leqslant 2$.

**解** 由 $|3x-(x-2)|\leqslant 2$ 得 $|3x-x+2|\leqslant 2$，

即 $\qquad |2x+2|\leqslant 2$，

从而 $\qquad -2\leqslant 2x+2\leqslant 2$，

$\qquad -4\leqslant 2x\leqslant 0$，

$\qquad -2\leqslant x\leqslant 0.$

所以不等式的解集是 $[-2,0]$.

**随堂练习**

1. 解下列不等式.

(1) $|x+1|\geqslant 2$；　　　　　(2) $|x-1|\leqslant 3$；

(3) $|x-2|<3$；　　　　　(4) $|x+3|>8$.

2. 解下列不等式.

(1) $|3x-1|\leqslant 2$；　　　　　(2) $|\frac{1}{3}x|>2$；

(3) $|2x-2|\geqslant 7$；　　　　　(4) $|1-3x|>2$.

## 习题 2.4 >>>>>>>>>>

**水平一**

1. 在数轴上，满足方程 $|x-3|=1$ 的 $x$ 对应的点到原点的距离是（　　）.

A. 4　　　　　B. 2　　　　　C. 4 或 2　　　　　D. 0

2. 不等式 $|5x|<3$ 的解集用区间表示是（　　）.

A. $\left(-\infty, \dfrac{3}{5}\right)$　　　　　B. $\left(-\dfrac{3}{5}, +\infty\right)$

C. $\left(-\dfrac{3}{5}, \dfrac{3}{5}\right)$　　　　　D. $\left(-\infty, -\dfrac{3}{5}\right)\cup\left(\dfrac{3}{5}, +\infty\right)$

3. 在数轴上，$x$ 对应的点 $P$ 与 $y$ 对应的点 $Q$ 之间的距离为_____.

4. 不等式 $|1-3x|>1$ 的解集用区间表示为_____.

**水平二**

解下列不等式.

(1) $\left|\dfrac{1-3x}{3}\right|>1$；　　(2) $\left|\dfrac{1}{2}-3x\right|\geqslant 3$；　　(3) $\left|2x-\dfrac{1}{3}\right|<\dfrac{1}{2}$.

(4) $\left|\dfrac{2}{5}x-2\right|\geqslant 1$；　　(5) $\left|\dfrac{1}{3}x-(x-2)\right|\leqslant 2$；　　(6) $4\leqslant\left|5-\dfrac{2}{3}x\right|$.

## 2.5　不等式的应用 >>>>>>>>>>

### 2.5.1　不等式的简单应用 >>>

**例 1**　用篱笆在墙边围一块矩形小花坛，其中一边靠墙（如图 2-12 所示），篱笆总长为 8 m. 若小花坛的面积不小于 6 m²，则小花坛垂直于墙的一边的长度范围是多少？

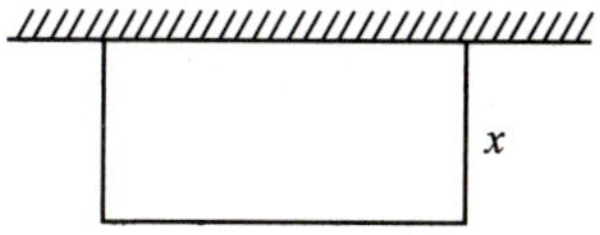

图 2-12

**解**　设小花坛垂直于墙的一边的长度为 $x$ (m)，则与墙平行的一边的长度为 $(8-2x)$m. 考虑到实际情况，有 $x>0$，并且 $8-2x>0$，所以 $x$ 满足 $0<x<4$.

笔记

设小花坛的面积为 $S$ ($m^2$)，则

$$S = x(8-2x),$$

整理得 $S = -2x^2 + 8x$.

由题意得 $S = -2x^2 + 8x \geq 6$，即 $x^2 - 4x + 3 \leq 0$.

得不等式的解为 $\{x \mid 1 \leq x \leq 3\}$.

结合 $0 < x < 4$，得

$$\{x \mid 0 < x < 4\} \bigcap \{x \mid 1 \leq x \leq 3\} = \{x \mid 1 \leq x \leq 3\}.$$

所以小花坛垂直于墙的一边的长度在 1 m 至 3 m 之间（含 1 m 和 3 m）.

**例 2** 某网店销售一种电动玩具，成本为 10 元/个．平时按单价 20 元销售，日平均销售量为 100 个．为进一步提升业绩，该网店决定在"双 11"期间举办降价促销活动．根据以往的统计，如果该电动玩具的单价每降低 0.5 元，日平均销售量就会大约增加 10 个．为了使促销活动期间日平均利润不低于平时，应如何确定降价的范围？

**分析** 利润＝（销售单价－成本单价）×销售量．降价过程中，单价降低能够使销售量变大，但也使销售单价与成本单价的差减小，所以降价的范围应保证利润不低于促销前．

**解** 假设降价 $x$ 元．考虑到实际情况，价格的降幅应小于 10 元，即保证销售价高于成本价，所以要求 $x > 0$ 并且 $x < 10$，即 $0 < x < 10$.

平时的日平均利润为 $(20-10) \times 100 = 1\,000$(元).

降价 $x$ 元后，销售单价为 $(20-x)$ 元，单个玩具的利润为 $(20-x)-10 = (10-x)$ 元，日平均销售量为 $\left(100 + \dfrac{10}{0.5}x\right)$ 个．因此，降价 $x$ 元后的日平均利润为 $(10-x)(100+20x)$ 元.

由题意得 $(10-x)(100+20x) \geq 1\,000$.

化简得 $x^2 - 5x \leq 0$，即 $x(x-5) \leq 0$.

所以不等式的解集为 $\{x \mid 0 \leq x \leq 5\}$.

由于 $0 < x < 10$，所以 $x$ 的范围是 $\{x \mid 0 < x < 10\} \bigcap \{x \mid 0 \leq x \leq 5\}$，即 $\{x \mid 0 < x \leq 5\}$．所以降价的范围应在 0 至 5 元之间（含 5 元，不含 0 元），即单价定在 15 元至 20 元之间（含 15 元，不含 20 元），便能满足要求.

**特别提示**

由例 1 和例 2 可知，在解决与一元二次不等式有关的实际问题时，不仅要解一元二次不等式，而且要考虑实际背景对未知数的限制．在例 1 中，实际背景对未知数的限制是 $0 < x < 4$；在例 2 中，实际背景对未知数的限制是 $0 < x < 10$.

**合作交流**

例 2 中，当 $x =$ ____ 元时，利润最大，也就是说，降价 ____ 元，即定价 ____ 元时，利润最大，最大利润是 ____ 元，与同学进行交流.

**随堂练习**

1. 某工厂生产一种产品的总利润 $y$（万元）与产量 $x$（kg）满足函数关系：$y=-x^2+300x-100$，$0<x<200$. 如果要使利润超过 8 000 万元，那么产量应达到的范围是多少？

2. 用长度为 8 m 的铝合金材料，做一个日字形两开窗，如图所示. 要求窗户的面积不少于 2 $m^2$. 如何设计窗户的高度，才能满足要求？（日字形两开窗中间窗棂的宽度忽略不计）

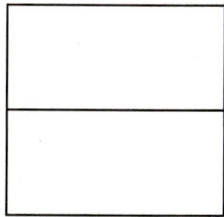

第 2 题图

## 2.5.2 不等式与复杂实际问题 >>>

**例 1** 我国交通法规对申领小型汽车驾驶证的年龄限制如下：最低年龄 18 周岁，最高年龄 75 周岁. 已有研究表明，小型汽车驾驶员对红绿灯变化的反应时间 $y$（ms）与驾驶员年龄 $x$（周岁）的关系为 $y=0.005x^2-0.2x+22$，其中 $18\leqslant x\leqslant70$. 问：反应时间超过 24.5 ms 的驾驶员所处的年龄范围是多少？

**解** 由题意得，$y=0.005x^2-0.2x+22>24.5$，即

$$0.005x^2-0.2x-2.5>0.$$

化简得 $x^2-40x-500>0$.

考查二次函数 $y=x^2-40x-500$，$1>0$，$\Delta=(-40)^2-4\times1\times(-500)=3\,600>0$，所以二次函数 $y=x^2-40x-500$ 的图像开口向上，并且与 $x$ 轴有两个交点. 其简图如图 2-13 所示.

由图像可知，不等式 $x^2-40x-500>0$ 的解集为 $(-\infty,-10)\cup(50,+\infty)$，这也是不等式 $0.005x^2-0.2x-2.5>0$ 的解集.

考虑到 $18\leqslant x\leqslant70$，所以 $x$ 的范围是 $(50,70]$，即反应时间超过 24.5 ms 的驾驶员所处的年龄范围在 50 岁至 70 岁之间（不包含 50 岁，包含 70 岁）.

图 2-13

**笔记**

**例 2** 身体质量指数（Body Mass Index，BMI）是衡量人体胖瘦程度的一个常用标准，计算公式为 $\text{BMI}=\dfrac{\text{体重}}{(\text{身高})^2}$（BMI 单位：$kg/m^2$）. 一项研究指出，中职学生身体质量指数与身体素质之间存在一定的关系. 研究中使用

身体素质指标来衡量学生的身体素质，该指标是指学生参加 50 m 跑，立定跳远，力量（男生引体向上、女生 1 分钟仰卧起坐），耐力跑（男生 1 000 m 跑、女生 800 m 跑），坐位体前屈等项目的成绩总和．身体素质指标为正数说明身体素质较好．上述研究发现，身体素质指标（$y$）与 BMI（$x$）之间的关系如表 2-7 所示．

问：身体素质较好的男生和女生，其 BMI 的范围分别是多少？

表 2-7

| 男生 | $y = -0.05x^2 + 2x - 19.2,\ 5 \leqslant x \leqslant 35$ |
|---|---|
| 女生 | $y = -0.01x^2 + 0.39x - 3.68,\ 5 \leqslant x \leqslant 35$ |

**解** 先考虑男生的情况．由题意得，$y = -0.05x^2 + 2x - 19.2 > 0$，即

$$0.05x^2 - 2x + 19.2 < 0.$$

化简得 $x^2 - 40x + 384 < 0.$

考查二次函数 $y = x^2 - 40x + 384$，$1 > 0$，$\Delta = 40^2 - 4 \times 1 \times 384 = 64 > 0$，所以二次函数 $y = x^2 - 40x + 384$ 的图像开口向上，与 $x$ 轴有两个交点．

所以不等式 $x^2 - 40x + 384 < 0$ 的解集为 $(16, 24)$，这也是不等式 $-0.05x^2 + 2x - 19.2 > 0$ 的解集．

再考虑女生的情况．由题意得，$y = -0.01x^2 + 0.39x - 3.68 > 0$，即

$$0.01x^2 - 0.39x + 3.68 < 0.$$

化简得 $x^2 - 39x + 368 < 0.$

考查二次函数 $y = x^2 - 39x + 368$，$1 > 0$，$\Delta = (-39)^2 - 4 \times 1 \times 368 = 49 > 0$，所以二次函数 $y = x^2 - 39x + 368$ 的图像开口向上，与 $x$ 轴有两个交点．

所以不等式 $x^2 - 39x + 368 < 0$ 的解集为 $(16, 23)$，这也是不等式 $-0.01x^2 + 0.39x - 3.68 > 0$ 的解集．

因此，身体素质较好的男生 BMI 的范围是 $(16, 24)$，身体素质较好的女生 BMI 的范围是 $(16, 23)$．

合作交流

小组合作收集用一元二次不等式解决的实际问题，并探究解决这类问题的一般步骤和注意事项．

**随堂练习**

　　如图，在运动会标枪项目中，运动员将标枪掷出后，设标枪在飞行过程中距离地面的高度为 $y$(m)，标枪飞出的水平距离为 $x$(m)，若 $y$ 与 $x$ 之间的关系是：

$$y = -\frac{1}{16}(x-13)^2 + \frac{49}{4},\ 0 \leqslant x \leqslant 27.$$

　　问：标枪飞出的水平距离在什么范围时，标枪距离地面的高度超过 3.75 m？

笔记

# 习题 2.5 >>>>>>>>>>>>

**水平一**

　　1. 一家快递仓库的地面为正方形，原有面积 100 m²，因业务量增加，现在需要在仓库增加一块长方形区域 (如图所示). 如果希望扩建后仓库的总面积不小于 300 m²，那么 $x$ 的范围是多少？

第 1 题图　　　　　　第 2 题图

　　2. 某度假酒店计划设计一个小型户外游泳池，长 6 m、宽 3 m，同时希望在游泳池四周设计宽度为 $x$ (m)的平台 (如图所示). 如果平台的总面积不超过 22 m²，则 $x$ 的范围是多少？

　　3. 某服装公司生产一种服装，利润 $y$(元)与销售单价 $x$(元)之间的关系是 $y = -10x^2 + 1\,500x - 50\,000$，那么单价在什么范围时利润会大于零？

4. 某中等职业学校毕业生小孙到某公司应聘,公司要他为一个长 3 m、宽 2 m 的工作台设计一块长方形台布,作为考核他的项目. 具体要求是:台布的面积不超过台面面积的 2 倍,且使台布四边垂下的长度相等,如图所示. 问:垂下的长度应该在什么范围内?

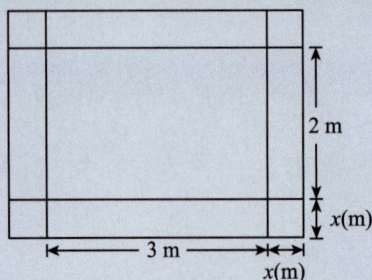

第 4 题图

### 水平二

1. 某种鱼在出生后的 40 天内,身长 $L(\text{cm})$ 与其出生的天数 $x$(天) 满足下列函数关系:

$$L = 0.002x^2 + 0.15x + 2.3, \quad 0 \leqslant x \leqslant 40.$$

问:该种鱼出生多少天时身长会在 4~10 cm?

2. 矮寨大桥是湖南省湘西土家族苗族自治州境内的高速通道,位于德夯大峡谷之上. 大桥上的索缆和桥面的距离 $y(\text{m})$ 与索缆和大桥起点的水平距离 $x(\text{m})$ 满足 $y = 0.0002(x-890)^2 + 8$, $0 \leqslant x \leqslant 1\,780$. 大桥上有部分桥面上方的索缆距离桥面距离大于 58 m,那么这部分桥面的总长度是多少?

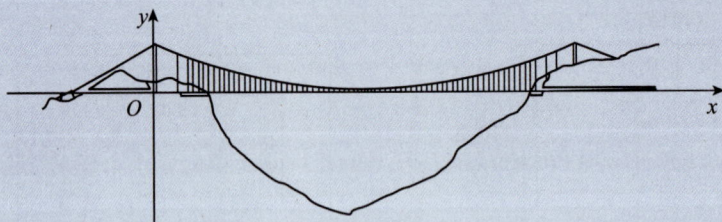

第 2 题图

3. 已有研究表明,小型汽车驾驶员对红绿灯变化的反应时间 $y_1(\text{ms})$ 与驾驶员年龄 $x$(周岁) 的关系为 $y_1 = 0.005x^2 - 0.2x + 22$, $18 \leqslant x \leqslant 70$,对消防车警笛的反应时间 $y_2(\text{ms})$ 与驾驶员年龄 $x$(周岁) 的关系为 $y_2 = 0.005\,1x^2 - 0.3x + 15$, $18 \leqslant x \leqslant 70$.

问:哪个年龄段的驾驶员对红绿灯变化的反应时间要长于对消防车警笛的反应时间?

## 数学园地　>>>>>>>>>>>

本单元中，我们学习了不等式的一些性质，以及如何解一元二次不等式和含绝对值的不等式．实际上，数学领域中还有很多不等式，也被用来解决生产生活中的实际问题．尤其是微积分体系建立以前，不等式是计算最大值和最小值问题的最佳工具．下面我们介绍一些著名的不等式．

填写表 2-8，并观察 $\dfrac{a+b}{2}$，$\sqrt{ab}$，$\dfrac{2}{\frac{1}{a}+\frac{1}{b}}$ 这三个数的大小关系．

**表 2-8**

| 正数 $a$ | 正数 $b$ | $\dfrac{a+b}{2}$ | $\sqrt{ab}$ | $\dfrac{2}{\frac{1}{a}+\frac{1}{b}}$ |
|---|---|---|---|---|
| 2 | 8 | 5 | 4 | $\dfrac{16}{5}$ |
| 4 | 9 | | | |
| 8 | 8 | | | |
| 16 | 4 | | | |
| 20 | 5 | | | |

填写表 2-9，并观察 $\dfrac{a+b+c}{3}$，$\sqrt[3]{abc}$，$\dfrac{3}{\frac{1}{a}+\frac{1}{b}+\frac{1}{c}}$ 这三个数的大小关系．

**表 2-9**

| 正数 $a$ | 正数 $b$ | 正数 $c$ | $\dfrac{a+b+c}{3}$ | $\sqrt[3]{abc}$ | $\dfrac{3}{\frac{1}{a}+\frac{1}{b}+\frac{1}{c}}$ |
|---|---|---|---|---|---|
| 1 | 2 | 4 | $\dfrac{7}{3}$ | 2 | $\dfrac{12}{7}$ |
| 3 | 8 | 9 | $\dfrac{20}{3}$ | 6 | $\dfrac{216}{41}$ |
| 5 | 8 | 25 | | | |
| 8 | 9 | 24 | | | |
| 10 | 10 | 10 | | | |

通过填写和观察上面两个表格，你有什么发现和猜想？

实际上，若 $a$，$b$，$c$ 均为正数，则可给出如下定义．

(1) $\dfrac{a+b}{2}$ 叫作 $a$，$b$ 两数的算术平均数，$\dfrac{a+b+c}{3}$ 叫作 $a$，$b$，$c$ 三数的算术平均数；

（2）$\sqrt{ab}$ 叫作 $a$，$b$ 两数的几何平均数，$\sqrt[3]{abc}$ 叫作 $a$，$b$，$c$ 三数的几何平均数；

（3）$\dfrac{2}{\dfrac{1}{a}+\dfrac{1}{b}}$ 叫作 $a$，$b$ 两数的调和平均数，$\dfrac{3}{\dfrac{1}{a}+\dfrac{1}{b}+\dfrac{1}{c}}$ 叫作 $a$，$b$，$c$ 三数的调和平均数.

观察上面两个表格，可以发现

$$\frac{a+b}{2}\geqslant\sqrt{ab}\geqslant\frac{2}{\dfrac{1}{a}+\dfrac{1}{b}}，\quad \frac{a+b+c}{3}\geqslant\sqrt[3]{abc}\geqslant\frac{3}{\dfrac{1}{a}+\dfrac{1}{b}+\dfrac{1}{c}}.$$

大胆地想一想，对于 $n$ 个正数的算术平均数、几何平均数、调和平均数，怎样用符号表示？它们的大小关系能确定吗？

一般地，若 $a_1$，$a_2$，$a_3$，$\cdots$，$a_n$ 为 $n$ 个正数，则有

$$\frac{a_1+a_2+a_3+\cdots+a_n}{n}\geqslant\sqrt[n]{a_1a_2a_3\cdots a_n}\geqslant\frac{n}{\dfrac{1}{a_1}+\dfrac{1}{a_2}+\dfrac{1}{a_3}+\cdots+\dfrac{1}{a_n}}.$$

其中，当 $a_1=a_2=a_3=\cdots=a_n$ 时，等号成立.

随着学习的进一步深入，我们就能够证明数学史上这个著名的不等式，并且知道它的广泛应用.

# 单元小结 >>>>>>>>>>>

## 学习导图

## 学习指导

1. 不等式的基本性质.

(1) 比较数(式)的大小常用"作差比较法".

(2) 运用不等式的性质时，要注意验证条件是否都满足.

2. 区间.

区间是集合的一种表示形式，主要包括开区间、闭区间、左开右闭区间和右开左闭区间.

3. 一元二次不等式.

(1) 将一元二次不等式统一化成 $ax^2+bx+c>0(\geq 0)$ 或 $ax^2+bx+c<0(\leq 0)$ 的形式.

(2) 若 $a>0$，此时二次函数的图像开口向上，计算判别式 $\Delta=b^2-4ac$.

①当 $\Delta>0$ 时，二次函数的图像与 $x$ 轴有两个不同的交点 $(x_1，0)$，$(x_2，0)(x_1<x_2)$. 画出函数简图，可得如下结论.

$ax^2+bx+c>0$ 的解集为 $(-\infty，x_1)\cup(x_2，+\infty)$；

$ax^2+bx+c\geq 0$ 的解集为 $(-\infty，x_1]\cup[x_2，+\infty)$；

$ax^2+bx+c<0$ 的解集为 $(x_1，x_2)$；

$ax^2+bx+c\leq 0$ 的解集为 $[x_1，x_2]$.

②当 $\Delta=0$ 时，二次函数的图像与 $x$ 轴只有一个交点 $(x_0，0)$. 画出函数简图，可得如下结论.

$ax^2+bx+c>0$ 的解集为 $(-\infty,\ x_0)\cup(x_0,\ +\infty)$；

$ax^2+bx+c\geqslant0$ 的解集为 $\mathbf{R}$；

$ax^2+bx+c<0$ 的解集为 $\varnothing$；

$ax^2+bx+c\leqslant0$ 的解集为 $\{x\mid x=x_0\}$.

③当 $\Delta<0$ 时，二次函数的图像与 $x$ 轴没有交点. 画出函数简图，可得如下结论.

$ax^2+bx+c>0$ 和 $ax^2+bx+c\geqslant0$ 的解集均为 $\mathbf{R}$；

$ax^2+bx+c<0$ 和 $ax^2+bx+c\leqslant0$ 的解集均为 $\varnothing$.

(3) 若 $a<0$，则可以转化为 $-ax^2-bx-c>0(\geqslant0)$ 或 $-ax^2-bx-c<0(\leqslant0)$ 的情形，然后再按步骤 (2) 的方法进行求解.

4. 含绝对值的不等式.

(1) 不等式 $|x|\leqslant a(a>0)$ 的解集是 $\{x\mid -a\leqslant x\leqslant a\}$，用区间表示为 $[-a,\ a]$.

(2) 不等式 $|x|>a(a>0)$ 的解集是 $\{x\mid x<-a\ 或\ x>a\}$，用区间表示为 $(-\infty,\ -a)\cup(a,\ +\infty)$.

(3) 求解形如 $|ax+b|<c$ 和 $|ax+b|>c(c>0)$ 的不等式时，可以将 $ax+b$ 看作一个整体，再利用含绝对值不等式的基本解法，去掉绝对值，然后进行求解.

5. 不等式的应用.

(1) 在解决问题的过程中体验如何使用二次函数的图像直观地得出一元二次不等式的解集，学会利用数形结合的思想方法解决问题.

(2) 应用一元二次不等式解决实际问题时，要注意未知量的实际意义.

# 单元检测 >>>>>>>>>>>>

**水平一**

1. 选择题.

(1) 不等式 $x^2-3x-10>0$ 的解集是(　　).

A. **R**　　　　　　　　　　　　B. $\varnothing$

C. $(-\infty, 5)\cup(5, +\infty)$　　　　D. $(-\infty, -2)\cup(5, +\infty)$

(2) 设集合 $A=\{x\mid 3x-2-x^2<0\}$，$B=\{x\mid x-a<0\}$，若 $B\subseteq A$，则 $a$ 的取值范围是(　　).

A. $(-\infty, 1]$　　B. $[1, 2]$　　C. $(2, +\infty)$　　D. $(-\infty, 2]$

2. 填空题.

(1) 若集合 $A=\{x\mid x^2-4x+3<0\}$，$B=\{x\mid (x-2)(x-5)<0\}$，则 $A\cap B=$ ＿＿＿＿＿；

(2) 若 $|x|>a^2+1$，则 $x$ 的取值范围是＿＿＿＿＿＿.

3. 解下列一元二次不等式.

(1) $3x^2-2x-3\geqslant0$；　　　　(2) $-x^2-2x+3\geqslant0$.

4. 求同时满足不等式 $x^2-2x<8$ 和 $x^2-2x\geqslant3$ 的整数解的集合.

5. 已知集合 $A=\{x\mid |x-1|<7\}$，$B=\{x\mid |x-3|>4\}$，求 $A\cap B$.

6. 设不等式 $\left|\dfrac{1}{2}x+1\right|<3$ 的解集为 $A$，不等式 $(x+1)^2-(x-1)^2>1$ 的解集为 $B$，求 $A\cap B$.

7. 某中等职业学校学生小王暑假在一家商店进行社会实践，经理请小王帮助解决一些销售问题. 有一种商品的进价是 40 元/kg，现在的售价是 60 元/kg，每周可卖出 300 kg. 根据市场调查，该商品每涨价 1 元，每周要少卖出 10 kg；每降价 1 元，每周可多卖出 20 kg. 如果要对该商品涨价，那么涨价的范围是多少，才能使每周的利润不少于 6 240 元？如果要对该商品降价，那么降价的范围是多少，才能使每周的利润不少于 6 240 元？

**水平二**

1. 已知两个圆的半径分别为 2 和 3，圆心距 $d$ 满足 $d^2-6d+5<0$，判断这两个圆的位置关系.

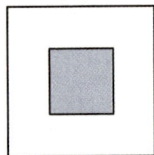

第 2 题图

2. 如图所示，要在边长为 20 m 的正方形场地中心位置建一个正方形花圃，要使花圃的面积既不小于 16 m²，也不大于 36 m²，则花圃与正方形场地的对应边应相距多远？

3. 设全集为 **R**，集合 $A = \{x \mid |x| < 4\}$，$B = \{x \mid |x-2| \geqslant 1\}$，求 $(\complement_{\mathbf{R}} A) \cap (\complement_{\mathbf{R}} B)$.

4. 不等式 $|x-1| \leqslant 2$ 与 $ax^2 + bx - 2 \leqslant 0$ 有相同的解集，求 $a$，$b$ 的值.

5. 现新建一个圆形喷水池，要在池中心 $O$ 竖直安装一根水管，在水管的顶端 $A$ 安一个喷水头，使喷出的抛物线水柱在与池中心 $O$ 的水平距离为 1 m 处达到最高点 $B$，高度为 3 m，且水柱落地处 $C$ 与池中心 $O$ 的水平距离为 3 m，如图所示.

(1) 求水柱的高度 $y$(m)与池中心 $O$ 到水柱的水平距离 $x$(m)的关系式，并画出其图像；

(2) 求水管的高度 $h$(m)；

(3) 当水柱的高度不低于 $\dfrac{3}{4}$ m 时，求这时池中心 $O$ 到水柱的水平距离 $x$ 的取值区间.

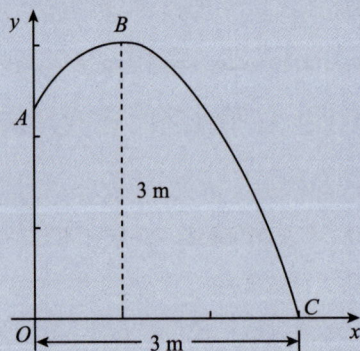

第 5 题图

在客观世界中存在各种各样的运动变化现象. 如搭载神舟十四号载人飞船的长征二号运载火箭发射过程中，飞船与发射点距离会随着时间的变化而变化；深海勇士号载人潜水器在下潜实验过程中，其压强随着下潜深度的增加而增大；代表新能源技术的光伏发电和风能发电，我国的装机容量随时间变化而增长；我国快速发展的高速铁路，其总里程是逐年增加的，现已突破 4 万 km，稳居世界第一；每个人的体温随着时间的变化而变化；到商店购买同一种饮料的数量越多，付费越多等. 这些动态变化现象都表现为变量之间的对应关系，我们常用函数模型来描述这些变量之间的关系和规律，并通过研究函数来认识客观世界.

函数是描述客观世界变化规律和解决数学问题的重要工具. 它与代数式、方程、不等式等知识联系紧密，是进一步学习数学的重要基础. 函数的概念及其反映的数学思想和方法已广泛渗透到数学的各个领域，并在现实生活中有着广泛的应用.

本单元主要学习函数的概念、函数的表示方法、函数的单调性和奇偶性以及函数的应用. 本单元的学习，重在感受用直观想象从具体问题中抽象出数学问题，并用精确的数学符号语言表达概念、性质、推理等；掌握研究函数的基本内容、过程和方法；运用建立分段函数、二次函数等数学模型解决实际问题的方法；积累一定的数学经验和方法，提升直观想象、数学抽象、数学建模、逻辑推理等核心素养.

第三单元
函 数

1. 函数的概念.

能从具体情境中抽象概括出函数的概念，学习用集合语言和对应关系描述函数概念.

2. 函数的表示方法.

了解函数的三种表示方法，会恰当地选用这些方法表示函数；

理解分段函数的概念；

通过研究函数的变化规律来把握客观世界中事物的变化规律.

3. 函数的单调性和奇偶性.

学习用精准的数学符号语言描述函数的性质，掌握判断函数单调性和奇偶性的方法.

4. 函数的应用.

初步掌握建立分段函数、二次函数模型来解决实际问题的方法；

能运用函数的思想和方法解决实际问题，提升核心素养和思维品质.

# 3.1　函数的概念 >>>>>>>>>>>>

## 观察思考

情境 1：职业教育助力乡村振兴，某职业院校电子商务专业学生小莉负责帮助某村农户在电商平台上销售 2 000 kg 橘子，橘子的售价是 6 元/kg. 考查橘子的销售收入 $y$(元) 与销售量 $x$(kg) 的关系.

情境 2：如表 3-1 所示，2007 年 4 月至 2020 年 7 月，我国共成功发射了 55 颗北斗导航卫星，全面建成了我国自主建设、独立运行的北斗卫星导航系统. 考查每年发射卫星的颗数 $y$ 与年份 $x$ 的关系.

表 3-1

| 年份 $x$ | 2007 | 2009 | 2010 | 2011 | 2012 | 2015 | 2016 | 2017 | 2018 | 2019 | 2020 |
|---|---|---|---|---|---|---|---|---|---|---|---|
| 发射卫星的颗数 $y$ | 1 | 1 | 5 | 3 | 6 | 4 | 3 | 2 | 18 | 10 | 2 |

情境 3：为了建设人与自然和谐共生的美丽家园，气温变化是环境监测的重要内容，某城市某年 7 月某一天的气温如图 3-1 所示. 描述这一天气温的变化情况，考查温度 $Q$ 与时间 $t$ 的关系.

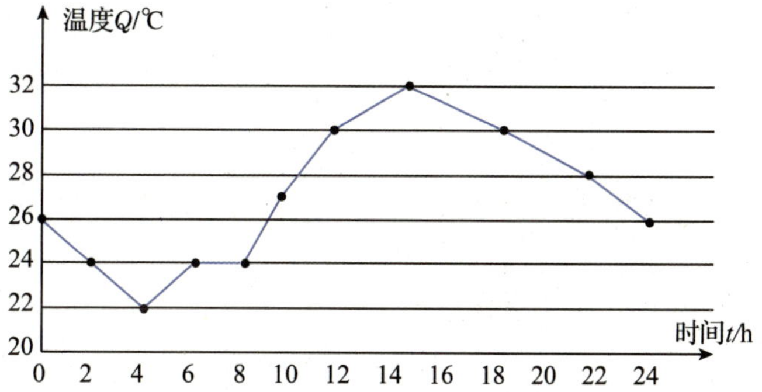

图 3-1

## 分析理解

情境 1 中，橘子的销售收入 $y$ 与销售量 $x$ 的对应关系是 $y=6x$，其中 $x$ 的变化范围是数集 $A=\{x \mid 0 \leqslant x \leqslant 2\,000\}$，$y$ 的取值都在数集 $B=\{y \mid 0 \leqslant y \leqslant 12\,000\}$ 中，对于数集 $A$ 中的任一销售量 $x$，在数集 $B$ 中都有唯一确定的收入 $y$ 与之对应，所以橘子的销售收入 $y$ 是销售量 $x$ 的函数.

情境 2 中，$x$ 表示年份，$y$ 表示发射卫星颗数，$x$ 的变化范围是数集

$A = \{2007,\ 2009,\ 2010,\ 2011,\ 2012,\ 2015,\ 2016,\ 2017,\ 2018,\ 2019,\ 2020\}$，$y$ 的变化范围是数集 $B = \{1,\ 2,\ 3,\ 4,\ 5,\ 6,\ 10,\ 18\}$，对于数集 $A$ 中的任一年份 $x$，根据表 3-1 所给定的对应关系，在数集 $B$ 中都有唯一确定的卫星颗数 $y$ 与之对应，因此，每年发射卫星颗数 $y$ 是年份 $x$ 的函数.

情境 3 中，$t$ 的变化范围是数集 $A = \{t \mid 0 \leqslant t \leqslant 24\}$，$Q$ 的取值都在数集 $B = \{Q \mid 22 \leqslant Q \leqslant 32\}$ 中，对于数集 $A$ 中的任一时刻 $t$，按照图 3-1 中曲线给出的对应关系，在数集 $B$ 中都有唯一确定的气温 $Q$ 与之对应，所以气温 $Q$ 是时间 $t$ 的函数.

在现实生活中，这样的例子还有很多. 比如，每小时往蓄水池里注入 2 t 水，蓄水池的水位与注水时间的对应关系；火车匀速直线行驶的路程与行驶时间的对应关系等.

**📖 概念**

函数
自变量
定义域
函数值
值域

**📋 笔记**

**⚙ 抽象概括 ⚙**

一般地，设 $A$，$B$ 是非空数集，如果存在一个对应关系 $f$，使对于集合 $A$ 中的每一个数 $x$，在集合 $B$ 中都有唯一确定的数 $y$ 和它对应，那么就把对应关系 $f$ 称为定义在集合 $A$ 上的一个**函数**，记作

$$y = f(x),\ x \in A.$$

其中，$x$ 叫作**自变量**，$x$ 的取值范围 $A$ 叫作函数的**定义域**；与 $x$ 的值相对应的 $y$ 值叫作**函数值**，函数值的集合 $\{f(x) \mid x \in A\}$ 叫作函数的**值域**.

比如，初中学习过的一次函数 $y = 3x - 2$，就是从实数集 **R**（集合 $A$）按照对应关系 $f(x) = 3x - 2$ 到实数集 **R**（集合 $B$）的一个函数；二次函数 $y = x^2 + 4x - 3$，就是从实数集 **R**（集合 $A$）按照对应关系 $f(x) = x^2 + 4x - 3$ 到实数集 $\{y \mid y \geqslant -7\}$（集合 $B$）的一个函数.

对于函数 $y = f(x)$，当自变量在定义域内取一个确定的值 $a$ 时，相应的函数值记作 $f(a)$. 例如，函数 $y = f(x) = 3x$，当 $x = 2$，其函数值是 $f(3) = 3 \times 2 = 6$.

**💡 特别提示**

函数符号 $f(x)$ 中的 $f$ 表示函数关系，不同的函数中，$f$ 的含义不同，函数的符号还常用 $g(x)$，$h(x)$，$\varphi(x)$，$F(x)$ 等表示. 自变量除用 $x$ 表示外，也常用 $t$，$u$，$v$ 等表示.

**例 1** 我国要建设现代化产业体系，推动制造业高端化发展．李平制作了 6 个机械零件，它们的直径如表 3-2 所示．请用函数的概念描述李平制作这批机械零件的直径 $y(\mathrm{mm})$ 与零件的标号 $x$ 的函数关系．

表 3-2

| 零件的标号 $x$ | 1 | 2 | 3 | 4 | 5 | 6 |
|---|---|---|---|---|---|---|
| 零件的直径 $y/\mathrm{mm}$ | 13.40 | 13.50 | 13.55 | 13.60 | 13.65 | 13.70 |

**解** 设 $x$ 表示零件的标号，$y$ 表示零件的直径，由表 3-2，$\{1, 2, 3, 4, 5, 6\}$ 中的任一数，$y$ 都有唯一确定的值与它对应，所以表 3-2 确定了 $y$ 与 $x$ 的函数关系，其定义域为 $\{1, 2, 3, 4, 5, 6\}$，值域为 $\{13.40, 13.50, 13.55, 13.60, 13.65, 13.70\}$．

**例 2** 已知函数 $f(x)=3x^2-1$．当自变量 $x$ 为 $-1$，$0$，$1$，$a$ 时，求它们所对应的函数值．

**解** $f(-1)=3\times(-1)^2-1=3-1=2$，

$f(0)=3\times0^2-1=0-1=-1$，

$f(1)=3\times1^2-1=3-1=2$，

$f(a)=3\times a^2-1=3a^2-1$．

**合作交流**

例 2 中，如何求 $f(a+1)$ 和 $f(f(-2))$ 的值？

**例 3** 如图 3-2 所示，一个边长是 $a$ 的正方体，体积是 $V$，写出体积 $V$ 随边长 $a$ 变化的函数关系式，并指出函数的自变量和定义域．

**解** 体积 $V$ 随边长 $a$ 变化的函数关系式是

$$V=a^3(a>0).$$

其中 $a$ 是自变量，定义域为 $\{a \mid a>0\}$．

**笔记**

**相关链接**
3 阶魔方是由 6 个不同颜色的面组成的正方体，它可组成约 4 325 亿亿种不同颜色的组合，其最佳复原魔方颜色组合的方法是用数学方法研究出来的．

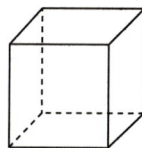

图 3-2

**随堂练习**

1. 填空题．

(1) 若函数 $f(x)=x^2-4x+3$，则 $f(2)=$ _____；

(2) 若函数 $f(x)=\sqrt{2x+3}$，则 $f\left(\dfrac{1}{2}\right)=$ _____，$f(-1)=$ _____，

$f(3)=$_____;

(3) 若函数 $f(x)=2x-1$, 则 $f(t)=$_____, $f(f(5))=$_____.

2. 一列动车从 A 城以每小时 200 km 的速度匀速直线行驶 4 h 后到达 B 城. 该动车在行驶过程中, 行驶的路程是时间的函数吗? 如果是, 请写出函数的定义域、对应关系和值域; 如果不是, 请说明理由.

从上面的学习可以知道, 一个函数包含定义域、对应关系和值域. 函数的值域是由函数的定义域和对应关系决定的.

通常函数的定义域隐含在函数关系中. 例如, 我们不能计算当 $x=0$ 时 $f(x)=\dfrac{1}{x}$ 的函数值 $f(0)$, 因为 $f(0)$ 无意义, 因此, 它的定义域是 $\{x\mid x\neq 0\}$. 在实际问题中, 函数的定义域通常由问题的实际背景所决定. 如例 3 中的函数 $V=a^3$, 由于 $a$ 是正方体的边长, 所以函数的定义域为 $A=\{a\mid a>0\}$.

**例 4** 就业是最基本的民生, 小凯通过自主创办奶品店实现职业发展. 为促销自制酸奶, 每瓶酸奶的价格是 3.5 元, 每位顾客最多只能购买 50 瓶. 假设某人购买这种酸奶 $x$ 瓶, 应付款 $y$ 元. 那么 $y$(元)是 $x$(瓶)的函数吗? 如果是, 请写出函数的定义域、对应关系和值域; 如果不是, 请说明理由.

**解** $x$ 的取值范围是数集 $A=\{x\mid x\leqslant 50,\ x\in \mathbf{N}\}$, $y$ 的取值范围是数集 $B=\{y\mid y=3.5x,\ x\leqslant 50,\ 且\ x\in \mathbf{N}\}$. 对于集合 $A$ 中的任一个数 $x$, 按照对应关系, 在集合 $B$ 中都有唯一确定的值与之对应, 所以应付款 $y$ 是购买数量 $x$ 的函数.

函数的定义域是 $\{x\mid x\leqslant 50,\ x\in \mathbf{N}\}$, 对应关系是 $y=3.5x$, 值域是 $\{y\mid y=3.5x,\ x\leqslant 50,\ 且\ x\in \mathbf{N}\}$.

例 4 中函数的定义域为什么是 $\{x\mid x\leqslant 50,\ x\in \mathbf{N}\}$, 而不是 $\{x\mid x\in \mathbf{R}\}$? 这是因为此函数的定义域考虑了函数自变量取值的客观实际背景.

**例 5** 如图 3-3 所示, 在矩形 $ABCD$ 中, $AB$ 的长度是 $x$ (m), $BC$ 的长度是 $(12-x)$ (m), 矩形 $ABCD$ 的面积是 $y$ (m²), 则 $y$ 与 $x$ 的对应关系是 $y=x(12-x)$, 求该函数的定义域.

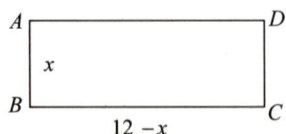
图 3-3

**分析** 因为 $AB$ 的长度为 $x$ (m), $BC$ 的长度为 $(12-x)$ (m), 所以必须满足 $x>0$ 且 $12-x>0$ 才有实际意义.

**解**　要使函数 $y=x(12-x)$ 有实际意义，必须满足 $\begin{cases} x>0, \\ 12-x>0, \end{cases}$

解得 $0<x<12$. 所以这个函数的定义域是 $\{x\mid 0<x<12\}$.

**例 6**　求下列函数的定义域.

(1) $f(x)=\dfrac{1}{4x+7}$; 　　　　(2) $f(x)=\sqrt{x-3}$;

(3) $f(x)=\sqrt{4x+8}+\dfrac{1}{x-3}$.

**解**　(1) 要使该函数有意义，必须满足

$$4x+7\neq 0,$$

解得

$$x\neq -\dfrac{7}{4}.$$

所以函数 $f(x)$ 的定义域是 $\left\{x\mid x\neq -\dfrac{7}{4}\right\}$.

(2) 要使该函数有意义，必须满足

$$x-3\geqslant 0,$$

解得

$$x\geqslant 3.$$

所以函数 $f(x)$ 的定义域是 $\{x\mid x\geqslant 3\}$.

(3) 要使该函数有意义，必须满足

$$\begin{cases} 4x+8\geqslant 0, \\ x-3\neq 0, \end{cases}$$

解得

$$\begin{cases} x\geqslant -2, \\ x\neq 3. \end{cases}$$

所以函数 $f(x)$ 的定义域是 $\{x\mid x\geqslant -2\,\text{且}\,x\neq 3\}$.

**随堂练习**

1. 填空题.

(1) 低碳环保的新能源汽车逐渐走入千家万户，一辆新能源汽车以 $60\ \text{km/h}$ 的速度在公路上匀速直线行驶，其行驶的路程 $y(\text{km})$ 与行驶的时间 $x(\text{h})$ 之间的对应关系是＿＿＿＿＿＿，其定义域是＿＿＿＿＿＿.

(2) 盾构机是隧道挖掘的大国重器，自"中国中铁 1 号"盾构机面世以来，中国盾构机经历了从进口、模仿到自主研发的过程，并远销国外. 盾构机的切盘是一个圆. 若圆的半径是 $x(\text{cm})$，面积是 $y(\text{cm}^2)$，则圆的面积与半径之间的对应关系是＿＿＿＿＿＿，其定义域是＿＿＿＿＿＿.

笔记

笔记

(3) 若函数 $f(x)=2x+3$，$x\in\{0,1,2,3\}$，则这个函数的定义域是_____，值域是_____．

2. 求下列函数的定义域.

(1) $f(x)=\dfrac{1}{3x-2}$；

(2) $f(x)=\sqrt{8-2x}$；

(3) $f(x)=\dfrac{x+7}{x^2-9}$；

(4) $f(x)=\sqrt{1-x}+\sqrt{x+4}$；

(5) $f(x)=\sqrt{3x-6}+\dfrac{1}{x-5}$.

3. 某超市中某种饮料的售价是 3 元/瓶，小李手机微信钱包里现有 100 元，购买 $x$ 瓶饮料后，微信钱包的余额是 $y$ 元，$y$ 与 $x$ 的对应关系是 $y=100-3x$，求这个函数的定义域.

# 习题 3.1 >>>>>>>>>>>>

水平一

1. 选择题.

(1) 下列两个变量之间没有函数对应关系的是(　　).

A. 某天从 0 h 到 24 h 的气温 $T$ 与时刻 $t$

B. 某人的体重与身高

C. 我国每年的人口总数与年份

D. 陈某第一学期的数学考试成绩与考试次数

(2) 若 $f(x)=-x^2+1$，则 $f(-3)=(\quad)$.

A. $-8$　　　　　　B. $-5$　　　　　　C. $7$　　　　　　D. $10$

2. 填空题.

(1) 某商场销售某品牌自行车 50 辆，每辆售价是 300 元，每天销售自行车的收入 $y$(元)是销售数量 $x$(辆)的函数. 若该商场某一天共销售 5 辆自行车，则 $x=$_____，$y=$_____.

(2) 小明到户外跑步健身，他距出发点的距离 $y$(km)与出发后的时间 $x$(h)的函数关系如图所示，则这个函数的定义域是_____，值域是_____.

(3) ①若 $f(x)=3-5x$，则 $f(6)=$_____.

②若 $f(x)=\sqrt{4x+9}$，则 $f(4)=$_____.

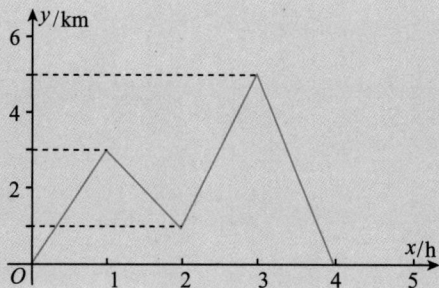

第 2 (2) 题图

3. 解答题.

(1) 小梁第一季度和第二季度每月手机费充值如表 3-3 所示,请用函数的概念描述小梁每月手机费充值金额 $y$(元)与月份 $x$ 的对应关系.

表 3-3

| 月份 $x$ | 1 | 2 | 3 | 4 | 5 | 6 |
|---|---|---|---|---|---|---|
| 充值金额 $y$/元 | 35 | 37 | 40 | 35 | 30 | 52 |

(2) 求下列函数的定义域.

① $f(x) = \dfrac{x}{x-1}$;

② $f(x) = \sqrt{x+3} + \sqrt{2-x}$;

③ $f(x) = \sqrt{x^2-5x+6}$.

水平二

1. 填空题.

(1) 若函数 $f(x) = 2x + b$,且 $f(-1) = 5$,则 $b = $ _____;

(2) 若函数 $f(x) = \begin{cases} 2-x, & x \leqslant 0, \\ x^2-3, & x > 0, \end{cases}$ 则 $f(-1) = $ _____,$f(f(-1)) = $ _____;

(3) 若函数 $f(t-1) = 4t + 7$,则 $f(2) = $ _____.

2. 求下列函数的定义域.

(1) $f(x) = \sqrt{x^2-16}$;

(2) $f(x) = \dfrac{1}{\sqrt{x^2-3x}}$;

(3) $f(x) = \sqrt{5 - |3x-1|} + \dfrac{1}{x-2}$.

笔 记

笔记

3. 已知函数 $f(x) = \sqrt{x^2 - 4x + 3}$.

(1) 求函数的定义域;

(2) 比较 $f(5)$ 与 $f(3)$ 的大小;

(3) 求函数的值域.

## 3.2 函数的表示方法 »»»»»»»»»»»

### 3.2.1 函数的表示方法 »»»

**分析理解** 🎯

我们知道,上一节"观察思考"中的 3 个情境都涉及变量之间的函数关系. 情境 1 中,销售收入 $y$(元)与销售量 $x$(kg)的函数关系是 $y = 6x$,$0 \leqslant x \leqslant 2\,000$,这种表示函数关系的方法称为解析法;情境 2 中,用表格表示了发射卫星的颗数 $y$ 与年份 $x$ 的函数关系,这种表示函数关系的方法称为列表法;情境 3 中,用图像表示了气温 $Q$ 与时间 $t$ 的函数关系,这种表示函数关系的方法称为图像法.

**例 1** 某辆汽车以 30 km/h 的速度匀速直线行驶,用解析法表示汽车行驶的路程 $s$(km)与时间 $t$(h)之间的对应关系.

**解** 这个函数的定义域是 $\{t \mid t \geqslant 0\}$.

用解析法可将这个函数表示为 $s = 30t$,$t \geqslant 0$.

用解析法表示函数关系,能够准确、完整地反映两个变量之间的关系.

**例 2** 近年我国快递业务量迅速增长,从 2020 年至 2024 年,每年的快递业务量情况如表 3-4 所示(注:引自国家统计局数据).

表 3-4

| 年份 $x$ | 2020 | 2021 | 2022 | 2023 | 2024 |
|---|---|---|---|---|---|
| 业务量 $y$/亿件 | 833.6 | 1083.0 | 1105.8 | 1320.7 | 1750.8 |

表 3-4 清晰地反映了年份与当年快递业务量(亿件)之间的对应关系. 在实际生活中,用列表法表示变量之间对应关系的例子还有很多. 例如,记录某人每天的消费情况、单位职工的每月薪资收入、银行使用的存款"利息

表"等.

观察上一节"观察思考"中的情境3，我们发现用图像法表示函数关系时能直观形象地表示出函数的局部变化规律，进而可以预测它的整体变化趋势. 但是我们并不能作出所有函数的图像.

**例3** 使用环保毛巾替代一次性纸巾，是倡导低碳环保生活的一种方式. 某便民超市促销某种小毛巾，每条售价4元，每人限购5条. 若顾客购买 $x$ 条小毛巾需要付款 $y$ 元，试用图像法表示函数 $y=f(x)$.

**解** 函数 $y=f(x)$ 的定义域是 $\{1, 2, 3, 4, 5\}$，用图像法可将这个函数表示为图3-4.

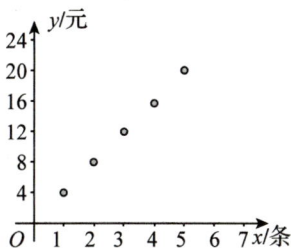

图 3-4

函数的图像既可以是离散的点，也可以是线段、直线、折线、连续的曲线等. 在初中，我们用列表、描点、连线的方法画出了正比例函数、反比例函数、一次函数和二次函数的图像. 图像法也被大量用于各类数据统计中. 例如，GDP(国内生产总值)每年的增长情况、居民消费价格每季度的增长情况、全国人口数量每年的变化情况等.

笔记

**例4** 一艘军舰与某海港相距135 n mile(1 n mile≈1.852 km)，如果军舰以45 n mile/h的速度向海港前行，则3 h后可到达海港. 假设这艘军舰出发 $t$(h)后，与海港的距离是 $s$(n mile).

(1) 用解析法表示函数 $s=f(t)$；

(2) 用图像法表示函数 $s=f(t)$.

**分析** 计算该军舰从出发地驶入海港所需要的时间，就可得到函数 $s=f(t)$ 的定义域. 用解析法表示函数后，再画出函数的图像.

**解** (1) 因为该军舰从出发地驶入海港需要用时 $\dfrac{135}{45}=3$(h)，

所以函数的定义域为 $\{t \mid 0 \leqslant t \leqslant 3\}$.

又因为该军舰出发 $t$(h)后，行驶的路程为 $45t$ n mile，这时该军舰与海港的距离为 $(135-45t)$ n mile.

所以，用解析法可将函数 $s=f(t)$ 表示为

$$s=-45t+135, \quad 0 \leqslant t \leqslant 3.$$

(2) 函数 $s=f(t)$ 是一次函数，用图像法可将函数表示为图3-5.

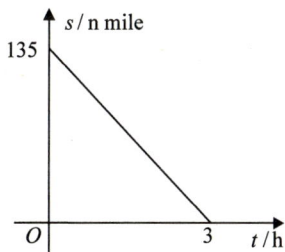

图 3-5

**合作交流**

分组探讨，例 2 中的函数能否用解析法表示？例 3 中的函数能否用列表法和解析法表示？比较函数的三种表示方法，它们各自的特点是什么？

**随堂练习**

1. 用解析法表示下列函数.

(1) 我国新疆棉花绒长柔软、洁白光泽、质地坚韧，享誉世界. 市场售价是 12 元/kg，如果购买这种棉花 $x$ (kg)，应付款 $y$(元)，那么用解析法可将函数 $y = f(x)$ 表示为_____，函数的定义域是_____.

(2) 某水池装满 50 t 水，如果每小时放出 10 t 水，$x$ (h) 后，水池还剩水 $y$ (t)，那么用解析法可将函数 $y = f(x)$ 表示为_____，则这个函数的定义域是_____.

2. 填空题.

(1) 某签字笔的单价是 1.5 元，买 $x$ 支($x \in \{1, 2, 3, 4, 5, 6, 7, 8, 9, 10\}$)签字笔需要付款 $y$ 元，试用列表法表示函数 $y = f(x)$.

表 3-5

| $x$/支 |  |  |  |  |  |  |  |  |  |  |
|---|---|---|---|---|---|---|---|---|---|---|
| $y$/元 |  |  |  |  |  |  |  |  |  |  |

(2) 某地区一个月以来遭受暴雨袭击，计算机监控某一天 24 h 的水位变化情况如图所示，警戒水位线为 $x$ 轴. 某观测站的工作人员根据水位变化情况发出不同颜色的预警信号，让人们提前做好防洪减灾准备. 当水位高于警戒水位线 6 m 时，则发出红色预警信号. 根据图像分析，工作人员发出红色预警信号的时间是从_____到_____.

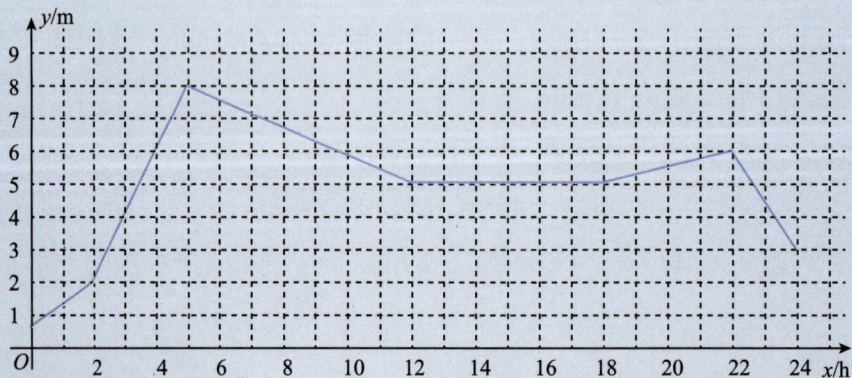

第 2 (2) 题图

## 3.2.2 分段函数 >>>

### 观察思考

城市轨道交通出行便利，拉近了人们的距离．某城市地铁的票价如表 3-6 所示．1 号线地铁全长 21 km．设某位乘客乘坐的地铁行驶的路程为 $x$ (km)，票价是 $y$(元)，则 $y$ 是 $x$ 的函数，你能写出这个函数的解析式吗？

**表 3-6**

| 路程 | 价格 |
| --- | --- |
| 6 km 及以下 | 2 元 |
| 超过 6 km 的部分 | 每增加 5 km，则增加 1 元，不足 5 km 按 5 km 计费 |

### 分析理解

从表 3-6 可以发现，当 $0<x\leqslant 6$ 时，$y=2$；当 $6<x\leqslant 11$ 时，$y=3$；当 $11<x\leqslant 16$ 时，$y=4$；当 $16<x\leqslant 21$ 时，$y=5$．该函数的解析式如下．

$$y=\begin{cases}2, & 0<x\leqslant 6,\\ 3, & 6<x\leqslant 11,\\ 4, & 11<x\leqslant 16,\\ 5, & 16<x\leqslant 21.\end{cases}$$

概念
分段函数

### 抽象概括

像上面的函数，在自变量不同的取值范围内，有不同的对应关系，这样的函数叫作**分段函数**．

例如，函数 $y=|x|$ 的图像如图 3-6 所示．根据绝对值的概念，当 $x\geqslant 0$ 时，$y=x$；当 $x<0$ 时，$y=-x$．所以这个函数的解析式为

$$y=\begin{cases}x, & x\geqslant 0,\\ -x, & x<0.\end{cases}$$

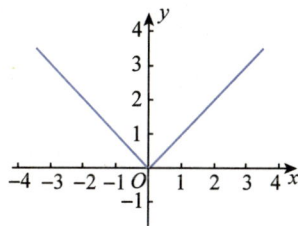

图 3-6

生活中有很多可以用分段函数来描述的实际问题，如出租车计费，每个家庭水、电、燃气的计费，综合所得税纳税额等．

**例 1** 已知函数 $f(x)=\begin{cases}x+2, & x\leqslant 0,\\ x^2-3, & x>0.\end{cases}$

(1) 求 $f(-5)$，$f(4)$ 的值；

(2) 求 $f(f(-1))$ 的值.

**解** (1) 因为 $-5<0$，所以 $f(-5)=-5+2=-3$.

因为 $4>0$，所以 $f(4)=4^2-3=13$.

(2) 因为 $-1<0$，所以 $f(-1)=-1+2=1$.

又因为 $1>0$，所以 $f(f(-1))=f(1)=1^2-3=-2$.

**例 2** 我国是用电量最大的国家，国家发出节能减排的号召，鼓励居民节约用电，2019 年国家对居民每月用电量进行划分，电价施行"分档递增". 某城市居民每月用电计费价格如表 3-7 所示. 假设这个城市的某居民某月用电量是 $x$（kW·h），需支付电费 $y$（元）.

**表 3-7 某城市居民每月用电计费价格表**

| 档次 | 用电量 | 价格 |
|------|--------|------|
| 第一档 | 200 kW·h 及以下部分 | 0.52 元/kW·h |
| 第二档 | 200 kW·h 以上至 400 kW·h 及以下部分 | 0.57 元/kW·h |
| 第三档 | 400 kW·h 以上部分 | 0.82 元/kW·h |

(1) 用解析法表示 $y$ 与 $x$ 的函数关系，并画出函数的图像.

(2) 如果李某家 10 月的用电量是 180 kW·h，那么他家应该支付电费多少？

(3) 如果周某家 12 月支付电费 294.26 元，那么他家这个月的用电量是多少？

**分析** 首先需明确这个函数的定义域. 由于居民用电量不同，其收费标准也不同，所以这是分段函数. 其次要厘清自变量 $x$ 在不同的取值范围内与因变量 $y$ 之间的对应关系，并列出相应的解析式来解决相关问题.

**解** (1) 函数 $y=f(x)$ 的定义域是 $\{x \mid x \geqslant 0\}$.

当 $0 \leqslant x \leqslant 200$ 时，$y$ 与 $x$ 的对应关系是 $y=0.52x$；

当 $200 < x \leqslant 400$ 时，$y$ 与 $x$ 的对应关系是

$$y=0.52 \times 200+0.57(x-200)=0.57x-10；$$

当 $x>400$ 时，$y$ 与 $x$ 的对应关系是

$$y=0.52 \times 200+0.57 \times 200+0.82(x-400)=0.82x-110.$$

用解析法表示 $y$ 与 $x$ 的函数关系如下.

$$y=\begin{cases} 0.52x, & 0 \leqslant x \leqslant 200, \\ 0.57x-10, & 200 < x \leqslant 400, \\ 0.82x-110, & x>400. \end{cases}$$

**特别提示**

分段函数是一个函数，不能把它看成几个函数，只是在同一个函数的定义域内，不同的取值范围内对应不同的函数关系. 它的定义域是各个解析式的自变量取值集合的并集，值域也是各个解析式的函数值集合的并集. 它的图像也比较特殊，有时图像是不连续的.

**笔记**

这个函数的图像如图 3-7 所示.

(2) 因为 $x = 180 < 200$，$y = 0.52 \times 180 = 93.60$(元).

所以，李某家 10 月应该支付电费 93.60 元.

(3) 周某家电费是 294.26 元，由图 3-7 可估得 $x > 400$，因此

$$0.82x - 110 = 294.26,$$

解得 $x = 493$.

所以，周某家 12 月的用电量为 493 kW·h.

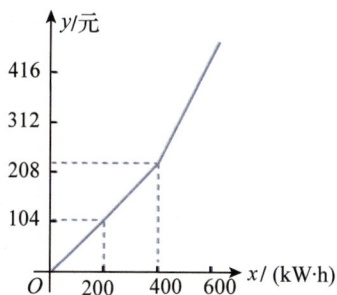

**合作交流**

依法纳税是每个公民的义务. 查找国家征收个人所得税税率表，并讨论：如果一个公司内两位员工一年的个人综合所得额分别为 12 万和 15 万，那么这两位员工所缴纳的个人所得税税额分别是多少？

📝 笔 记

**随堂练习**

1. 填空题.

(1) 若函数 $f(x) = \begin{cases} x+1, & x \in \{0,1,2\}, \\ 2x, & x \in \{3,4\}, \end{cases}$ 则 $f(0) = $ _____，$f(3) = $ _____；

(2) 若函数 $f(x) = \begin{cases} 3x-1, & x < 0, \\ \sqrt{x}, & x \geq 0, \end{cases}$ 则 $f(-1) = $ _____，$f(4) = $ _____；

(3) 若函数 $f(x) = \begin{cases} 3x, & x \leq -2, \\ 2\,020, & -2 < x \leq 2, \\ x^2-1, & x > 2, \end{cases}$ 则 $f(-1) = $ _____，$f(0) = $ _____，$f(3) = $ _____；

(4) 若函数 $f(x) = \begin{cases} x^2+3, & x < 0, \\ \sqrt{2x+1}, & x \geq 0, \end{cases}$ 则 $f(f(-1)) = $ _____.

2. 为了促销某品牌的薯片，某电商平台拟采取如下促销方式：每袋薯片原来的价格是 6 元，若顾客购买 30 袋及以上，则每袋的价格为 5 元. 假设某顾客一次性购买这种薯片 $x$ 袋，电商平台收款是 $y$ 元.

(1) 当 $x < 30$，$x \in \mathbf{N}$ 时，写出 $y$ 与 $x$ 的函数关系式；

图 3-7

（2）用解析法表示函数 $y = f(x)$.

3. 某市居民家庭燃气收费采用分段计费方式，如表 3-8 所示.

（1）小黄家 8 月使用燃气 46 m³，他家应付燃气费多少元；

（2）用解析法表示每户居民家庭每月缴纳燃气费 $y$（元）与使用燃气量 $x$（m³）的函数关系，并画出函数的图像.

**表 3-8  某市居民家庭每月用燃气计费价格表**

| 档次 | 用气量 | 价格 |
|------|--------|------|
| 第一档 | 40 m³ 及以下部分 | 1.98 元/m³ |
| 第二档 | 40 m³ 以上至 50 m³ 及以下部分 | 2.15 元/m³ |
| 第三档 | 50 m³ 以上部分 | 2.5 元/m³ |

## 习题 3.2 >>>>>>>>>>>>

**水平一**

1. 选择题.

（1）某商场有某品牌的电动车 30 辆可供出售，每辆售价 2 000 元，那么该商场出售电动车的营业额 $y$（元）与出售的数量 $x$ 之间的函数关系用解析法表示正确的是（　　）.

A. $y = 2\,000x$ 　　　　　　　　B. $y = 2\,000x$，$x \leqslant 30$

C. $y = 2\,000x$，$x \leqslant 30$，且 $x \in \mathbf{N}$ 　　D. $y = 30x$

（2）若函数 $f(x) = \begin{cases} x^2, & x \leqslant 0, \\ 2x, & x > 0, \end{cases}$ 则 $f(-1) + f(1) = （　　）$.

A. 0 　　　　　B. 2 　　　　　C. 3 　　　　　D. 4

2. 市场上新上市的苹果价格是 7.2 元/kg，用解析法表示购买苹果应付款 $y$（元）与购买质量 $x$（kg）的函数关系.

3. 某快递公司在 A 城内的运费价格如表 3-9 所示，用 $x$（kg）表示物品的质量，$y$（元）表示快递物品的运费.

表 3-9

| 质量 | 计费价格 |
|---|---|
| 首重 1 kg 及以下 | 8 元 |
| 续重（超过 1 kg 部分） | 2 元/kg |

（1）某顾客在 A 城内快递物品，如果质量是 2.5 kg，那么他应付快递费多少元？

（2）用解析法表示函数 $y=f(x)$.

（3）画出函数 $y=f(x)$ 的图像.

4. 某城市公交车 2 号线路共设置 10 站，乘车收费标准为：若乘坐不超过 6 站则收费 2 元；若乘坐超过 6 站则收费 4 元. 用 $x$ 表示乘车的站数，$y$ 表示收费金额.

（1）用列表法表示公交车收费 $y$（元）与乘车的站数 $x$ 之间的函数关系；

（2）用解析法表示函数 $y=f(x)$；

（3）画出函数 $y=f(x)$ 的图像.

5. 某商户以每千克 30 元的价格购入 100 kg 某种野生菌，并把野生菌放入冷库中，但最多只能存放 15 天. 据预测，这批野生菌的单价每天将上涨 0.2 元. 在不考虑其他因素的情况下，这批野生菌的售价 $y$（元）是存放天数 $x$ 的函数.

（1）写出函数的定义域；

（2）用解析法表示 $y$ 与 $x$ 的函数关系；

（3）设一次性出售这批野生菌可获利 $P$ 元，用解析法表示 $P$ 与 $x$ 的函数关系.

**水平二**

1. 已知函数 $f(x)=\begin{cases} x+2, & x\leqslant-1, \\ x^2, & -1<x<2, \\ 3x, & x\geqslant2. \end{cases}$

（1）求 $f(0)+f(4)$ 的值；

（2）若 $f(x)=3$，求 $x$ 的值.

2. 某市出租车的计价标准：按出租车实际行驶路程计费，4 km 及以下收费 10 元，超过 4 km 的部分按 2 元/km 计费.

（1）如果某人搭乘出租车行驶了 20 km，那么他需要付费多少元？

（2）请表示出租车收费 $y$（元）与行驶的路程 $x$（km）之间的函数关系；

（3）画出（2）中函数的图像.

3. 为鼓励居民节约用水，某自来水公司按表 3-10 的收费标准收取每户居民家庭每月水费.

表 3-10

| 用水量 | 价格 |
| --- | --- |
| 15 t 及以下 | 3.5 元/t |
| 15 t 以上超过的部分 | 4.5 元/t |

（1）小明家 8 月的用水量是 13 t，小王家 8 月的用水量是 16 t，小明家和小王家分别应付水费多少元？

（2）写出每户家庭居民每月付水费 $y$（元）与用水量 $x$（t）的函数关系，并画出该函数的图像；

（3）若小李家 9 月付水费 66 元，则他家这个月的用水量是多少？

# 3.3　函数的单调性和奇偶性 〉〉〉〉〉〉〉〉〉〉〉〉

## 3.3.1　函数的单调性 〉〉〉

　　函数是描述事物运动变化规律的模型，我们可以通过研究函数的性质来把握客观世界中事物的变化规律.

　　比如，1970 年 4 月 24 日我国发射了第一颗人造卫星"东方红一号". 2003 年 10 月 15 日 9:00，我国自行研制的"神舟"五号载人飞船在酒泉卫星发射中心成功发射升空，历时 9 时 9 分 50 秒后进入预定轨道，飞船绕地球飞行 14 圈，经过 21 小时 23 分钟后，于 16 日 6:23 载着英雄杨利伟成功着陆. 在发射过程中，随着时间的变化，"长征"运载火箭飞行的高度越来越高；"神舟"五号飞船着陆过程中，随着时间的变化，飞船离地面的高度越来越低. 发射升空的运载火箭（或着陆的载人飞船）离地面的高度是飞行时间的函数. 科技工作者研究这些函数后，才能够把飞船按计划送入预定轨道或确保飞船安全着陆. 这是我们认识客观规律的重要方法和途径.

## 观察思考 🔍

在初中，我们曾经利用函数图像探究函数值 $y$ 随着自变量 $x$ 的增大而增大（或减小）的变化规律. 仔细观察图 3-8 的函数图像，随着自变量 $x$ 的增大，函数值 $y$ 的变化趋势分别是怎样的？

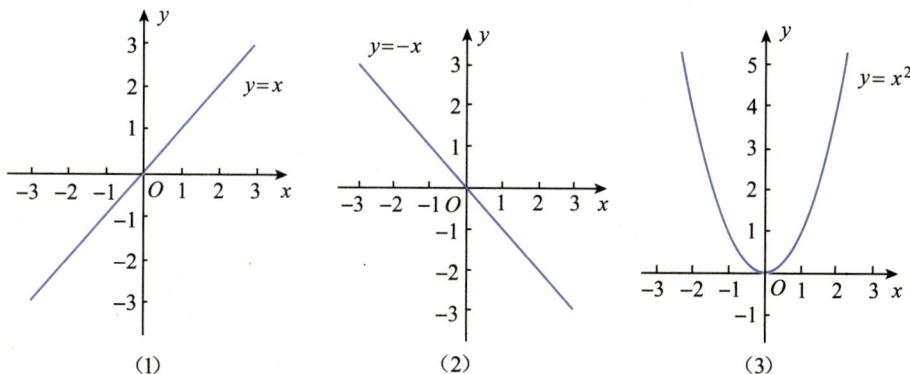

图 3-8

## 分析理解 🎯

观察图 3-8，函数 $y=x$ 和 $y=-x$ 的定义域是 **R**. 当自变量 $x$ 的值逐渐增大时，图 3-8（1）中，函数图像从左到右是上升的，函数值 $y$ 随着自变量 $x$ 的增大而增大. 图 3-8（2）中，函数图像从左到右是下降的，函数值 $y$ 随着自变量 $x$ 的增大而减小. 图 3-8（3）中，函数 $y=x^2$ 的定义域是 **R**. 可以看出，在 $(-\infty，0)$ 内，函数图像从左到右是下降的，函数值 $y$ 随着自变量 $x$ 的增大而减小；在 $(0，+\infty)$ 内，函数图像从左到右是上升的，函数值 $y$ 随着自变量 $x$ 的增大而增大.

## 抽象概括 ⚙️

像上述情形，在某个区间内，函数值随自变量的增大而增大（或减小）的性质叫作函数的**单调性**.

一般地，设函数的定义域为 $D$，区间 $A \subseteq D$.

（1）如果对任意 $x_1$，$x_2 \in A$，当 $x_1 < x_2$ 时，都有 $f(x_1) < f(x_2)$，那么就称函数 $f(x)$ 在区间 $A$ 上**单调递增**，如图 3-9 所示. 特别地，当函数 $f(x)$ 在它的定义域上单调递增时，我们就称它是**增函数**.

（2）如果对任意 $x_1$，$x_2 \in A$，当 $x_1 < x_2$ 时，都有 $f(x_1) > f(x_2)$，那么就称函数 $f(x)$ 在区间 $A$ 上**单调递减**，如图 3-10 所示. 特别地，当函数 $f(x)$ 在它的定义域上单调递减时，我们就称它是**减函数**.

📝 笔 记

📖 概念
单调性
增函数
减函数
单调区间

如果函数 $y=f(x)$ 在区间 $A$ 上单调递增或单调递减，那么就称函数 $y=f(x)$ 在区间 $A$ 上具有(严格的)单调性，并且区间 $A$ 叫作函数 $y=f(x)$ 的**单调区间**.

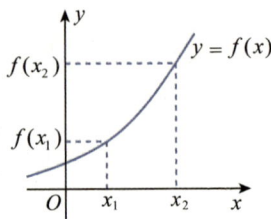

图 3-9

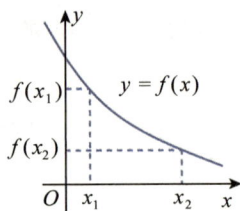

图 3-10

例如，图 3-8 中函数 $y=x$ 是 **R** 上的增函数，区间$(-\infty, +\infty)$是函数 $y=x$ 的增区间；函数 $y=-x$ 是 **R** 上的减函数，区间$(-\infty, +\infty)$是函数 $y=-x$ 的减区间；函数 $y=x^2$ 在区间$(-\infty, 0)$上是减函数，在区间$(0, +\infty)$上是增函数，区间$(-\infty, 0)$和$(0, +\infty)$分别是函数 $y=x^2$ 的减区间、增区间.

**例1** 图 3-11 是函数 $y=f(x)$，$x\in[-1, 8]$的图像，根据图像回答下列问题.

(1) 当 $x$ 取何值时，函数值最大，最大值是多少? 当 $x$ 取何值时，函数值最小，最小值是多少?

(2) 说明该函数的单调区间及在每一个区间上的单调性.

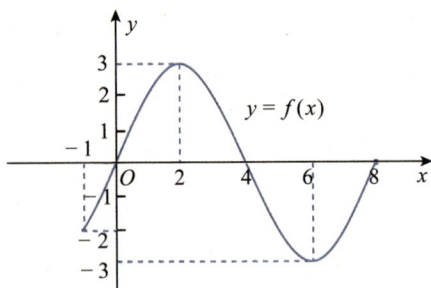

图 3-11

**解** (1) 由图可知，当 $x=2$ 时，函数值最大，最大值是 3; 当 $x=6$ 时，函数值最小，最小值是$-3$.

(2) 函数 $y=f(x)$ 的单调区间有$[-1, 2]$，$[2, 6]$，$[6, 8]$. 函数 $y=f(x)$在区间$[-1, 2]$和$[6, 8]$上都是增函数，在区间$[2, 6]$上是减函数.

**例 2** 二次函数 $f(x)=-x^2+2x+3$ 的图像如图 3-12 所示.

(1) 求函数 $f(x)$ 的对称轴方程、顶点坐标；

(2) 找出函数 $f(x)$ 的单调区间；

(3) 当 $x\in[2,5]$ 时，求函数 $f(x)$ 的最大值和最小值.

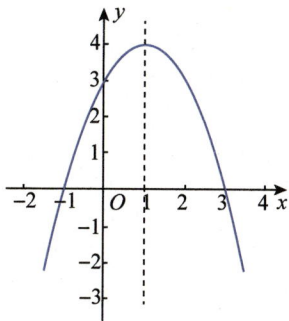

图 3-12

**解** (1) 二次函数 $y=ax^2+bx+c$ 的对称轴方程是 $x=-\dfrac{b}{2a}$，顶点坐标是 $(-\dfrac{b}{2a}, \dfrac{4ac-b^2}{4a})$，则

$$-\frac{b}{2a}=-\frac{2}{2\times(-1)}=1,$$

$$\frac{4ac-b^2}{4a}=\frac{4\times(-1)\times3-2^2}{4\times(-1)}=4.$$

因此，函数 $f(x)$ 的对称轴方程是 $x=1$，顶点坐标是 $(1,4)$.

(2) 由图像可知，函数 $f(x)$ 的增区间是 $(-\infty, 1]$，减区间是 $[1, +\infty)$.

(3) 因为 $[2,5]\subsetneqq[1, +\infty)$，且函数在区间 $[1, +\infty)$ 上是减函数，所以当 $x\in[2,5]$ 时，

函数 $f(x)$ 的最大值是 $f(2)=-2^2+2\times2+3=3$，

函数 $f(x)$ 的最小值是 $f(5)=-5^2+2\times5+3=-12$.

**例 3** 判断函数 $f(x)=x+1$ 在 $(-\infty, +\infty)$ 上的单调性.

**解** 任取 $x_1, x_2\in(-\infty, +\infty)$，且 $x_1<x_2$，那么

$$f(x_1)=x_1+1, \quad f(x_2)=x_2+1,$$

则

$$f(x_1)-f(x_2)=x_1+1-x_2-1=x_1-x_2<0,$$

所以 $f(x_1)<f(x_2)$，函数 $f(x)=x+1$ 在 $(-\infty, +\infty)$ 上是增函数.

> 💡 **特别提示**
>
> 函数的单调性是对定义域内某个区间而言的. 一个函数在其定义域上不一定具有单调性，但是在定义域内的子区间上可能具有单调性，这就是函数单调性的局部性质.

当 $k>0$ 时，函数 $f(x)=kx+b$ 在区间 $(-\infty, +\infty)$ 上是增函数，如图 3-13 (1) 所示；当 $k<0$ 时，函数 $f(x)=kx+b$ 在区间 $(-\infty, +\infty)$ 上是减函数，如图 3-13 (2) 所示.

📑 **笔记**

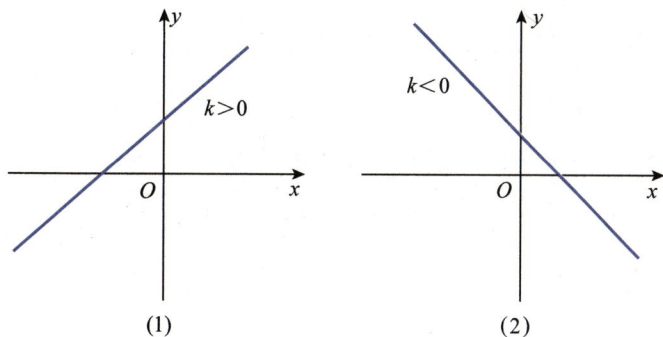

(1)          (2)

图 3-13

笔记

随堂练习

1. 填空题.

(1) 我国 2023 年 12 月至 2024 年 12 月全国居民消费价格月度同比上涨情况如图所示. (注: 引自国家统计局) 从图中可以看出, 全国居民消费价格同比上涨值从 2024 年 6 月的＿＿＿＿逐渐上升到 2024 年 8 月的＿＿＿＿, 随着时间的推移逐渐降低到 2024 年 12 月的＿＿＿＿.

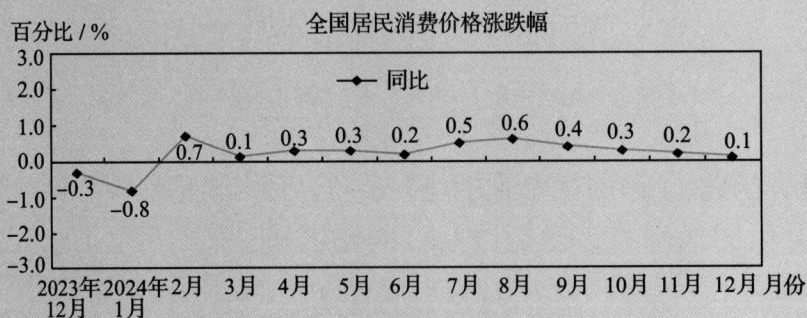

全国居民消费价格涨跌幅

第 1 (1) 题图

(2) 函数 $y=f(x)$ 的定义域为 $(-\infty, +\infty)$, 其图像如图所示, 函数在区间＿＿＿＿上是增函数, 在区间＿＿＿＿上是减函数.

(3) 函数 $f(x)=2x-1$ 在区间 $(-\infty, +\infty)$ 上是＿＿＿＿函数 (填"增"或"减"), 则 $f(4)$＿＿＿＿$f(1)$ (填"<"或">");

函数 $g(x)=\dfrac{1}{x}$ 在区间 $(-\infty, 0)$ 上是＿＿＿＿函数 (填"增"或"减"), 则 $g(-2)$＿＿＿＿$g(-5)$ (填"<"或">").

2. 画出下列函数的图像, 并指出函数的单调区间.

(1) $y=-3x+6$;　　(2) $y=2x$;　　(3) $y=x^2-1$.

3. 根据定义证明函数 $f(x)=3x-1$ 是增函数.

4. 一元二次函数 $y=x^2+4x$ 的图像如图所示.

(1) 求函数的对称轴方程和顶点坐标;

(2) 指出函数的单调区间及在每一个区间上的单调性;

(3) 当 $x\in[-1, 1]$ 时, 求函数的最大值和最小值.

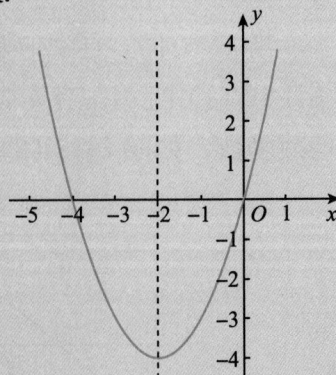

第 1 (2) 题图

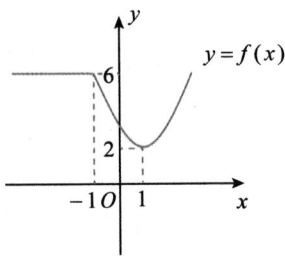

第 4 题图

## 3.3.2 函数的奇偶性 >>>

笔 记

**问题提出**

函数 $f(x)=|x|$ 和 $g(x)=x^2$ 的图像的对称性如何?

**探究发现**

列出表 3-11 和表 3-12，画出函数 $f(x)=|x|$ 和 $g(x)=x^2$ 的图像，如图 3-14 (1) 和 (2) 所示.

**表 3-11**

| $x$ | ... | $-3$ | $-2$ | $-1$ | 0 | 1 | 2 | 3 | ... |
|---|---|---|---|---|---|---|---|---|---|
| $f(x)=|x|$ | ... | 3 | 2 | 1 | 0 | 1 | 2 | 3 | ... |

**表 3-12**

| $x$ | ... | $-3$ | $-2$ | $-1$ | 0 | 1 | 2 | 3 | ... |
|---|---|---|---|---|---|---|---|---|---|
| $g(x)=x^2$ | ... | 9 | 4 | 1 | 0 | 1 | 4 | 9 | ... |

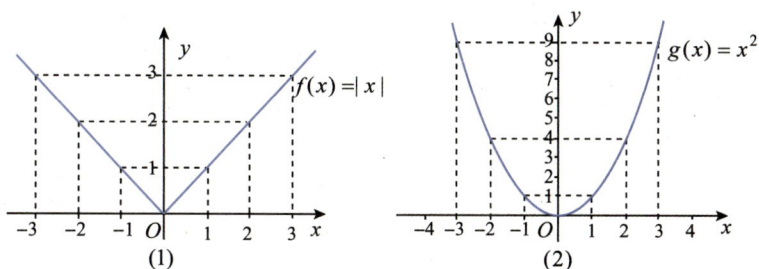

**图 3-14**

观察图 3-14 (1) 发现，函数 $f(x)=|x|$ 的定义域是 $(-\infty,\ +\infty)$，函数图像关于 $y$ 轴对称. 从表 3-11 中还发现，当自变量取一对相反数时，对应的函数值相等，如 $f(-1)=f(1)=1$，$f(-2)=f(2)=2$，$f(-3)=f(3)=3$，…实际上，对任意 $x\in(-\infty,\ +\infty)$，都有 $f(-x)=|-x|=|x|=f(x)$，即 $f(-x)=f(x)$.

图 3-14 (2) 中，函数 $g(x)=x^2$ 的定义域是 $(-\infty,\ +\infty)$，函数图像也关于 $y$ 轴对称. 表 3-12 中，当自变量取一对相反数时，对应的函数值相等，如 $g(-1)=g(1)=1$，$g(-2)=g(2)=4$，$g(-3)=g(3)=9$，…实际上，对任意 $x\in(-\infty,\ +\infty)$，都有 $g(-x)=(-x)^2=x^2=g(x)$，即 $g(-x)=g(x)$.

这两个函数的图像都关于 $y$ 轴对称；当自变量取定义域中任意一对相

反数时，对应的函数值都相等，这种函数就是偶函数.

**抽象概括** ⚙️

**概念**
**偶函数**

一般地，设函数 $f(x)$ 的定义域为 $D$，如果对于任意 $x \in D$，都有 $-x \in D$，且 $f(-x) = f(x)$，那么函数 $f(x)$ 就叫作**偶函数**，如图 3-15 所示. **偶函数的图像关于 $y$ 轴对称.**

我们可以由函数的图像是否关于 $y$ 轴对称来判断函数是不是偶函数.

**笔 记**

图 3-15

**例 1** 根据图 3-16 中函数的图像，判断哪些函数是偶函数.

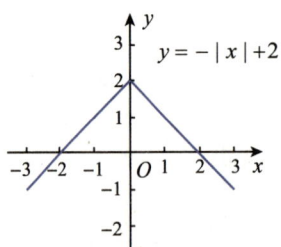

(1)

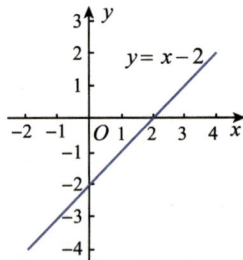

(2)

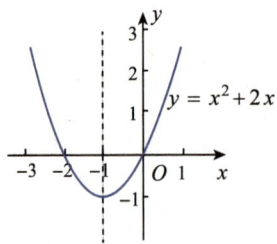

(3)

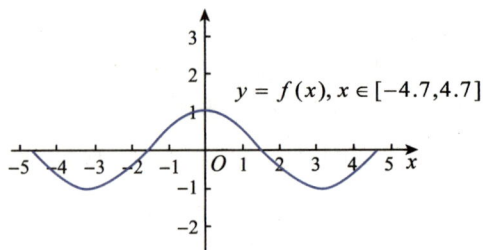

(4)

图 3-16

**解** 在四个函数图像中，图 3-16（1）和图 3-16（4）的函数图像关于 $y$ 轴对称；图 3-16（2）和图 3-16（3）的函数图像不关于 $y$ 轴对称. 根据偶函数的图像具有关于 $y$ 轴对称的特点，图 3-16（1）和图 3-16（4）的函数是偶函数，图 3-16（2）和图 3-16（3）的函数不是偶函数.

**例 2**　已知 $f(x)=|x|+1$ 图像在 $y$ 轴右边的部分如图 3-17 所示. 试画出这个函数图像在 $y$ 轴左边的部分.

**解**　函数 $f(x)=|x|+1$ 的定义域是 $(-\infty,+\infty)$，因为它是偶函数，所以根据其图像关于 $y$ 轴对称的特点，即可画出这个函数在 $x\in(-\infty,0]$ 上的图像.

如图 3-18 所示，在 $y$ 轴右边的图像上取两点 $A$ 和 $B$，分别画出它们关于 $y$ 轴对称的点 $A'$ 和 $B'$，然后连线 $A'B'$，就得到这个函数的图像在 $y$ 轴左边的部分.

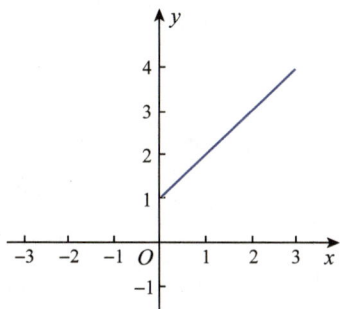

**图 3-17**

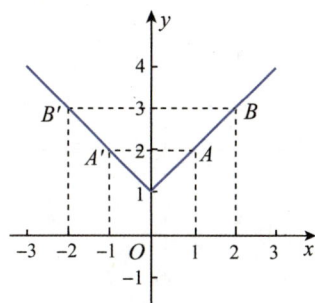

**图 3-18**

**例 3**　判断下列函数是不是偶函数.

(1) $f(x)=3x^2+1$;　　(2) $f(x)=x^2+x$;　　(3) $f(x)=5x+2$.

**解**　(1) 函数 $f(x)=3x^2+1$ 的定义域是 **R**，对任意 $x\in\mathbf{R}$，都有 $-x\in\mathbf{R}$，而

$$f(-x)=3(-x)^2+1=3x^2+1=f(x),$$

所以，函数 $f(x)=3x^2+1$ 是偶函数.

(2) 函数 $f(x)=x^2+x$ 的定义域是 **R**，对任意 $x\in\mathbf{R}$，都有 $-x\in\mathbf{R}$，而

$$f(-x)=(-x)^2+(-x)=x^2-x\neq f(x),$$

所以，函数 $f(x)=x^2+x$ 不是偶函数.

(3) 函数 $f(x)=5x+2$ 的定义域是 **R**，对任意 $x\in\mathbf{R}$，都有 $-x\in\mathbf{R}$，而

$$f(-x)=5(-x)+2=-5x+2\neq f(x),$$

所以，函数 $f(x)=5x+2$ 不是偶函数.

📖 笔 记

💡 **特别提示**

　　一个函数是不是偶函数，可以由函数的图像是否关于 $y$ 轴对称来判断；当函数用解析法表示时，可以用偶函数的定义来判断.

🤝 **合作交流**

　　如果 $f(x)$，$g(x)$ 都是定义域为 $D$ 的偶函数，那么 $f(x)+g(x)$ 和 $f(x)g(x)$ 仍是偶函数吗？

随堂练习

1. 填空题.

(1) 点 $(3，-1)$ 是偶函数 $y=f(x)$ 图像上的点，则点_____也一定在这个函数的图像上.

(2) 若偶函数 $f(x)$ 的定义域为 $(-\infty，+\infty)$，且 $f(-4)=-3$，则 $f(4)=$ _____.

2. 在下列四个函数的图像中，具有偶函数图像特点的是（　　）.

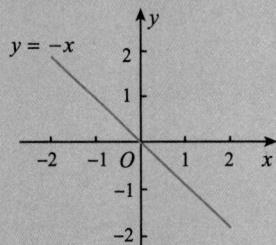

A.

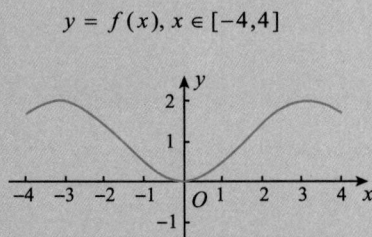

B.

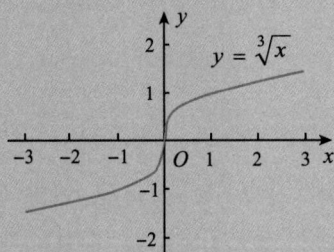

C.

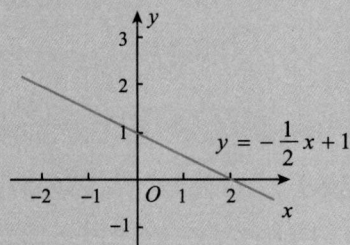

D.

3. 函数 $f(x)=x^2-3$ 的图像在 $y$ 轴左边的部分如图所示，请你画出这个函数图像在 $y$ 轴右边的部分.

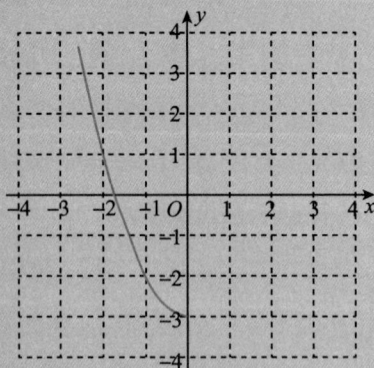

第 3 题图

4. 判断下列函数是不是偶函数.

(1) $f(x)=2x$；　　　　　　(2) $f(x)=\dfrac{1}{x}$；

(3) $f(x)=x^2-x$；　　　　　(4) $f(x)=5，x\in \mathbf{R}$.

**问题提出** ❓

函数 $f(x)=2x$ 和 $g(x)=x^3$ 的图像有何对称性呢?

**探究发现** 🏔

列出表 3-13 和表 3-14,画出函数 $f(x)=2x$ 和 $g(x)=x^3$ 的图像,如图 3-19 所示.

表 3-13

| $x$ | $\cdots$ | $-3$ | $-2$ | $-1$ | $0$ | $1$ | $2$ | $3$ | $\cdots$ |
|---|---|---|---|---|---|---|---|---|---|
| $f(x)=2x$ | $\cdots$ | $-6$ | $-4$ | $-2$ | $0$ | $2$ | $4$ | $6$ | $\cdots$ |

表 3-14

| $x$ | $\cdots$ | $-3$ | $-2$ | $-1$ | $0$ | $1$ | $2$ | $3$ | $\cdots$ |
|---|---|---|---|---|---|---|---|---|---|
| $g(x)=x^3$ | $\cdots$ | $-27$ | $-8$ | $-1$ | $0$ | $1$ | $8$ | $27$ | $\cdots$ |

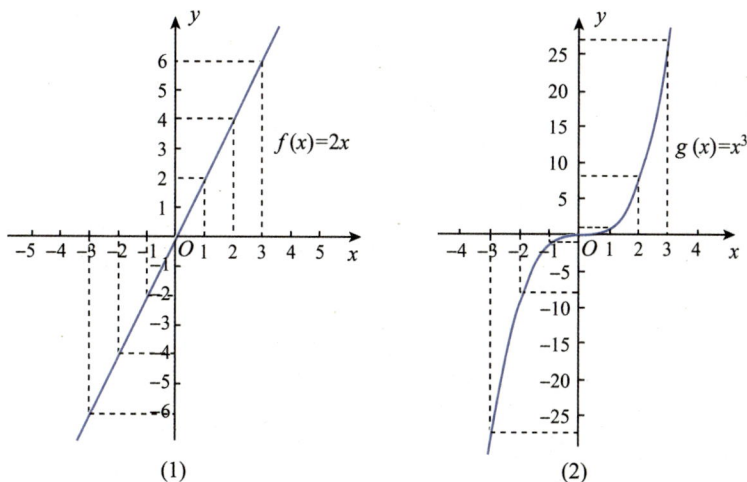

图 3-19

图 3-19 (1) 中,函数 $f(x)=2x$ 的定义域是 $(-\infty, +\infty)$,函数图像关于原点中心对称. 表 3-13 中,当自变量取一对相反数时,对应的函数值是一对相反数,如 $f(-1)=-2=-f(1)$,$f(-2)=-4=-f(2)$,$f(-3)=-6=-f(3)$,$\cdots$实际上,对任意 $x \in (-\infty, +\infty)$,都有 $f(-x)=2 \times (-x)=-2x=-f(x)$,即 $f(-x)=-f(x)$.

图 3-19 (2) 中,函数 $g(x)=x^3$ 的定义域是 $(-\infty, +\infty)$,函数图像也关于原点中心对称. 表 3-14 中,当自变量取一对相反数时,对应的函数值

也是一对相反数，如 $g(-1)=-1=-g(1)$，$g(-2)=-8=-g(2)$，$g(-3)=-27=-g(3)$，…实际上，对任意 $x\in(-\infty,+\infty)$，都有 $g(-x)=(-x)^3=-x^3=-g(x)$，即 $g(-x)=-g(x)$.

这两个函数的图像分别关于原点中心对称；当自变量取定义域中任意一对相反数时，对应的函数值也是一对相反数，这种函数就是奇函数.

**抽象概括** ⚙

**概念**
奇函数

一般地，设函数 $f(x)$ 的定义域为 $D$，如果对于任意 $x\in D$，都有 $-x\in D$，且 $f(-x)=-f(x)$，那么函数 $f(x)$ 就叫作**奇函数**，如图 3-20 所示. **奇函数的图像关于原点中心对称**.

我们也可以由函数图像是否关于原点中心对称来判断函数是不是奇函数.

**笔 记**

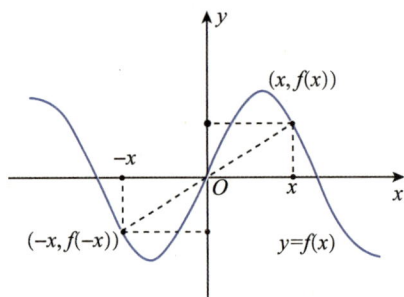

图 3-20

**例 4** 根据图 3-21 中函数的图像，判断哪些函数是奇函数.

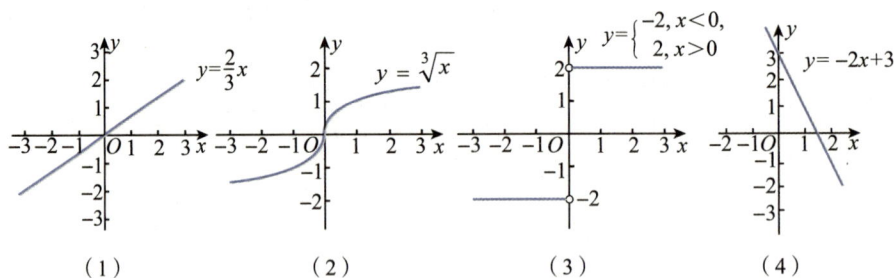

图 3-21

**解** 在四个函数图像中，图 3-21（1）、图 3-21（2）和图 3-21（3）的函数图像关于原点中心对称；图 3-21（4）的函数图像不是关于原点中心对称的. 根据奇函数的图像具有关于原点中心对称的特点，图 3-21（1）、图 3-21（2）和图 3-21（3）的函数是奇函数，图 3-21（4）的函数不是奇函数.

笔 记

**例 5** 已知函数 $f(x)=\dfrac{1}{x}$ 图像在 $y$ 轴右边的部分如图 3-22 所示. 试画出这个函数图像在 $y$ 轴左边的部分.

**解** 函数 $f(x)=\dfrac{1}{x}$ 的定义域是 $(-\infty,0)\cup(0+\infty)$，因为它是奇函数，所以根据其图像关于原点中心对称的特点，即可画出这个函数在 $x\in(-\infty,0)$ 上的图像.

如图 3-23 所示，在 $y$ 轴右边的图像上取三个不同点 $A$，$B$ 和 $C$，并画出它们分别关于原点对称的点 $A'$，$B'$ 和 $C'$，然后按相同方式用光滑的曲线连线，就得到这个函数的图像在 $y$ 轴左边的部分.

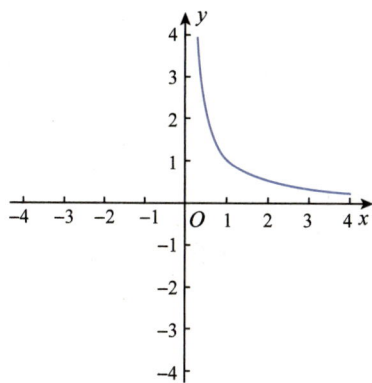

图 3-22

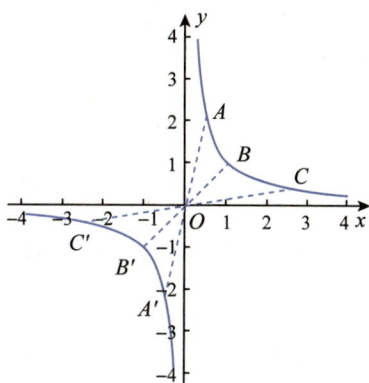

图 3-23

与偶函数的判定方法类似，除了借助函数的图像来判断函数是不是奇函数，也可用定义判断函数是不是奇函数.

**例 6** 判断下列函数是不是奇函数.

(1) $f(x)=x^3+x$；　　(2) $f(x)=x+\dfrac{1}{x}$；　　(3) $f(x)=x+|x|$.

**解** (1) 函数 $f(x)=x^3+x$ 的定义域是 **R**，对任意 $x\in$**R**，都有 $-x\in$**R**，且

$$f(-x)=(-x)^3+(-x)=-x^3-x=-(x^3+x)=-f(x).$$

所以，函数 $f(x)=x^3+x$ 是奇函数.

(2) 要使函数 $f(x)$ 有意义，必须满足 $x\neq0$，所以函数 $f(x)$ 的定义域是 $D=\{x\mid x\neq0\}$，对任意 $x\in D$，都有 $-x\in D$，且

$$f(-x)=-x+\dfrac{1}{-x}=-(x+\dfrac{1}{x})=-f(x).$$

所以，函数 $f(x)=x+\dfrac{1}{x}$ 是奇函数.

(3) 函数 $f(x)=x+|x|$ 的定义域是 **R**，对任意 $x\in$**R**，都有 $-x\in$

R，但是

$$f(-x)=(-x)+\mid -x\mid =-x+\mid x\mid =-(x-\mid x\mid )\neq -f(x).$$

所以，函数 $f(x)=x+\mid x\mid$ 不是奇函数.

**合作交流**

> 如果 $f(x)$，$g(x)$ 都是定义域为 $D$ 的奇函数，那么 $f(x)+g(x)$ 和 $f(x)g(x)$ 仍是奇函数吗？

如果一个函数是奇函数或偶函数，那么就称这个函数具有**奇偶性**. 否则，函数不具有奇偶性.

**例 7**　判断下列函数的奇偶性.

(1) $f(x)=x^4$；　　　(2) $f(x)=x-\dfrac{1}{x}$；

(3) $f(x)=x^2+x$；　　(4) $f(x)=\dfrac{1}{x-1}$.

**解**　(1) $f(x)$ 的定义域是 **R**，对任意 $x\in \mathbf{R}$，都有 $-x\in \mathbf{R}$，且

$$f(-x)=(-x)^4=x^4=f(x),$$

所以，函数 $f(x)=x^4$ 是偶函数.

(2) 要使函数 $f(x)$ 有意义，必须满足 $x\neq 0$，所以函数 $f(x)$ 的定义域是 $D=\{x\mid x\neq 0\}$，对任意 $x\in D$，都有 $-x\in D$，且

$$f(-x)=-x-\dfrac{1}{-x}=-x+\dfrac{1}{x}=-\left(x-\dfrac{1}{x}\right)=-f(x),$$

所以，函数 $f(x)=x-\dfrac{1}{x}$ 是奇函数.

(3) 函数 $f(x)=x^2+x$ 的定义域是 **R**，对任意 $x\in \mathbf{R}$，都有 $-x\in \mathbf{R}$，且

$$f(-x)=(-x)^2+(-x)=x^2-x,$$

但　　　　　　　　$f(-x)\neq f(x)$，且 $f(-x)\neq -f(x)$，

所以，函数 $f(x)=x^2+x$ 既不是奇函数，也不是偶函数.

(4) 要使函数 $f(x)$ 有意义，必须满足 $x-1\neq 0$，所以函数 $f(x)$ 的定义域是 $D=\{x\mid x\neq 1\}$，对任意 $x\in D$，不都有 $-x\in D$ 成立.

所以，函数 $f(x)=\dfrac{1}{x-1}$ 不具有奇偶性，它既不是奇函数也不是偶函数.

**合作交流**

> 奇函数 $f(x)$ 和偶函数 $g(x)$ 的定义域都为 $D$，分别判断 $f(x)+g(x)$ 和 $f(x)g(x)$ 的奇偶性.

**笔记**

**随堂练习**

1. 奇函数 $f(x)$ 的定义域为 $(-\infty, +\infty)$，且 $f(-1)=7$，则 $f(1)=$ _____.

2. 奇函数 $f(x)$ 的图像在 $y$ 轴左边的部分如图所示，请你画出函数图像在 $y$ 轴右边的部分.

第 2 题图

3. 判断下列函数是不是奇函数.

(1) $f(x)=x|x|$；　　　　(2) $f(x)=3x-5$；

(3) $f(x)=\dfrac{x}{x^2-1}$；　　　　(4) $f(x)=-\dfrac{1}{x}$.

4. 判断下列函数的奇偶性.

(1) $f(x)=\dfrac{1}{x^2-1}$；　　　　(2) $f(x)=x^3-2x$；

(3) $f(x)=2x-4$；　　　　(4) $f(x)=\dfrac{1}{x+3}$.

5. 已知函数 $f(x)=x^2-1$，

(1) 判断函数 $f(x)$ 的奇偶性；

(2) 比较 $f(-5)$ 与 $f(2)$ 的大小.

# 习题 3.3 >>>>>>>>>>>>>

**水平一**

1. 选择题.

(1) 奇函数 $f(x)$ 的定义域是 **R**，且在区间 $(0, +\infty)$ 上是增函数.

下列图像比较符合这个函数性质的是(　　).

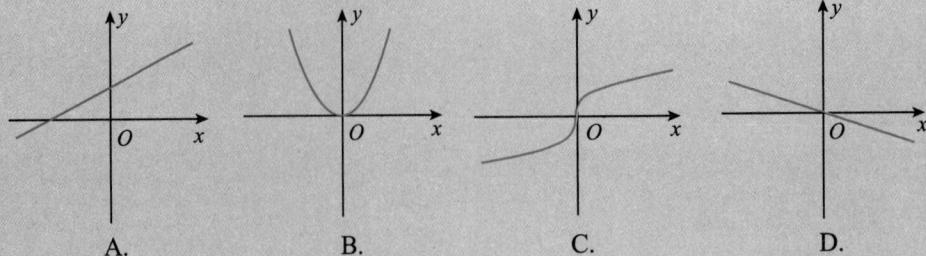

A.　　　　B.　　　　C.　　　　D.

(2) 偶函数 $f(x)$ 的定义域是 **R**，且在区间$(0，+\infty)$上是减函数，下列图像比较符合这个函数性质的是(　　).

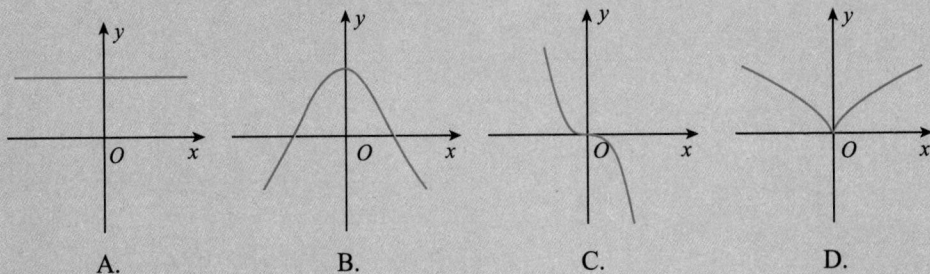

A.　　　　B.　　　　C.　　　　D.

2. 填空题.

(1) 若函数 $f(x)$ 在$(0，+\infty)$上是减函数，则 $f(5)$_____$f(7)$；(填"$<$"或"$>$")

(2) 若函数 $g(x)$ 在$(-\infty，+\infty)$上是增函数，则 $g(-3)$_____ $g(1)$；(填"$<$"或"$>$")

(3) 若奇函数 $f(x)$ 的定义域为 **R**，且 $f(-3)=5$，$f(2)=-1$，则 $f(3)+f(-2)=$_____；

(4) 若偶函数 $g(x)$ 的定义域为 **R**，且 $g(1)=6$，$g(-4)=-3$，则 $g(-1)+g(4)=$_____.

3. 函数 $f(x)=\dfrac{1}{x^2}$ 的图像在 $y$ 轴左边的部分如图所示. 请你根据函数的奇偶性，画出这个函数图像在 $y$ 轴右边的部分.

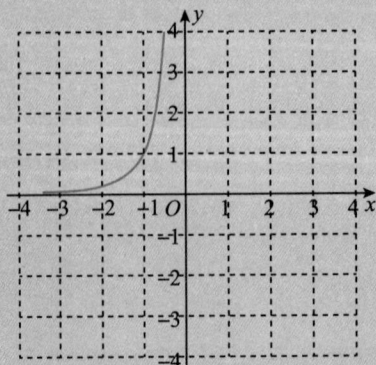

第 3 题图

4. 已知函数 $f(x)=2x^2+3$.

(1) 判断函数的奇偶性;

(2) 指出函数的单调区间, 并说明它在每一个区间上的单调性.

5. 判断下列函数的奇偶性.

(1) $f(x)=-|x|$;　　(2) $f(x)=x^2+2x$;　　(3) $f(x)=\dfrac{2}{x-1}$;

(4) $f(x)=-1$;　　　　(5) $f(x)=\sqrt{x}$.

**水平二**

1. 已知偶函数 $f(x)=x^2+(m-2)x-9$.

(1) 求 $m$ 的值;

(2) 比较 $f(3)$ 与 $f(-5)$ 的大小;

(3) 若 $f(x)>0$, 求 $x$ 的取值范围.

2. 判断函数 $f(x)=\dfrac{1}{x^2}$ 在区间 $(0, +\infty)$ 上的单调性.

3. 已知函数 $y=f(x)$ 的定义域为 **R**, 它的图像关于原点中心对称, 且 $f(-2)=m^2-3m$, $f(2)=6-2m$, 求 $m$ 的值.

4. 判断下列函数的奇偶性.

(1) $f(x)=\sqrt{x^2-9}$;　　(2) $f(x)=x^3-x$;　　(3) $f(x)=(x-2)^2$;

(4) $f(x)=x^2+\dfrac{2}{x^2}$;　　(5) $f(x)=\sqrt[3]{x}$;　　(6) $f(x)=0$.

5. 已知函数 $f(x)=ax^3+(a^2-2a-3)x^2$.

(1) 若 $f(x)$ 是偶函数, 求 $a$ 的值;

(2) 若 $f(x)$ 是奇函数, 求 $a$ 的值.

# **3.4 函数的应用** ≫≫≫≫≫≫≫≫≫≫≫

**探究发现**

函数是刻画变量之间对应关系的数学模型和工具, 在社会生活、生产中, 函数关系随处可见, 函数的应用也非常广泛. 例如, 物体运动的路程是时间的函数, 购买物品费用是物品数量的函数, 圆的面积是半径的函数, 居民生活用水(电、燃气)费用是用水(电、燃气)量的函数等.

**例 1** 住在 A 城的小李早晨 8:00 出发, 驾驶小轿车从 A 城以 80 km/h 的速度到 200 km 处的 B 城, 他在 B 城停留了 3 h 后, 再以 100 km/h 的速度返回 A 城. 在不考虑堵车等其他因素的情况下, 设小李从 A 城出发 $x$(h)后, 小李与 A 城的距离是 $y$(km).

(1) 用解析法表示函数 $y=f(x)$;

(2) 画出函数 $y=f(x)$ 的图像;

(3) 小李在返回 A 城途中, 15:00 刚好接到家人的电话, 这时他距离 A 城多少千米?

**分析** 首先求出小李从 A 城到 B 城和从 B 城返回 A 城共花费的时间, 明确函数的定义域. 小李去 B 城和返回 A 城的过程中, $y$ 与 $x$ 分别对应的解析式不相同, 所以该函数需用分段函数表示.

**解** (1) 小李从 A 城出发到 B 城用时 $\frac{200}{80}=2.5$(h), $x$ 的取值范围是 $\{x \mid 0<x\leqslant 2.5\}$, $y$ 与 $x$ 的对应关系是 $y=80x$;

小李到 B 城后停留 3 h, $x$ 的取值范围是 $\{x \mid 2.5<x\leqslant 5.5\}$, 对应关系是 $y=200$;

小李从 B 城返回 A 城用时 $\frac{200}{100}=2$(h), $x$ 的取值范围是 $\{x \mid 5.5<x\leqslant 7.5\}$, $y$ 与 $x$ 的对应关系是 $y=200-100(x-5.5)$, 即 $y=-100x+750$.

因此, 用解析法将函数 $f(x)$ 表示为 $y=\begin{cases} 80x, & 0<x\leqslant 2.5, \\ 200, & 2.5<x\leqslant 5.5, \\ -100x+750, & 5.5<x\leqslant 7.5. \end{cases}$

(2) 函数 $y=f(x)$ 的图像如图 3-24 所示.

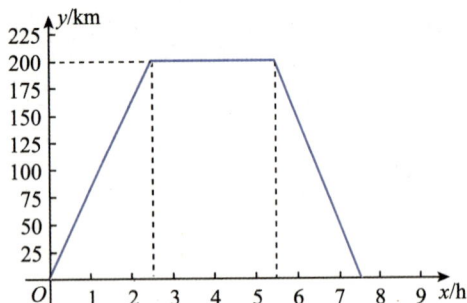

图 3-24

(3) 小李从早晨 8:00 出发到 15:00, 共经过了 7 h, 所以 $x=7$, 由 (1) 中解析式得小李与 A 城的距离为

$$-100\times 7+750=50(km).$$

所以, 小李返回 A 城途中接到家人电话时, 距离 A 城刚好 50 km.

**例2** 某农户要用 6 000 块砖建造三间面积相等的饲养室，如图 3-25 所示，其中 $AB$，$AD$ 两面靠墙，每修筑长度 1 m 的新墙需要砖 200 块. 当 $AB$ 为多少米时，修建的三间饲养室的总面积最大？最大面积是多少？

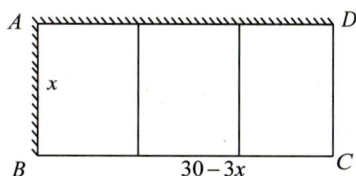

**图 3-25**

**分析** 首先需要计算备用材料可修建饲养室新墙的总长；因每间饲养室的周长是定值，所以设 $AB$ 的长为 $x$（m），就可以用含 $x$ 的代数式表示 $BC$ 的长；再用解析法表示总面积 $y$（m²）与 $x$（m）的函数关系；然后利用函数的性质来解决问题.

**解** 因为每修筑长度 1 m 的新墙需要砖 200 块，所以 6 000 块砖可以修筑新墙的总长度是 $6\,000 \div 200 = 30$（m）. 设 $AB$ 为 $x$（m），则 $BC$ 为 $(30 - 3x)$（m），三间饲养室的总面积为 $y$（m²）.

于是 $y = (30 - 3x)x$，要有实际意义，必须满足 $\begin{cases} x > 0, \\ 30 - 3x > 0. \end{cases}$

所以，$y$ 与 $x$ 的函数关系是 $y = -3x^2 + 30x$，$0 < x < 10$.

整理得 $y = -3(x - 5)^2 + 75$.

所以，当 $x = 5$ 时，$y$ 值最大，最大值为 75.

即当 $AB$ 为 5 m 时，三间饲养室的总面积最大，最大面积是 75 m².

在实际生活中，很多与二次函数有关的最值问题都可通过分析、研究后，建立相应二次函数的数学模型，并运用二次函数的图像性质求最值.

**例3** 某批发商购入一批 30 元/kg 的绿色食品，若以 40 元/kg 销售，则每月可批发销售 400 kg. 由批发销售经验知道，每月销售量 $y$（kg）是销售单价 $x$（元）的一次函数，其图像如图 3-26 所示.

（1）用解析法表示函数 $y = f(x)$；

（2）该批发商不低于购入价进行销售，设该批发商每月销售这批绿色食品可获得利润为 $w$ 元，用解析法表示函数 $w = g(x)$；

（3）当销售单价为多少时，该批发商每月可获得最大利润？最大利润是多少？

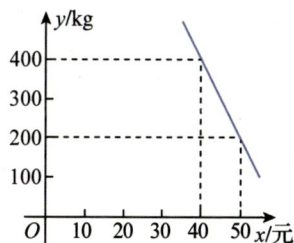

**图 3-26**

**分析**　先由图像求出一次函数的解析式,再根据每月所获利润=(销售单价-进价)×每月销售量,列出每月所获利润 $w$ 与销售单价 $x$ 的函数关系.

**解**　(1) 设函数 $y=f(x)$ 的解析式是 $y=kx+b$,则

$$\begin{cases} 40k+b=400, \\ 50k+b=200, \end{cases} \text{解得} \begin{cases} k=-20, \\ b=1\ 200. \end{cases}$$

即 $y=-20x+1\ 200$.

根据题意,当 $30 \leqslant x \leqslant 60$ 时,函数 $y=-20x+1\ 200$ 才有实际意义.

所以,函数 $y=f(x)$ 的解析式可表示为

$$y=-20x+1\ 200, \quad 30 \leqslant x \leqslant 60.$$

(2) 由题意得, $w=(x-30)y$

$$=(x-30)(-20x+1\ 200)$$

$$=-20x^2+1\ 800x-36\ 000,$$

所以,函数 $w=g(x)$ 的解析式可表示为

$$w=-20x^2+1\ 800x-36\ 000, \quad 30 \leqslant x \leqslant 60.$$

(3) 由 (2) 知, $w=-20x^2+1\ 800x-36\ 000$, $30 \leqslant x \leqslant 60$,配方得

$$w=-20(x-45)^2+4\ 500.$$

所以,当 $x=45$ 时, $w$ 的值最大,最大值是 $4\ 500$.

答:当销售单价为 45 元时,该批发商每月可获得最大利润,最大利润是 4 500 元.

**随堂练习**

1. 某市出租车白天营运的收费标准如表 3-15 所示. 设出租车行驶的路程为 $x$(km),收费为 $y$(元),根据表格信息解答下列问题.

表 3-15　某市出租车白天营运收费标准

| 行驶的路程 $x$/km | 收费 $y$/元 |
| --- | --- |
| 低于 3 km | 10 元 |
| 刚好 3 km | 11 元 |
| 超过 3 km | 每 0.5 km 计费 0.9 元,不足 0.5 km 不计费 |

(1) 小明去爷爷家,搭乘出租车行驶了 3.4 km,途中没有堵车,那么他应付车费多少元?

(2) 李杨去公司上班，搭乘出租车行驶了 6.8 km，途中没有堵车，那么他应付车费多少元？

2. 小张开车以 50 km/h 的速度从家到公司去上班，家与公司相距 30 km. 他一到公司就发现有一份重要文件放在家里忘带了，然后立即以 60 km/h 的速度返回. 用 $x$(h)表示小张开车从家出发后的时间，用 $y$(km)表示车行驶的路程.

(1) 用解析法表示函数 $y=f(x)$；

(2) 画出函数 $y=f(x)$ 的图像.

3. 某超市出售一批西瓜，为了尽快销售完，该超市把这批西瓜分成两类进行出售，单个为 5 kg 及以下的西瓜售价为 1 元/kg；单个为 5 kg 以上的售价为 1.5 元/kg.

(1) 写出销售每个西瓜的收入 $y$(元)与质量 $x$(kg)的函数关系；

(2) 一位顾客购买一个 6 kg 的西瓜，应付款多少元？

4. 光伏发电为我国经济社会发展提供绿色动力，如果用一根长为 36 m 的铝合金材料制作一个光伏太阳能电池板矩形边框.

(1) 写出矩形的宽 $L$(m)与长 $x$(m)的函数关系；

(2) 假设矩形的长为 $x$(m)，面积为 $y$(m$^2$)，写出 $y$ 与 $x$ 的函数关系式，并求出它的定义域；

(3) 当矩形的长和宽分别为多少米时，矩形的面积最大？最大面积是多少？

5. 李某的家乡生产一种大众喜爱的优质茶，他是某中职学校商贸专业的学生，放假后回家乡做茶场调研，他获悉某茶场的总利润 $L$(元)是产量 $x$(kg)的二次函数 $L=-x^2+1\,000x-83\,000$，$200\leqslant x\leqslant800$.

(1) 当产量是 300 kg 时，该茶场的总利润是多少？

(2) 试计算产量是多少时，该茶场的总利润最大？最大利润是多少？

## 习题 3.4 >>>>>>>>>>>>

**水平一**

1. 选择题.

(1) 某蓄水池每小时匀速注入水量是全池的 $\frac{1}{10}$,从空池开始匀速注水,水池注水的总量 $y$ 与时间 $x$ 的函数关系正确的是(    ).

A. $y=0.1x$            B. $y=0.1^x$

C. $y=0.1x$,$0 \leqslant x \leqslant 10$     D. $y=0.9x$,$0 \leqslant x \leqslant 10$

(2) 小张去与朋友会面,由于担心迟到,一开始选择跑步前行,跑了一段路程后,他发现时间还早就改为步行走完余下的路程. 如果用横轴表示小张出发后的时间,用纵轴表示他与会面点的距离,则下列四个图像中比较符合题意的是(    ).

A.             B.             C.             D.

2. 填空题.

(1) 国内邮寄普通信函的邮费 $y$(元)与其质量 $x$(g)的函数图像如图所示,横坐标表示信函的质量,纵坐标表示应付邮费. 从图像可知,

当 $x=18$ g 时,应付邮费是＿＿＿＿元;

当 $x=20$ g 时,应付邮费是＿＿＿＿元;

当 $x=25$ g 时,应付邮费是＿＿＿＿元;

当邮费是 2.4 元时,信函的质量范围是＿＿＿＿.

第 2 (1) 题图

(2) 某长途汽车公司对乘客携带行李做了如下规定:每位乘客可以免费携带 30 kg 行李,如果超过 30 kg,则超过部分按 2 元/kg 收行李费. 若携带行李的质量为 $x$(kg),行李费为 $y$(元),则 $y$ 与 $x$ 之间的函数关系可表示为＿＿＿＿.

3. 甲、乙两个商店都出售同一品牌的茶壶和茶杯，茶壶售价 20 元/个，茶杯售价 5 元/个，现甲、乙两个商店都进行促销优惠. 甲商店的优惠办法是买 1 个茶壶赠送 1 个茶杯；乙商店的优惠办法是按购买总价的 92% 付款.

如果小梅购买茶壶 4 个、茶杯若干个(不少于 4 个)，那么她选择哪个商店购买更实惠？

4. 从某中等职业学校毕业的小玲和小芳到某酒店实习，实习合格后成了该酒店的正式员工，每月底薪为 2 800 元. 按酒店管理规定，每天推迟 1 h 下班算这天加班，如果每月(按 30 天计)加班 10 天以下，则每天的加班费为 20 元，每月加班 10 天及以上，则每天的加班费为 30 元. (每月总薪资＝底薪＋加班费)

(1) 若小玲 10 月加班 6 天、小芳 10 月加班 15 天，则她们该月的薪资分别是多少？

(2) 假设某员工一个月加班 $x$ 天，总薪资是 $y$ 元，写出 $y$ 与 $x$ 的函数关系.

5. 为了保护水资源，提倡居民节约用水，某城市对居民生活用水实行"阶梯水价"，计费方式见表 3-16. 设每户居民家庭每月生活用水量 $x(\text{m}^3)$，需付水费 $y$ 元.

表 3-16

| 每户居民家庭每月用水量 | 价格 |
| --- | --- |
| 不超过 20 m³ 的部分 | 3.5 元/m³ |
| 超过 20 m³ 但不超过 30 m³ 的部分 | 4.2 元/m³ |
| 超过 30 m³ 的部分 | 6 元/m³ |

(1) 写出 $y$ 与 $x$ 的函数关系；

(2) 老李家 11 月的用水量为 23 m³，应付水费多少元？

**水平二**

1. 某加工厂生产某种产品的生产量和市场销量情况如图所示，其中 $l$ 表示该产品每年年产量的变化规律，$m$ 表示该产品每年的销售情况. 根据图像回答下列问题.

(1) 哪一年之前市场销售量逐渐增长？哪一年开始市场销售量逐渐下降？

(2) 请你根据图像进行分析，给该加工厂提出比较合理的建议.

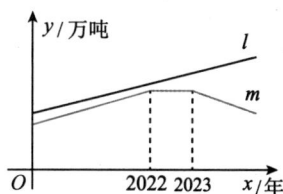

第 1 题图

笔 记

2. 某商店购进一批单价为 50 元的商品，若每件按 60 元出售，一个月能销售 600 件．为了获得更大的利润，该商店准备提高价格，若每件商品每提高 1 元，则销售量将减少 20 件．

(1) 设这批商品提价 $x$ 元，所获得的利润为 $y$ 元，写出 $y$ 与 $x$ 的函数关系式，并求出 $x$ 的取值范围．

(2) 当这批商品的售价为多少元时，该商店一个月能获得最大利润，最大利润是多少？

3. 小杨想帮妈妈在墙角用长为 6 m 的铁丝网围成一个梯形的鸡舍，如图所示，在梯形 $ABCD$ 中，$\angle DAB = 90°$，$\angle ABC = 120°$，假设 $BC$ 为 $x(\text{m})$，梯形面积为 $y(\text{m}^2)$．

(1) 写出 $y$ 与 $x$ 之间的函数关系式，并求出 $x$ 的取值范围；

(2) 当 $AB$ 为多少米时，梯形鸡舍的面积最大？最大面积是多少？

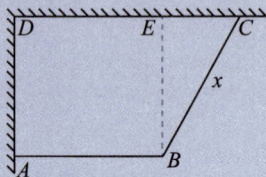

第 3 题图

4. 某超市采购了一批某品牌零食，每盒零食的进价为 48 元，试销后发现，这种零食每天的销售量 $P(\text{盒})$ 与销售价 $x(\text{元/盒})$ 的函数关系式是 $P = -3x + 240$．

(1) 求函数的定义域；

(2) 写出该超市每天销售这种零食所获得的利润与销售价的函数关系；

(3) 当每盒零食的销售价为多少元时，该超市可以获得最大利润？最大利润是多少？

# 数学园地 >>>>>>>>>>>
## 函数概念及符号的形成与发展

　　我们已经系统学习了函数的概念、表示方法、性质等，现在我们一起来了解函数概念的形成与发展过程.

　　17世纪，意大利科学家伽利略在《关于两门新科学的对话》一书中，提出了函数或变量关系的概念，借助文字和比例关系表达函数的关系. 法国数学家笛卡儿在他的解析几何中注意到了一个变量对于另一个变量的依赖关系.

　　1673年，德国数学家莱布尼茨首次使用"函数"表示"幂"，同时牛顿在微积分的讨论中，使用"流量"来表示变量间的关系，这时的函数概念还较为模糊.

　　1718年，瑞士数学家伯努利在莱布尼茨函数概念的基础上，从解析的角度提出了函数的概念："由变量 $x$ 和常数所构成的式子叫作 $x$ 的函数"，记作 $X$ 或 $\xi$，后来他又改用 $\Phi x$ 表示 $x$ 的函数.

　　1734年，瑞士数学家欧拉以 $f(\ )$ 表示函数，这是数学史上函数首次以"$f$"符号表示！他把函数定义为"如果某些变量，以某一种方式依赖于另一些变量，即当后面这些变量变化时，前面这些变量也随之变化，我们把前面的变量称为后面变量的函数."并采用大写希腊字母 $\Pi x$，$\Phi x$ 及 $\Delta x$ 表示 $x$ 的函数.

　　1797年，法国数学家拉格朗日大力推动以 $f$，$F$，$\Phi$ 及 $y$ 表示函数，并且沿用至今！

　　1821年，法国数学家柯西给出函数的定义："在某些变量间存在着一定的关系，当一经给定其中某一变数的值，其他变数的值可随之而确定时，则将最初的变数叫自变量，其他各变数叫函数."

　　1822年，法国数学家傅立叶发现某些函数可用曲线表示，也可以用一个式子表示，或用多个式子表示，他把对函数的认识又推进到了一个新的层次.

　　1893年，意大利数学家皮亚诺开始采用符号 $y=f(x)$ 表示函数，这就是我们今天见到的函数符号！

　　后来，数学家们用"集合"和"对应"给出了近代函数的概念，把函数的对应关系、定义域及值域进一步具体化："若对集合 $M$ 的任意元素 $x$，总有集合 $N$ 中确定的元素 $y$ 与之对应，则称在集合 $M$ 上定义一个函数，记为 $y=f(x)$."

# 单元小结 ＞＞＞＞＞＞＞＞

## 学习导图

## 学习指导

1. 函数的概念.

(1) 函数的定义：一般地，设 $A$，$B$ 是非空数集，如果存在一个对应关系 $f$，使对于集合 $A$ 中的每一个数 $x$，在集合 $B$ 中都有唯一确定的数 $y$ 和它对应，那么就把对应关系 $f$ 称为定义在集合 $A$ 上的一个**函数**，记作 $y=f(x)$，$x\in A$. 其中，$x$ 叫作自变量，$x$ 的取值范围 $A$ 叫作函数的**定义域**；与 $x$ 的值相对应的 $y$ 值叫作函数值，函数值的集合 $\{f(x)\mid x\in A\}$ 叫作函数的**值域**.

定义域和对应关系是函数的两个要素，值域是由定义域与函数关系所决定的.

(2) 求函数定义域时，首先要考虑问题的实际意义.

2. 函数的表示方法.

(1) 函数有三种表示方法：列表法、图像法和解析法. 在解决问题时，应根据需要选择恰当的表示方法.

(2) 分段函数：分段函数是在自变量不同的取值范围内，采用不同的对应关系的一种函数，分段函数仍然是一个函数.

3. 函数的单调性和奇偶性.

函数的单调性和奇偶性是函数的两个基本性质.

(1) 函数的单调性反映了函数值变化的趋势. 单调性是相对于函数定义域的某个区间(区间是定义域的子集)而言的，所以研究函数的单调性时，必须指明单调区间.

（2）函数的奇偶性反映函数图像的对称性. 奇函数、偶函数的定义域一定是关于原点对称的. 若函数图像关于 $y$ 轴对称，则该函数是偶函数；若函数图像关于原点对称，则该函数是奇函数. 反之，偶函数一定关于 $y$ 轴对称；奇函数一定关于原点对称.

4. 函数的实际应用.

函数的实际应用问题主要抓住以下几个步骤：一是读懂题意；二是正确建立函数关系(分段函数、二次函数等)；三是转化为函数问题；四是做好最后的解答.

## 单元检测 ▷▷▷▷▷▷▷▷▷▷

水平一

1. 选择题.

(1) 若函数 $f(x)=\begin{cases} |x|, & x<0, \\ x+1, & 0\leqslant x<2, \\ 3x, & x\geqslant 2, \end{cases}$ 则 $f(1)=($ 　　).

A. 1 　　　　　　B. 2 　　　　　　C. 3 　　　　　　D. 6

(2) 定义域为 **R** 的偶函数 $f(x)$ 在区间 $[0,+\infty)$ 上是增函数,则下列图像中符合函数 $f(x)$ 性质的是(　　).

A. 　　　　　　B. 　　　　　　C. 　　　　　　D.

(3) 点 $(-2,3)$ 在奇函数 $y=f(x)$ 的图像上,则下列一定在函数图像上的是(　　).

A. $(2,-3)$ 　　B. $(3,-2)$ 　　C. $(-2,-3)$ 　　D. $(2,3)$

(4) 若偶函数 $f(x)$ 在区间 $(0,+\infty)$ 上是减函数,则下列大小关系正确的是(　　).

A. $f(-3)>f(1)$ 　　　　　　　　B. $f(1)<f(3)$

C. $f(-3)<f(-1)$ 　　　　　　　D. $f(-1)<f(3)$

2. 填空题.

(1) 若函数 $f(x)=2x+b$,且 $f(1)=5$,则 $f(-1)=$ _____;

(2) 函数 $f(x)=\sqrt{2x-6}$ 的定义域是 _____;

(3) 在偶函数 $f(x)$ 中,$f(6)=-1$,则 $f(-6)=$ _____;

(4) 函数 $y=f(x)$,$x\in[-1.5,4.5]$ 的图像如图所示,其减区间是 _____.

第 2(4) 题图

3. 某品牌牙膏的促销价是每支 25 元，每人购买数量不超过 5 支. 购买这种牙膏应付款 $y$（元）是购买数量 $x$（支）的函数.

(1) 求这个函数的定义域；

(2) 分别用解析法、列表法、图像法表示这个函数.

4. 已知函数 $f(x)=-2x+1$.

(1) 画出函数的图像；

(2) 根据图像，当 $f(x) \leqslant 0$ 时，求 $x$ 的取值范围；

(3) 当 $x \in [-1,4]$ 时，求函数 $f(x)$ 的最大值和最小值.

5. 某市出租车的起步价是 3 km 以下为 10 元，刚好 3 km 收费 11 元，超过 3 km 按每 0.5 km 计费 0.90 元，不足 0.5 km 则不计入总价. 设出租车行驶路程 $x$（km），应支付费用 $y$（元）.

(1) 当 $0<x \leqslant 5$ 时，用解析法表示 $y$ 与 $x$ 的函数关系；

(2) 小李家与外婆家相距 23.8 km，如果小李搭乘出租车去外婆家，应支付出租车费用多少元？

## 水平二

1. 填空题.

(1) 若函数 $f(x)=(m^2-4)x^2+3x$ 的图像关于原点对称，则 $m=$_____；

(2) 若函数 $f(x)=\sqrt{5-|2x+1|}$，则 $f\left(\dfrac{3}{2}\right)=$_____，其定义域是_____；

(3) 已知函数 $f(x)=x^2-3$，$x \in [-2,5]$，则 $f(x)$ 的最大值是_____，最小值是_____.

2. 已知函数 $f(x)=\sqrt{x^2-x-6}$.

(1) 求 $f(7)$ 的值；

(2) 求函数的定义域.

3. 判断下列函数的奇偶性.

(1) $f(x)=x^3+3$；　　　(2) $f(x)=\dfrac{x}{x-1}$；

(3) $f(x)=-x|x|$；　　　(4) $f(x)=x^2+4x+6$.

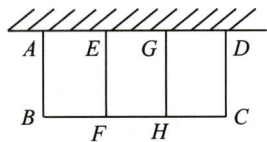

第 4 题图

笔 记

4. 用长为 36 m 的建筑材料修建一个矩形花园(一边靠墙),如图所示,花园分成三个大小相同的矩形,分别种植玫瑰、牡丹和月季.

(1) 设 $AB$ 为 $x$(m)时,矩形花园 $ABCD$ 的面积为 $y$(m²),写出 $y$ 与 $x$ 的函数关系式,并求出 $x$ 的取值范围;

(2) 请你设计一个方案,使得矩形花园 $ABCD$ 的面积最大,并求出它的最大面积.

5. 某企业生产一种精密电子仪器的固定成本为 20 000 元,每生产一台这种仪器需增加投入 100 元,已知总收益满足函数 $f(x) =$

$$\begin{cases} -\dfrac{1}{2}x^2 + 400x, & 0 \leqslant x \leqslant 400, \\ 80\ 000, & x > 400, \end{cases}$$ 其中 $x$ 是该种仪器的月产量.

(1) 将利润 $w$ 元表示为月产量 $x$ 台的函数;(利润=总收益-总成本)

(2) 当月产量为何值时,企业所获利润最大?最大利润是多少元?

知识改变命运，技能成就人生，全社会坚持尊重劳动、尊重知识、尊重人才、尊重创造．著名厨师厉恩海曾是一名军人，练就了一身拉面绝活，他能把 1 kg 的面拉出 200 多万根细如发丝的面条，4 次创造吉尼斯世界纪录，被誉为"中国拉面大王"．拉面从一块面块开始，手握两端，两臂均匀用力加速向外抻拉，然后两头对折后再拉，每对折 1 次，面条的数量在原有基础上翻一倍，如此继续，每次对折后面条的数量形成下列数字 1，2，4，8，16，32，64，…为了更好地体现面条数量与对折次数的关系，也可以表示为 $2^0$，$2^1$，$2^2$，$2^3$，$2^4$，$2^5$，$2^6$，…若用函数语言刻画这类数量关系和变化规律，就是我们即将学习的指数函数．现实生活中，数据量的爆炸式增长、细胞分裂、碳 14 考古、储蓄利率（复利）、血液中的酒精含量等问题，都会用到指数函数相关知识．

指数函数与对数函数是两类基本初等函数，是提高数学运算能力、培养数形结合思想和数学建模能力的重要内容．它们在人口增长统计、文物考古鉴别、航海卫星定位等方面发挥着重要作用，在财经、金融、公共服务、信息技术等领域有广泛应用．

本单元我们将在整数幂的基础上推广幂的概念，学习实数幂的相关定义和运算性质、指数函数的图像与性质、对数定义及运算法则、对数函数的图像与性质、指数函数与对数函数的实际应用等内容，感悟数学与现实的关联，把握事物的本质，形成理性思考问题的品质和精神．

# 第四单元
# 指数函数与对数函数

1. 实数指数幂.

能体会指数从正整数推广到有理数、实数的过程，了解实数指数幂的运算法则.

2. 指数函数和对数函数.

能借助几何直观和代数运算认识指数函数和对数函数；

了解指数函数和对数函数的定义，理解它们的图像及性质，感悟数形结合的数学思想；

会用对数的定义进行指数式与对数式的互化；

了解对数的性质和运算法则.

3. 指数函数与对数函数的实际应用.

能从实际情境抽象出指数函数、对数函数模型解决简单问题.

笔记

# 4.1　实数指数幂 >>>>>>>>>>>>

## 4.1.1　有理数指数幂 >>>

### 知识回顾

如果 $b^2=a$，那么 $b$ 就叫作 $a$ 的平方根（或二次方根）．因为 $b^2\geqslant 0$，故当 $a<0$ 时，在实数范围内 $a$ 没有平方根；当 $a>0$ 时，$a$ 的平方根有两个，它们互为相反数，分别为 $\sqrt{a}$ 和 $-\sqrt{a}$；当 $a=0$ 时，$\sqrt{0}=0$．例如，$\pm 3$ 就是 9 的平方根．

如果 $b^3=a$，那么 $b$ 就叫作 $a$ 的立方根（或三次方根）．在实数范围内 $a$ 只有一个立方根，记为 $\sqrt[3]{a}$．例如，2 就是 8 的立方根．

### 抽象概括

一般地，如果 $b^n=a(n>1,\ n\in\mathbf{N})$，那么 $b$ 就叫作 $a$ 的 $n$ 次方根．

当 $n$ 是奇数时，正数 $a$ 的 $n$ 次方根是一个正数，负数 $a$ 的 $n$ 次方根是一个负数．这时，$a$ 的 $n$ 次方根用符号 $\sqrt[n]{a}$ 表示．例如，

$$\sqrt[7]{128}=2,\ \sqrt[7]{-128}=-2,\ \sqrt[3]{a^6}=a^2.$$

当 $n$ 是偶数时，正数 $a$ 的 $n$ 次方根有两个，两数互为相反数．这时，正数 $a$ 的正的 $n$ 次方根用符号 $\sqrt[n]{a}$ 表示，负的 $n$ 次方根用符号 $-\sqrt[n]{a}$ 表示．正的 $n$ 次方根与负的 $n$ 次方根可以合并写成 $\pm\sqrt[n]{a}\,(a>0)$．例如，

$$\sqrt[6]{64}=2,\ -\sqrt[6]{64}=-2,\ \pm\sqrt[6]{64}=\pm 2.$$

负数没有偶次方根．

0 的任何次方根都是 0，记作 $\sqrt[n]{0}=0$．

形如 $\sqrt[n]{a}\,(n>1,\ n\in\mathbf{N}_+)$ 的式子叫作**根式**，$n$ 叫作**根指数**，$a$ 叫作**被开方数**．

根据 $n$ 次方根的定义，根式具有下列性质．

(1) $(\sqrt[n]{a})^n=a$．

(2) 当 $n$ 为奇数时，$\sqrt[n]{a^n}=a$；

当 $n$ 为偶数时，$\sqrt[n]{a^n}=|a|=\begin{cases}a, & a\geqslant 0,\\ -a, & a<0.\end{cases}$

**例1** 计算.

(1) $\sqrt[3]{5^3}$;　　　　(2) $\sqrt[3]{(-5)^3}$;　　　　(3) $\sqrt[4]{7^4}$;

(4) $\sqrt[4]{(-7)^4}$;　　　(5) 81 的 4 次方根.

**解**　(1) $\sqrt[3]{5^3}=5$;

(2) $\sqrt[3]{(-5)^3}=-5$;

(3) $\sqrt[4]{7^4}=7$;

(4) $\sqrt[4]{(-7)^4}=|-7|=7$;

(5) 因为 $(\pm 3)^4=81$, 所以 81 的 4 次方根是 $\pm 3$, 即 $\pm\sqrt[4]{81}=\pm 3$.

**例2**　化简.

(1) $\sqrt[3]{(3-a)^3}$;　　(2) $\sqrt[4]{(3-\pi)^4}$.

**解**　(1) $\sqrt[3]{(3-a)^3}=3-a$;

(2) $\sqrt[4]{(3-\pi)^4}=|3-\pi|=-(3-\pi)=\pi-3$.

**抽象概括**

在初中, 我们曾学习过整数幂的相关知识. $a^n(n\in\mathbf{N}_+)$ 称为 $a$ 的 $n$ 次幂, $a$ 叫作底数, $n$ 叫作指数.

(1) $a^n=\underbrace{a\cdot a\cdot a\cdot\cdots\cdot a}_{n\uparrow a}(n\in\mathbf{N}_+)$;

(2) $a^0=1(a\neq 0)$;

(3) $a^{-n}=\dfrac{1}{a^n}(a\neq 0,\ n\in\mathbf{N}_+)$.

**概念**
**分数指数幂**

试想, 如果幂指数 $n$ 是分数时, 此时的指数幂应该如何表示呢?

为此, 我们现将整数指数幂的概念进行推广, 利用刚学习过的根式来表示分数指数幂, 规定**分数指数幂**的意义如下(为简化讨论, 我们约定底数 $a>0$).

$$a^{\frac{m}{n}}=\sqrt[n]{a^m}\ (a>0,\ m,\ n\in\mathbf{N}_+,\ n>1),\ m=1\text{ 时, 有 }a^{\frac{1}{n}}=\sqrt[n]{a}.$$

$$a^{-\frac{m}{n}}=\dfrac{1}{a^{\frac{m}{n}}}=\dfrac{1}{\sqrt[n]{a^m}}(a>0,\ m,\ n\in\mathbf{N}_+,\ n>1).$$

这样, 幂指数的概念就从整数指数幂推广到了有理数指数幂. 只要每一个有理数指数幂有意义, 整数指数幂的运算性质对有理数指数幂就同样适用. 因此，我们初中学习过的整数指数幂的运算性质就可以推广到有理数指数幂.

设 $a>0$，$b>0$，$m$，$n\in\mathbf{Q}$，则

(1) $a^m a^n = a^{m+n}$；

(2) $(a^m)^n = a^{mn}$；

(3) $(ab)^n = a^n b^n$.

**例3** 将下列根式用分数指数幂表示.

(1) $\sqrt[4]{a^3}\ (a>0)$； (2) $\sqrt[6]{x^2}$； (3) $\dfrac{1}{\sqrt[4]{5^3}}$.

**解** (1) $\sqrt[4]{a^3} = a^{\frac{3}{4}}\ (a>0)$；

(2) $\sqrt[6]{x^2} = x^{\frac{2}{6}}$；（注意：此处不能化简为 $x^{\frac{1}{3}}$）

(3) $\dfrac{1}{\sqrt[4]{5^3}} = \dfrac{1}{5^{\frac{3}{4}}} = 5^{-\frac{3}{4}}$.

> 💡 **特别提示**
>
> 请注意观察，表示过程中哪些数字位置未变，哪些数字位置发生了变化，是如何变化的？

**例4** 化简(式中字母均为正实数).

(1) $27^{-\frac{1}{3}}$； (2) $\left(a^{\frac{1}{2}} b^{-\frac{3}{4}}\right)^8$.

**解** (1) $27^{-\frac{1}{3}} = \dfrac{1}{27^{\frac{1}{3}}} = \dfrac{1}{\sqrt[3]{27}} = \dfrac{1}{3}$；

(2) $\left(a^{\frac{1}{2}} b^{-\frac{3}{4}}\right)^8 = \left(a^{\frac{1}{2}}\right)^8 \left(b^{-\frac{3}{4}}\right)^8 = a^4 b^{-6} = \dfrac{a^4}{b^6}$.

📖 **笔记**

**随堂练习** 📖

1. 填空题.

(1) 16 的 4 次方根为＿＿＿＿＿＿；

(2) $\sqrt[4]{16} =$ ＿＿＿＿＿＿；

(3) $-13$ 的 5 次方根为＿＿＿＿＿＿.

2. 计算.

(1) $\sqrt[3]{(-2)^3}$； (2) $\sqrt[4]{(-2)^4}$；

(3) $\sqrt{(a-b)^2}\ (a<b)$； (4) $\sqrt{(3-b)^2}\ (b>3)$；

(5) $5^{-2}$；                    (6) $\left(\dfrac{1}{8}\right)^{-\frac{1}{3}}$．

3. 用分数指数幂的形式表示下列根式．

(1) $\sqrt[4]{9}$；          (2) $\sqrt[5]{6^3}$；          (3) $\dfrac{1}{\sqrt[4]{3^3}}$．

4. 化简(式中字母均为正实数).

(1) $a^{\frac{1}{3}}a^{-\frac{2}{3}}a^2a^0$；          (2) $(a^{\frac{1}{2}}b^{\frac{2}{3}})^3(ab^{\frac{1}{2}})^2$．

## ▌4.1.2  实数指数幂 >>>

### 问题提出

小学我们学习了自然数，初中从自然数拓展到整数、有理数乃至实数．类似地，在学习有理数指数幂的基础上，我们可以将 $a^x$ 中指数 $x$ 的取值范围从有理数拓展到全体实数，此时，$a^x$ 的意义是什么呢？如 $2^{\sqrt{3}}$，$\left(\dfrac{1}{4}\right)^{\sqrt{2}}$，它们是一个确定的数吗？能否计算出结果呢？

### 分析理解

事实上，我们可以通过科学计算器计算出 $2^{\sqrt{3}}$，$\left(\dfrac{1}{4}\right)^{\sqrt{2}}$ 的值(请同学们自己利用科学计算器或下载计算机软件进行计算)．如果精确到 $0.01$ 时，$2^{\sqrt{3}}$ 的近似值为 $3.32$，$\left(\dfrac{1}{4}\right)^{\sqrt{2}}$ 的近似值为 $0.14$，即表明这些无理数指数幂都是一个确定的实数．这样，我们将指数幂 $a^x(a>0)$ 中指数 $x$ 的取值范围从整数逐步拓展到有理数、无理数，乃至实数．当 $x$ 为任意实数时，**实数指数幂** $a^x(a>0)$ 表示一个确定实数．现实生活中，我们通过类比、联想、猜想等方式可创新设计出很多不同的事物和模式．

有理数指数幂的运算性质同样适用于实数指数幂的运算性质(证明略)，即当 $a>0$，$b>0$，$p$，$q\in\mathbf{R}$ 时，有

(1) $a^pa^q=a^{p+q}$；

(2) $(a^p)^q=a^{pq}$；

(3) $(ab)^p=a^pb^p$．

注意：运算性质成立的条件是每个实数指数幂都有意义．

**例 1** 计算(式中字母均为正实数).

(1) $16^{\frac{1}{4}}-\left(\dfrac{1}{27}\right)^{-\frac{1}{3}}+(\sqrt{2}-1)^0$; (2) $(a^{-3}b^5)^{\frac{1}{5}}\cdot(a^2)^{\frac{1}{5}}\div(a^3b^{\frac{5}{3}})^{\frac{3}{5}}$.

**解** (1) $16^{\frac{1}{4}}-\left(\dfrac{1}{27}\right)^{-\frac{1}{3}}+(\sqrt{2}-1)^0$

$=(2^4)^{\frac{1}{4}}-\left[\left(\dfrac{1}{3}\right)^3\right]^{-\frac{1}{3}}+1$

$=2^{4\times\frac{1}{4}}-\left(\dfrac{1}{3}\right)^{3\times(-\frac{1}{3})}+1$

$=2-3+1=0$;

(2) $(a^{-3}b^5)^{\frac{1}{5}}\cdot(a^2)^{\frac{1}{5}}\div(a^3b^{\frac{5}{3}})^{\frac{3}{5}}$

$=a^{-3\times\frac{1}{5}}b^{5\times\frac{1}{5}}a^{2\times\frac{1}{5}}\div(a^{3\times\frac{3}{5}}b^{\frac{5}{3}\times\frac{3}{5}})$

$=a^{-\frac{3}{5}+\frac{2}{5}-\frac{9}{5}}b^{1-1}$

$=a^{-2}=\dfrac{1}{a^2}$.

> **特别提示**
>
> 对例 1(1)题,我们需要将某些底数变形为指数幂的形式,以方便利用实数指数幂的运算法则进行计算或者化简.

**笔记**

**例 2** 化简(式中字母均为正实数).

(1) $\sqrt{2}\times\sqrt[4]{8}\times\sqrt[8]{64}$; (2) $\sqrt{a^3b^{-3}}\cdot\sqrt[3]{a^{-2}b^2}\cdot\sqrt[6]{ab^5}$.

**分析** 运算思路是将根式转化为分数指数幂,然后再化简运算.

**解** (1) $\sqrt{2}\times\sqrt[4]{8}\times\sqrt[8]{64}$

$=2^{\frac{1}{2}}\times(2^3)^{\frac{1}{4}}\times(2^6)^{\frac{1}{8}}$

$=2^{\frac{1}{2}}\times2^{\frac{3}{4}}\times2^{\frac{6}{8}}$

$=2^{\frac{1}{2}+\frac{3}{4}+\frac{6}{8}}=2^2=4$;

(2) $\sqrt{a^3b^{-3}}\cdot\sqrt[3]{a^{-2}b^2}\cdot\sqrt[6]{ab^5}$

$=(a^3b^{-3})^{\frac{1}{2}}\cdot(a^{-2}b^2)^{\frac{1}{3}}\cdot(ab^5)^{\frac{1}{6}}$

$=(a^{\frac{3}{2}}b^{-\frac{3}{2}})\cdot(a^{-\frac{2}{3}}b^{\frac{2}{3}})\cdot(a^{\frac{1}{6}}b^{\frac{5}{6}})$

$=a^{\frac{3}{2}-\frac{2}{3}+\frac{1}{6}}\cdot b^{-\frac{3}{2}+\frac{2}{3}+\frac{5}{6}}=a$.

笔记

**例3** 计算 $2^0+2^1+2^2+2^3+\cdots+2^x\,(x\in\mathbf{N})$.

**分析** 观察这个式子的特点,每一项都是前面一项的 2 倍(除第 1 项外);运算思路可考虑将代数式每项乘 2 后再与原式相减. 数学上把这种运算方法叫作"错位相减".

**解** 令 $\qquad S=2^0+2^1+2^2+2^3+\cdots+2^{x-1}+2^x.$ ①

将①式两边同时乘 2,得

$$2S=2^1+2^2+2^3+\cdots+2^x+2^{x+1}.$$ ②

用②式减①式可得

$$2S-S=(2^1+2^2+2^3+\cdots+2^x+2^{x+1})-(2^0+2^1+2^2+2^3+\cdots+2^{x-1}+2^x),$$

即 $S=2^{x+1}-1,$

所以, $\qquad 2^0+2^1+2^2+2^3+\cdots+2^x=2^{x+1}-1.$

**随堂练习**

1. 计算.

(1) $16^{\frac{3}{4}}-\left(\dfrac{1}{27}\right)^{\frac{2}{3}}+0.001^{-\frac{1}{3}}$; (2) $\left(3^{\sqrt{3}-1}\right)^{\sqrt{3}+1}$;

(3) $\sqrt{3}\times\sqrt[3]{9}\times\sqrt[4]{27}$.

2. 化简(式中字母均为正实数).

(1) $(a^{\frac{1}{2}}+b^{\frac{1}{2}})(a^{\frac{1}{2}}-b^{\frac{1}{2}})$; (2) $(a^{\frac{2}{3}}b^{\frac{1}{2}})^3\cdot(2a^{-\frac{1}{2}}b^{\frac{5}{8}})^4$;

(3) $\sqrt[3]{\dfrac{b^2}{a}}\cdot\sqrt[3]{a}\div\sqrt{a^3b}$.

## 习题 4.1 ▷▷▷▷▷▷▷▷▷▷▷▷

**水平一**

1. 选择题.

(1) $(a^{-2})^3=($ ).

A. $a$ B. $a^{-8}$ C. $a^{-6}$ D. $-a^6$

(2) $16^{-\frac{1}{2}}=($ ).

A. $-4$ B. $-\dfrac{1}{4}$ C. $-\dfrac{1}{8}$ D. $\dfrac{1}{4}$

2. 计算.

(1) $\sqrt[3]{(-5)^3}$；

(2) $\sqrt[4]{(-3)^4}$；

(3) $\sqrt{(m-n)^2}$ $(m<n)$；

(4) $\sqrt{(4-\pi)^2}$；

(5) $\left(\dfrac{25}{9}\right)^{-\frac{3}{2}}$；

(6) $(0.125)^{-\frac{2}{3}}$；

(7) $16^{-1}\times 64^{\frac{3}{4}}\times 32^{\frac{1}{2}}$.

3. 化简(式中字母均为正实数).

(1) $\sqrt{a}\cdot\sqrt[3]{a^2}\cdot\sqrt[4]{a^3}$；

(2) $(a^{\frac{9}{5}}b^{-\frac{6}{5}})^{-\frac{1}{3}}\cdot(ab)^{\frac{3}{5}}$；

(3) $(m^6n^2)^{-\frac{1}{3}}\div(n^{-\frac{1}{3}})^4$.

**水平二**

1. 计算.

(1) $(2^{\frac{2}{3}}\times 4^{\frac{1}{2}})^3\times(2^{-\frac{1}{2}}\times 4^{\frac{5}{8}})^4$；

(2) $3^{-2}\times 4^4\times 0.25^4$；

(3) $\left(\dfrac{25}{9}\right)^{\frac{1}{2}}+\left(\dfrac{27}{64}\right)^{-\frac{1}{3}}$.

2. 化简(式中字母均为正实数).

$(y\sqrt{xy})^3\cdot\sqrt[3]{x^2y}\div\sqrt[3]{xy^2}$.

# 4.2 指数函数 >>>>>>>>>>>>>

## 4.2.1 指数函数的定义与图像 >>>

观察思考

　　情境1：《庄子·天下篇》中有一段脍炙人口的话："一尺之棰，日取其半，万世不竭."这里的"一尺之棰"，即一尺①长的木棍，"日取其半"即每天取它的一半. 若一直"日取其半"，则每天剩下的木棍长度就是下面的一列数字.

$$\dfrac{1}{2},\left(\dfrac{1}{2}\right)^2,\left(\dfrac{1}{2}\right)^3,\left(\dfrac{1}{2}\right)^4,\cdots$$

---

① 旧制长度单位. 现在每 1 尺约等于 0.33 m，古代的尺根据朝代不同，表示的长度不同.

笔记

记取到第 $x$ 天时剩下的长度为 $y$，那么 $y$ 与 $x$ 的函数关系是

$$y = \left(\frac{1}{2}\right)^x. \qquad\qquad ①$$

其中指数 $x$ 是自变量，定义域是 $x \in \mathbf{N}_+$．

情境 2：细胞每分裂 1 次其数量变为原来的两倍，则每次分裂后的细胞数量见表 4-1．

表 4-1

| 分裂次数 | 0次 | 1次 | 2次 | 3次 | 4次 | 5次 | 6次 | 7次 | ⋯ |
|---|---|---|---|---|---|---|---|---|---|
| 细胞数量 | 1 | 2 | 4 | 8 | 16 | 32 | 64 | 128 | ⋯ |
| 幂形式 | $2^0$ | $2^1$ | $2^2$ | $2^3$ | $2^4$ | $2^5$ | $2^6$ | $2^7$ | ⋯ |

如果设细胞分裂的次数为 $x$，对应分裂后的细胞数量为 $y$，那么 $y$ 与 $x$ 的函数关系是

$$y = 2^x. \qquad\qquad ②$$

其中指数 $x$ 是自变量，定义域是 $x \in \mathbf{N}_+$．

如果用字母 $a$ 代替上述①②两式中的底数 $\frac{1}{2}$ 和 2，那么函数 $y = \left(\frac{1}{2}\right)^x$ 和 $y = 2^x$ 就可以表示为

$$y = a^x$$

的形式，其中指数 $x$ 是自变量，底数 $a$ 是一个大于 0 且不等于 1 的常量．

**抽象概括** ⚙

概念
**指数函数**

一般地，形如 $y = a^x (a > 0$，且 $a \neq 1)$ 的函数叫作**指数函数**，其中指数 $x$ 是自变量，定义域是 **R**．

**例** 已知指数函数 $f(x) = a^x (a > 0$，且 $a \neq 1)$，且 $f(3) = 125$．

(1) 求函数 $f(x)$ 的解析式；

(2) 求 $f(0)$，$f(2)$，$f(-2)$，$f\left(\frac{1}{2}\right)$ 的值．

**解** (1) 因为 $f(x) = a^x (a > 0$，且 $a \neq 1)$，且 $f(3) = 125$，所以 $a^3 = 125$，解得 $a = 5$，于是 $f(x) = 5^x$．

(2) $f(0) = 5^0 = 1, f(2) = 5^2 = 25, f(-2) = 5^{-2} = \frac{1}{5^2} = \frac{1}{25}, f\left(\frac{1}{2}\right) = 5^{\frac{1}{2}} = \sqrt{5}$．

**合作交流**

函数 $y=4.5^x$，$y=\left(\dfrac{1}{3}\right)^x$，$y=(\sqrt{2})^x$，$y=x^2$，$y=1^x$ 中，哪些是指数函数呢？注意观察分析指数函数在形式表示上的特点．

**知识回顾**

初中我们学习了正比例函数、反比例函数和二次函数，通过描点法画出它们的图像分别是直线、双曲线和抛物线（如图 4-1 所示）．我们可类比借鉴学习上述函数的经验，画出指数函数的图像，再利用图像与解析式，研究其单调性、奇偶性等．

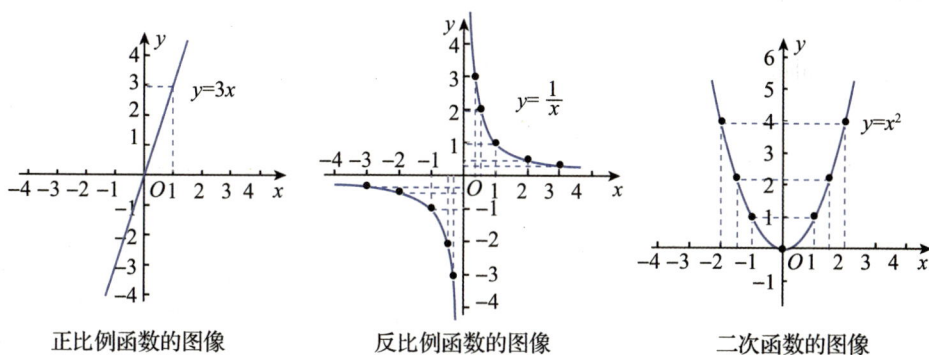

正比例函数的图像　　　反比例函数的图像　　　二次函数的图像

**图 4-1**

**类比归纳**

与初中画二次函数图像一样，也可用描点法画出指数函数的图像．下面我们以 $y=2^x$ 和 $y=\left(\dfrac{1}{2}\right)^x$ 为例，画出其函数图像．

第一步：列表(如表 4-2 所示)．

**表 4-2**

| $x$ | ··· | $-3$ | $-2$ | $-1$ | $0$ | $1$ | $2$ | $3$ | ··· |
|---|---|---|---|---|---|---|---|---|---|
| $y=2^x$ | ··· | 0.125 | 0.25 | 0.5 | 1 | 2 | 4 | 8 | ··· |
| $y=\left(\dfrac{1}{2}\right)^x$ | ··· | 8 | 4 | 2 | 1 | 0.5 | 0.25 | 0.125 | ··· |

第二步：描点，并且用光滑的曲线连接所描的点，画出它们的图像 (如图 4-2 所示)．

利用相同方法，我们还可以在同一平面直角坐标系中画出 $y=\left(\dfrac{2}{5}\right)^x$，

$y=\left(\dfrac{1}{3}\right)^x$，$y=2.3^x$，$y=3^x$ 的图像，如图 4-3 所示.

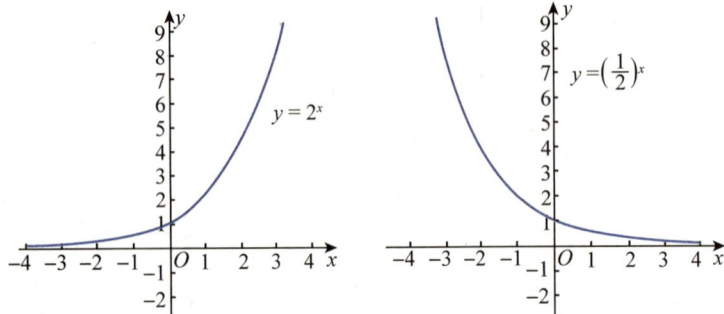

图 4-2

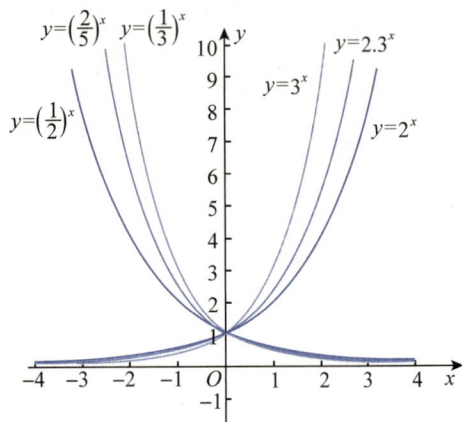

图 4-3

笔 记

## 4.2.2 指数函数的性质 >>>

**观察思考**

观察指数函数的图像，描述这些图像在位置、公共点和变化趋势等方面的共性特征.

(1) 图中所有指数函数图像均在 $x$ 轴的上方(**位置特征**)；

(2) 图中所有指数函数图像都经过定点$(0，1)$(**公共点特征**)；

(3) 在定义域内，指数函数 $y=2^x$，$y=2.3^x$，$y=3^x$ 图像从左向右分别逐渐上升，在第二象限内向左与 $x$ 轴无限接近；指数函数 $y=\left(\dfrac{1}{2}\right)^x$，$y=\left(\dfrac{2}{5}\right)^x$，$y=\left(\dfrac{1}{3}\right)^x$ 图像从左向右分别逐渐下降，在第一象限内向右与 $x$ 轴无限接近(**变化趋势特征**).

我们观察分析发现，指数函数 $y=a^x(a>0$，且 $a\neq1)$的图像按底数 $a$ 的取值，可分为 $0<a<1$ 和 $a>1$ 两种类型.

**抽象概括**

一般地，指数函数 $y=a^x(a>0$，且 $a\neq1)$具有下列性质.

(1) 函数的定义域为 **R**，值域为$(0，+\infty)$；

(2) 当 $x=0$ 时，函数值 $y=1$；

(3) 当 $a>1$ 时，函数在$(-\infty，+\infty)$内是增函数；当 $0<a<1$ 时，函数在$(-\infty，+\infty)$内是减函数.

指数函数 $y=a^x(a>0$，且 $a\neq1)$ 的图像和性质可以总结如表 4-3 所示.

表 4-3

| $a>1$ | $0<a<1$ |
|---|---|
|  |  |
| 定义域：**R** | |
| 值域：$(0，+\infty)$ | |
| 过点 $(0，1)$，即 $x=0$ 时，$y=1$ | |
| 在 **R** 上是增函数 | 在 **R** 上是减函数 |
| 当 $x>0$ 时，$y>1$；<br>当 $x<0$ 时，$0<y<1$ | 当 $x>0$ 时，$0<y<1$；<br>当 $x<0$ 时，$y>1$ |

**例1**　判断下列函数哪些是指数函数，并画出函数图像验证.

(1) $y=0.5^x$；　　(2) $y=2\times3^x$；　　(3) $y=x^2$.

**解**　依据指数函数 $y=a^x$ 的定义，$y=0.5^x$ 是指数函数，$y=2\times3^x$ 和 $y=x^2$ 不是指数函数. 画出函数图像(如图 4-4 所示)，函数 $y=0.5^x$ 的图像符合指数函数图像的特征；函数 $y=2\times3^x$ 的图像虽与指数函数图像很相似，但并没有过定点 $(0，1)$；函数 $y=x^2$ 的图像是二次函数的图像.

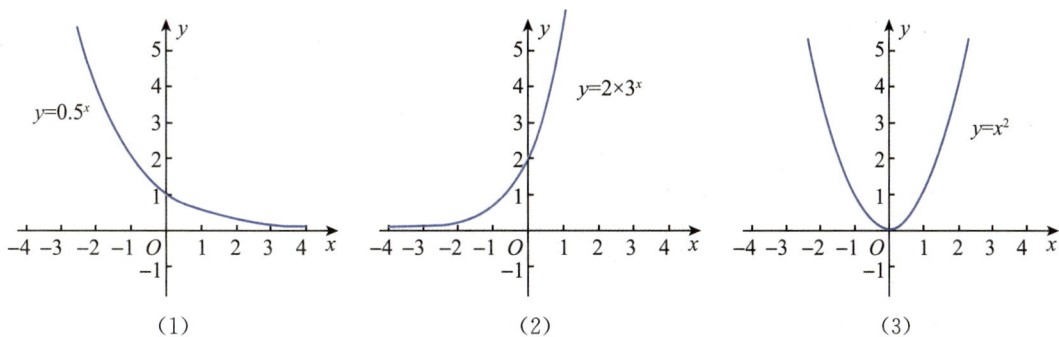

| (1) | (2) | (3) |

**图 4-4**

> **特别提示**
> 函数 $y=2\times3^x$ 在形式上与指数函数相似，但不符合指数函数的定义，我们从其函数图像可以看到没有过定点 $(0，1)$.

**合作交流**

　　观察指数函数的图像，你还能发现其他共性特征吗？比如，指数函数 $y=2^x$ 和 $y=\left(\dfrac{1}{2}\right)^x$ 的图像有什么关系？指数函数 $y=3^x$ 和 $y=\left(\dfrac{1}{3}\right)^x$ 呢？

笔 记

**例 2**　判断下列函数在 $(-\infty, +\infty)$ 内的单调性.

(1) $y=4^x$；　　　(2) $y=3^{-x}$；　　　(3) $y=2^{\frac{x}{3}}$.

**解**　(1) 因为 $4>1$，所以 $y=4^x$ 在 $(-\infty, +\infty)$ 内是增函数(如图 4-5 所示).

(2) $y=3^{-x}=(3^{-1})^x=\left(\dfrac{1}{3}\right)^x$，因为 $0<\dfrac{1}{3}<1$，所以 $y=3^{-x}$ 在 $(-\infty, +\infty)$ 内是减函数(如图 4-6 所示).

(3) $y=2^{\frac{x}{3}}=(2^{\frac{1}{3}})^x=(\sqrt[3]{2})^x$，因为 $\sqrt[3]{2}>1$，所以 $y=2^{\frac{x}{3}}$ 在 $(-\infty, +\infty)$ 内是增函数(如图 4-7 所示).

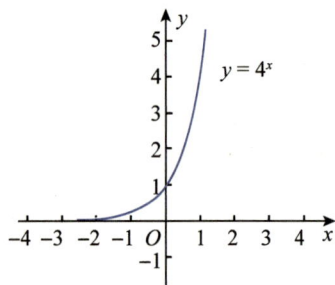
图 4-5

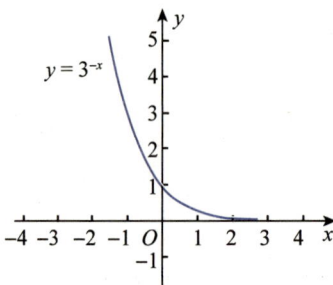
图 4-6

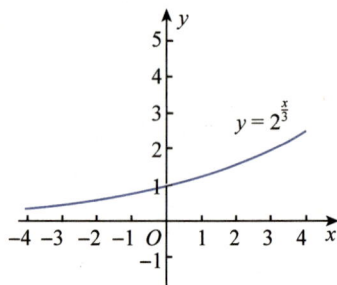
图 4-7

**例 3**　比较下列各题中两个值的大小.

(1) $1.8^{2.5}$ 与 $1.8^3$；　　　(2) $0.9^{-0.2}$ 与 $0.9^{-0.3}$.

**分析**　$1.8^{2.5}$ 和 $1.8^3$ 分别可以看作 $y=1.8^x$ 在 $x=2.5$ 和 $x=3$ 处的函数值，这样就可以利用函数的单调性来比较函数值的大小. $0.9^{-0.2}$ 和 $0.9^{-0.3}$ 分别可以看作 $y=0.9^x$ 在 $x=-0.2$ 和 $x=-0.3$ 处的函数值，同样可以利用函数的单调性来比较函数值的大小.

**解**　(1) 因为 $y=1.8^x$ 是 **R** 上的增函数，且 $2.5<3$，所以
$$1.8^{2.5}<1.8^3.$$

(2) 因为 $y=0.9^x$ 是 **R** 上的减函数，且 $-0.2>-0.3$，所以
$$0.9^{-0.2}<0.9^{-0.3}.$$

**例 4**　求函数 $y=\sqrt{2^x-4}$ 的定义域.

**解**　要使函数有意义，必须满足 $2^x-4\geqslant0$，即 $2^x\geqslant4$，又因为 $y=2^x$ 是增函数，所以 $x\geqslant2$.

故函数的定义域为 $[2, +\infty)$.

**例 5**　已知指数函数 $f(x)=a^x(a>0$，且 $a\neq1)$ 的图像过点 $(3,27)$.

(1) 求 $f(-1)$ 的值；　　　　　(2) 若 $f(m)\geqslant9$，求 $m$ 的取值范围.

**解**　(1) 图像过点 $(3,27)$，即 $x=3$ 时，$f(3)=27$.

由 $27=a^3$，得 $a=3$，即 $f(x)=3^x$.

所以 $f(-1)=3^{-1}=\dfrac{1}{3}$.

(2) 因为 $f(m)=3^m$，所以得到 $3^m\geqslant9$，即 $3^m\geqslant3^2$.

函数 $y=3^x$ 在定义域内是增函数.

因此，$m\geqslant2$，即 $m$ 的取值范围为 $[2,+\infty)$.

**随堂练习**

1. 指出下列函数中的指数函数，并分别指出其底数、指数.

(1) $y=0.5^x$；　　　　(2) $y=3\times4^x$；　　　　(3) $y=2^{-x}$.

2. 已知函数 $f(x)=3^x$，求 $f(0)$，$f(2)$，$f(-2)$，$f\left(\dfrac{1}{2}\right)$ 的值.

3. 判断下列函数在 $(-\infty,+\infty)$ 内的单调性.

(1) $y=0.9^x$；　　　　(2) $y=\left(\dfrac{\pi}{2}\right)^{-x}$；　　　　(3) $y=3^{\frac{x}{2}}$.

4. 比较下列各题中两个值的大小.

(1) $1.2^{0.3}$ 与 $1.2^{0.5}$；　　　　(2) $\left(\dfrac{4}{5}\right)^{-2.1}$ 与 $\left(\dfrac{4}{5}\right)^{-2.2}$；

(3) $\left(\dfrac{4}{3}\right)^{-\frac{2}{3}}$ 与 $1$；　　　　(4) $1$ 与 $\left(\dfrac{2}{3}\right)^{0.21}$.

5. 求下列函数的定义域.

(1) $y=\dfrac{3}{2^x-1}$；　　(2) $y=\sqrt{3^x-81}$；　　(3) $y=\dfrac{1}{\sqrt{1-\left(\dfrac{1}{2}\right)^x}}$.

6. 已知函数 $f(x)=a^x(a>0$，且 $a\neq1)$ 的图像过点 $(3,64)$.

(1) 求函数的解析式；

(2) 求 $f\left(-\dfrac{1}{2}\right)$ 的值.

📑笔记

## 习题 4.2 >>>>>>>>>>>

**水平一**

1. 选择题.

(1) 下列函数中，在区间$(0, +\infty)$上是增函数的是(    ).

A. $y = x^{-3}$                  B. $y = 3^{-x}$

C. $y = 0.4^x$                D. $y = x^{0.2}$

(2) 已知 $a^{\frac{3}{2}} < a^{\sqrt{2}}$，则 $a$ 的取值范围是(    ).

A. $(0, 1)$                  B. $(-\infty, 0)$

C. $(1, +\infty)$             D. $(0, +\infty)$

(3) 函数 $y = \left(\dfrac{1}{2}\right)^x$，当 $x \in (0, +\infty)$ 时，$y \in ($    $)$.

A. $(1, +\infty)$           B. $(0, +\infty)$

C. $(0, 1)$                 D. $(-\infty, 0) \cup (0, +\infty)$

2. 比较下列各题中两个值的大小.

(1) $3.2^3$ 与 $3.2^2$;          (2) $\left(\dfrac{1}{3}\right)^\pi$ 与 $\left(\dfrac{1}{3}\right)^{3.14}$;

(3) $3^{-2}$ 与 $\left(\dfrac{1}{3}\right)^{-2}$;        (4) $1$ 与 $0.32^{-2.1}$.

3. 求下列函数的定义域.

(1) $y = \dfrac{x}{5^x - 1}$;      (2) $y = \sqrt{9 - 3^x}$;      (3) $y = \sqrt{1 - \left(\dfrac{3}{4}\right)^x}$.

4. 指数函数 $y = (a-1)^x$ 在 $\mathbf{R}$ 上单调递减，求 $a$ 的取值范围.

5. 求下列函数的解析式.

(1) 点$\left(3, \dfrac{1}{27}\right)$在指数函数 $g(x)$ 的图像上;

(2) 点$(4, 16)$在指数函数 $f(x)$ 的图像上.

**水平二**

1. 求下列不等式中 $x$ 的取值范围.

(1) $2^{\frac{x-2}{2}} < 2^{\frac{2x+1}{2}}$;          (2) $\left(\dfrac{1}{3}\right)^x > \left(\dfrac{1}{3}\right)^{2x-1}$.

2. 已知函数 $f(x)=a^x(a>0)$ 的图像经过点 $\left(2,\dfrac{1}{4}\right)$.

(1) 求 $a$ 的值；

(2) 若 $a^{x+2}<a^{x^2}$，求 $x$ 的取值范围.

3. 已知函数 $f(x)=2^{|x|}$.

(1) 画出它的图像；　　(2) 由图像指出 $f(x)$ 的单调区间；

(3) 求 $f(x)$ 的最值；　　(4) 判断 $f(x)$ 的奇偶性.

（提示：分 $x\geqslant 0$ 和 $x<0$ 两种情况分析）

# 4.3　对数 >>>>>>>>>>>>

## 4.3.1　对数的定义 >>>

**问题提出** ?

在上一节"观察思考"的情境 1 中，我们提到了《庄子·天下篇》中的"一尺之棰，日取其半，万世不竭"．现已知"一尺之棰"剩下八分之一尺，请问过去了几天？如果是剩下 $N$ 尺呢？

**抽象概括** ⚙

一般地，如果 $a^x=N(a>0$，且 $a\neq 1)$，那么数 $x$ 叫作以 $a$ 为底 $N$ 的**对数**，记作

$$x=\log_a N.$$

其中 $a$ 叫作对数的**底数**(简称底)，$N$ 叫作**真数**．

例如，$2^3=8$，所以 3 就是以 2 为底 8 的对数，记作 $3=\log_2 8$；再如，$2^x=N$，所以 $x$ 是以 2 为底 $N$ 的对数，记作 $x=\log_2 N$．

式子 $a^b=N$ 叫作**指数式**，$\log_a N=b$ 叫作**对数式**．它们的关系如下．

$$\underbrace{a}_{\text{底数}}^{\text{指数}}{}^{b}=N \Longleftrightarrow \log_a N = b$$

指数　幂　真数　对数

**概念**

对数

底数

真数

指数式

对数式

常用对数

自然对数

通常, 我们把以 10 为底的对数叫作**常用对数**, $N$ 的常用对数 $\log_{10} N$ 简记作 $\lg N$. 例如, $\log_{10} 5$ 简记作 $\lg 5$.

另外, 在科技、经济以及社会生活中经常使用无理数 e, 它的值为 2.718 28…, 以 e 为底的对数叫作**自然对数**. $N$ 的自然对数 $\log_e N$ 简记作 $\ln N$. 例如, $\log_e 8$ 简记作 $\ln 8$.

根据对数的定义, 对数有以下性质.

(1) 零和负数没有对数;

(2) $\log_a 1 = 0$, 即 1 的对数为 0;

(3) $\log_a a = 1$, 即底数的对数为 1.

**合作交流**

请同学们分小组合作推导对数的性质, 并进行交流分享.

**笔记**

**例 1** 把下列指数式写成对数式.

(1) $5^4 = 625$;        (2) $8^{\frac{4}{3}} = 16$;        (3) $10^{-2} = 0.01$.

**解** (1) $\log_5 625 = 4$;     (2) $\log_8 16 = \frac{4}{3}$;     (3) $\lg 0.01 = -2$.

**例 2** 把下列对数式写成指数式.

(1) $\log_3 243 = 5$;       (2) $\log_{\frac{1}{3}} \frac{1}{27} = 3$;       (3) $\ln 1 = 0$.

**解** (1) $3^5 = 243$;       (2) $\left(\frac{1}{3}\right)^3 = \frac{1}{27}$;       (3) $e^0 = 1$.

**例 3** 求下列各式中 $N$ 的值.

(1) $\lg N = -3$;       (2) $\log_8 N = \frac{2}{3}$.

**解** (1) 由 $\lg N = -3$, 得 $N = 10^{-3} = 0.001$;

(2) 由 $\log_8 N = \frac{2}{3}$, 得 $N = 8^{\frac{2}{3}} = (2^3)^{\frac{2}{3}} = 2^2 = 4$.

**例 4** 求下列各式中 $x$ 的值.

(1) $\log_2 8 = x$;       (2) $\log_4 4^5 = x$.

**解** (1) 由 $\log_2 8 = x$, 得 $2^x = 8$, 即 $2^x = 2^3$, 所以 $x = 3$;

(2) 由 $\log_4 4^5 = x$, 得 $4^x = 4^5$, 所以 $x = 5$.

**例 5** 求下列各式的值.

(1) $\log_5 1$;    (2) $\log_7 7$;    (3) $\lg 10$;    (4) $\ln e$.

**分析** 利用性质"1 的对数为 0"和"底数的对数为 1"直接得答案, 不必转化成指数式.

**解**　(1) $\log_5 1 = 0$;　　　　(2) $\log_7 7 = 1$;

(3) $\lg 10 = \log_{10} 10 = 1$;　　(4) $\ln e = \log_e e = 1$.

**随堂练习**

1. 把下列指数式写成对数式.

(1) $3^6 = 729$;　　(2) $\left(\dfrac{1}{2}\right)^{-3} = 8$;　　(3) $25^{\frac{1}{2}} = 5$;　　(4) $10^3 = 1\,000$.

2. 把下列对数式写成指数式.

(1) $\log_4 64 = 3$;　　(2) $\log_{\frac{1}{2}} 8 = -3$;　　(3) $\lg 0.1 = -1$;　　(4) $\ln \sqrt{e} = \dfrac{1}{2}$.

3. 求下列各式中 $N$ 的值.

(1) $\log_{27} N = \dfrac{2}{3}$;　　(2) $\ln N = 0$;　　(3) $\lg N = 1$.

4. 求下列各式的值.

(1) $\log_6 36$;　　(2) $\log_4 \dfrac{1}{4}$;　　(3) $\lg 100$;　　(4) $\log_3 3^2$;

(5) $\log_{11} 11$;　　(6) $\log_{\frac{1}{3}} 1$;　　(7) $\lg 10 + \ln e$.

## 4.3.2　对数的运算性质 >>>

**观察思考**

利用对数式与指数式的关系，填写表 4-4，猜想对数的运算性质，并与同学交流.

表 4-4

| 式 | $\log_2 8$ | $\log_2 32$ | $\log_2(8 \times 32)$ | $\lg 1\,000$ | $\lg 100\,000$ | $\lg \dfrac{1\,000}{100\,000}$ | $\lg 10^5$ | $5\lg 10$ |
|---|---|---|---|---|---|---|---|---|
| 值 | | | | | | | | |
| 式 | $\log_3 9$ | $\log_3 81$ | $\log_3(9 \times 81)$ | $\lg 10\,000$ | $\lg 100$ | $\lg \dfrac{10\,000}{100}$ | $\log_3 4^2$ | $2\log_3 4$ |
| 值 | | | | | | | | |
| 猜想性质 | 两个正数积的对数，等于_____ | | | 两个正数商的对数，等于_____ | | | 一个正数幂的对数，等于_____ | |

笔记

笔记

**抽象概括**

我们可以得到两个正数的积、商、幂的对数运算性质.

(1) 积的对数：**两个正数积的对数，等于同一底数的这两个数的对数的和**，即

$$\log_a(MN) = \log_a M + \log_a N \ (a > 0，且 a \neq 1).$$

**证明** 设 $\log_a M = p$，$\log_a N = q$，

根据对数的定义，得 $M = a^p$，$N = a^q$，

所以 $MN = a^p a^q = a^{p+q}$.

把指数式化为对数式，得

$$\log_a(MN) = p + q = \log_a M + \log_a N.$$

(2) 商的对数：**两个正数商的对数，等于同一底数的被除数的对数减去除数的对数**，即

$$\log_a \frac{M}{N} = \log_a M - \log_a N \ (a > 0，且 a \neq 1).$$

(3) 幂的对数：**一个正数幂的对数，等于幂指数乘这个数的对数**，即

$$\log_a M^q = q\log_a M \ (a > 0，且 a \neq 1，q \in \mathbf{R}).$$

特别地，$\log_a a^b = b \ (a > 0，且 a \neq 1).$

**合作交流**

请尝试证明性质（2）和（3），并与同学交流分享.

**例 1** 用 $\log_a x$，$\log_a y$，$\log_a z$ 表示下列各式(式中字母均为正实数且 $a \neq 1$).

(1) $\log_a(x^2 y z^3)$；  (2) $\log_a \dfrac{x^2}{yz}$；  (3) $\log_a \dfrac{\sqrt{x}}{y^2 z}$.

**分析** 利用对数运算性质进行化简运算.

**解** (1) $\log_a(x^2 y z^3) = \log_a x^2 + \log_a y + \log_a z^3 = 2\log_a x + \log_a y + 3\log_a z$；

(2) $\log_a \dfrac{x^2}{yz} = \log_a x^2 - \log_a(yz) = 2\log_a x - (\log_a y + \log_a z)$

$\qquad\qquad = 2\log_a x - \log_a y - \log_a z$；

(3) $\log_a \dfrac{\sqrt{x}}{y^2 z} = \log_a \sqrt{x} - \log_a(y^2 z) = \dfrac{1}{2}\log_a x - 2\log_a y - \log_a z.$

**例 2** 计算.

(1) $\log_5 \sqrt[3]{25}$；  (2) $\log_3(9^3 \times 3^5)$；  (3) $\log_7 56 - \log_7 8.$

**解** (1) $\log_5 \sqrt[3]{25} = \log_5 \sqrt[3]{5^2} = \log_5 5^{\frac{2}{3}} = \frac{2}{3}\log_5 5 = \frac{2}{3}$;

(2) $\log_3(9^3 \times 3^5) = \log_3 9^3 + \log_3 3^5 = \log_3 3^6 + \log_3 3^5 = 6 + 5 = 11$;

(3) $\log_7 56 - \log_7 8 = \log_7 \frac{56}{8} = \log_7 7 = 1$.

**随堂练习**

1. 填空题.

$\lg 1\,000 = $_____, $\quad \ln e^2 = $_____, $\quad\quad \lg 0.1 = $_____,

$\log_2 4 = $_____, $\quad\quad \log_3 9 = $_____, $\quad\quad \log_2 \frac{1}{8} = $_____,

$\log_3 81 = $_____, $\quad \log_2 4 - \log_2 8 = $_____, $\lg 2 + \lg 5 = $_____.

2. 用 $\lg x$, $\lg y$, $\lg z$ 表示下列各式(式中字母均为正实数).

(1) $\lg(x^2 y z^3)$; (2) $\lg\left(x y^{-\frac{1}{3}} z^{\frac{3}{2}}\right)$; (3) $\lg \frac{x^2}{y^3 \sqrt{z}}$.

3. 计算.

(1) $\log_3(27 \times 9^2)$; (2) $\ln \sqrt{e}$; (3) $\lg \sqrt{0.001}$;

(4) $\log_7 \sqrt[3]{49}$; (5) $\log_3 36 - \log_3 4$; (6) $\lg 5 + \lg 20$;

(7) $\log_2 \frac{\sqrt{2}}{4}$; (8) $\log_{0.5} 1 - \log_{0.5} 4$.

## 4.3.3 (选学)换底公式、对数恒等式 >>>

**分析理解**

设 $\log_a N = x$,则 $a^x = N$,两边取以 $c$ 为底的对数,得 $\log_c a^x = \log_c N$,于是 $x \log_c a = \log_c N$,即 $x = \frac{\log_c N}{\log_c a}$,所以 $\log_a N = \frac{\log_c N}{\log_c a}$.

于是,我们有**对数的换底公式**:

$$\log_a b = \frac{\log_c b}{\log_c a} \quad (a > 0, \text{ 且 } a \neq 1; c > 0, \text{ 且 } c \neq 1).$$

特别地,

**概念**
**对数的换底公式**

$$\log_a b = \frac{\lg b}{\lg a} \quad (a > 0, \text{ 且 } a \neq 1);$$

$$\log_a b = \frac{\ln b}{\ln a} \quad (a > 0, \text{ 且 } a \neq 1).$$

**例1** 求 $\log_{27}8 \cdot \log_{32}9$ 的值.

**解** $\log_{27}8 \cdot \log_{32}9 = \dfrac{\lg 8}{\lg 27} \cdot \dfrac{\lg 9}{\lg 32} = \dfrac{\lg 2^3}{\lg 3^3} \cdot \dfrac{\lg 3^2}{\lg 2^5}$

$\qquad = \dfrac{3\lg 2}{3\lg 3} \cdot \dfrac{2\lg 3}{5\lg 2} = \dfrac{2}{5}.$

**例2** 求证：$\log_a b \cdot \log_b c \cdot \log_c a = 1$（$a$，$b$，$c$ 均为正实数，且均不等于 1）.

**证明** $\log_a b \cdot \log_b c \cdot \log_c a = \dfrac{\lg b}{\lg a} \cdot \dfrac{\lg c}{\lg b} \cdot \dfrac{\lg a}{\lg c} = 1.$

**概念**

**对数恒等式**

设 $\qquad\qquad a^b = N (a > 0,\ 且\ a \neq 1),$ ①

由对数定义得 $\qquad\qquad b = \log_a N,$ ②

把②代入①中，得

$$a^{\log_a N} = N (a > 0,\ 且\ a \neq 1).$$

这个式子叫**对数恒等式**.

**笔记**

**例3** 求下列各式的值.

(1) $2^{\log_2 7}$;　　(2) $4^{\log_2 7}$;　　(3) $2^{1+\log_2 7}$.

**解** (1) $2^{\log_2 7} = 7$;

(2) $4^{\log_2 7} = (2^2)^{\log_2 7} = 2^{2\log_2 7} = 2^{\log_2 7^2} = 2^{\log_2 49} = 49$;

(3) $2^{1+\log_2 7} = 2^1 \times 2^{\log_2 7} = 2 \times 7 = 14.$

**随堂练习**

1. 求下列各式的值.

(1) $\log_{25}49 \cdot \log_7 125$;　　(2) $\log_4 \dfrac{1}{9} \cdot \log_3 \dfrac{1}{7} \cdot \log_{49} \dfrac{1}{2}.$

2. 证明：$\log_a b \cdot \log_b a = 1$（$a > 0$，$b > 0$，且 $a \neq 1$，$b \neq 1$）.

3. 已知 $\log_2 3 = a$，$\log_2 5 = b$，求 $\log_4 15$ 的值.

4. 求下列各式的值.

(1) $3^{\log_3 11}$;　　(2) $25^{\log_5 3}$;　　(3) $7^{2+\log_7 3}.$

## 习题 4.3 >>>>>>>>>>>

### 水平一

1. 选择题.

(1) 指数式 $4^x=5$ 写成对数式为(　　).

A. $\log_4 x=5$　　　B. $\log_4 5=x$　　　C. $\log_5 x=4$　　　D. $\log_5 4=x$

(2) 对数式 $\lg x=3$ 写成指数式为(　　).

A. $10^x=3$　　　　B. $10^3=x$　　　　C. $x^3=10$　　　　D. $3^x=10$

2. 计算.

(1) $\log_5 5^4$;　　　　　(2) $\lg 0.001$;　　　　(3) $10^{\lg 2}$;

(4) $\log_7 2+\log_7 \dfrac{1}{2}$;　　(5) $\log_6 15+\log_6 \dfrac{2}{5}$;　　(6) $\lg \dfrac{1}{8}-\lg 125$.

3. 化简 $\lg 2\,100-\lg 21=($　　$)$.

A. 1　　　　　　B. 2　　　　　　C. $-1$　　　　　D. $-2$

### 水平二

计算.

(1) $\log_2 \sqrt{8}$;　　　　　　　　(2) $10^{1+\lg 3}$;

(3) $\log_4 64$;　　　　　　　　　(4) $\log_2 \sqrt{3} \cdot \log_9 8$;

(5) $\lg 5+\lg 25+\dfrac{2}{3}\lg 8+\lg 2$;　　(6) $\log_6 20-\log_6 5+2\log_6 3$.

## 4.4　对数函数 >>>>>>>>>>>

### 4.4.1　对数函数的定义 >>>

问题提出 ❓

在第二节"观察思考"的情境 2 中，细胞由 1 个分裂为 2 个，2 个分裂为 4 个……如果已知分裂 $x$ 次后对应细胞数量是 1 024 个，那么如何求分裂的次数 $x$ 呢?

分析理解

设 1 个细胞经过 $y$ 次分裂后得到 $x$ 个细胞,则 $x$ 与 $y$ 的函数关系式为 $x=2^y$,将此指数式写为对数式,得到

$$y=\log_2 x.$$

这个式子就是用分裂后的细胞数量 $x$ 来表示分裂的次数 $y$.

**概念**
**对数函数**

**抽象概括**

通过指数与对数的关系我们观察到:$y=\log_2 x$ 是一个函数,其自变量 $x$ 位于真数位置,底数是常数. 类比指数函数定义的学习过程,我们可以用字母 $a$ 代替底数 2,即有 $y=\log_a x(a>0$,且 $a\neq 1)$ 这类特征的函数.

一般地,形如 $y=\log_a x(a>0$,且 $a\neq 1)$ 的函数叫作**对数函数**,其中 $x$ 是自变量,函数的定义域为 $(0,+\infty)$.

例如,$y=\log_2 x$,$y=\log_{\frac{1}{3}} x$,$y=\lg x$,$y=\ln x$ 都是对数函数.

**特别提示**
1. 对数函数与指数函数的底数 $a$ 的取值范围保持一致.
2. 由于对数的真数的取值范围为 $(0,+\infty)$,所以对数函数自变量 $x$ 的取值范围为 $(0,+\infty)$.

**例 1** 已知对数函数 $f(x)=\log_a x(a>0$,且 $a\neq 1)$,且 $f(9)=2$,求 $f(3)$,$f(1)$,$f\left(\dfrac{1}{27}\right)$ 的值.

**分析** 首先根据条件确定底数 $a$,然后再计算对应函数值.

**解** 因为 $f(9)=2$,得 $2=\log_a 9$.

于是 $a^2=9$,得 $a=3$,

函数解析式为 $f(x)=\log_3 x$.

所以 $f(3)=\log_3 3=1$,$f(1)=\log_3 1=0$,

$f\left(\dfrac{1}{27}\right)=\log_3 \dfrac{1}{27}=\log_3 3^{-3}=-3$.

**笔 记**

**例 2** 求下列函数的定义域.

(1) $y=\log_{0.5}(x-3)$; (2) $y=\log_3(4-x^2)$.

**解** (1) 要使函数有意义,必须满足 $x-3>0$,解得 $x>3$.

所以,$y=\log_{0.5}(x-3)$ 的定义域是 $(3,+\infty)$.

(2) 要使函数有意义,必须满足 $4-x^2>0$,解得 $-2<x<2$.

所以,$y=\log_3(4-x^2)$ 的定义域是 $(-2,2)$.

**随堂练习**

1. 填空题.

(1) 函数 $y=\log_5 x$ 的底数为_____，定义域为_____；

(2) 函数 $f(x)=\log_{\frac{1}{5}} x$，则 $f(1)=$_____，$f(5)=$_____，

$f(25)=$_____；

(3) 已知 $f(x)=\log_2 x$，且 $f(a)=-3$，则 $a=$_____.

2. 已知 $f(x)=\lg x$.

(1) 求 $f(0.1)$ 的值；　　　　(2) 若 $f(a)=-2$，求 $a$ 的值.

3. 求下列函数的定义域.

(1) $y=\log_{\frac{1}{2}}(5-2x)$；　　　　(2) $y=\log_2(9-x^2)$.

## 4.4.2　对数函数的图像与性质 >>>

**观察思考**

与研究指数函数的图像和性质一样，我们首先通过描点法画出对数函数的图像，然后归纳总结函数的相关性质. 下面我们以 $y=\log_2 x$ 和 $y=\log_{\frac{1}{2}} x$ 为例画出对数函数的图像，通过观察其图像特征，归纳出对数函数的性质.

第一步：计算部分数值并列表(如表 4-5 所示).

表 4-5

| $x$ | $\cdots$ | $\frac{1}{4}$ | $\frac{1}{2}$ | 1 | 2 | 4 | $\cdots$ |
|---|---|---|---|---|---|---|---|
| $y=\log_2 x$ | $\cdots$ | $-2$ | $-1$ | 0 | 1 | 2 | $\cdots$ |
| $y=\log_{\frac{1}{2}} x$ | $\cdots$ | 2 | 1 | 0 | $-1$ | $-2$ | $\cdots$ |

第二步：描点，并用光滑的曲线连接所描的点，画出它们的图像，如图 4-8 所示.

利用相同方法，我们还可以在同一平面直角坐标系中画出 $y=\log_{\frac{3}{2}} x$，$y=\log_2 x$，$y=\log_{0.08} x$，$y=\log_{4.5} x$，$y=\log_{0.6} x$，$y=\log_{\frac{1}{2}} x$ 的图像，如图 4-9 所示.

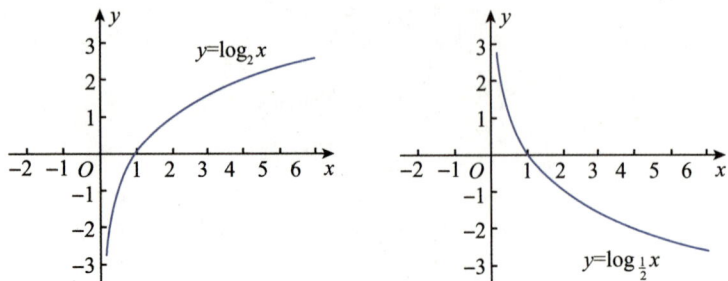

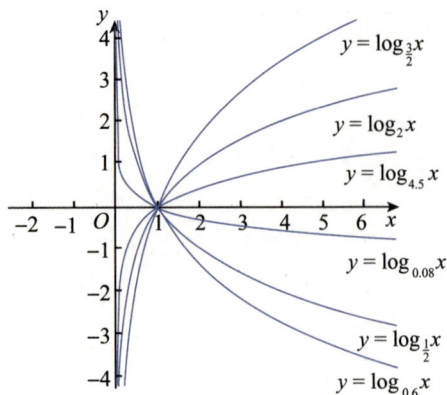

图 4-8　　　　　　　　　　　　　　　图 4-9

**类比归纳**

类比指数函数图像特征的观察方法，观察对数函数的图像，描述它们的图像在位置、公共点和变化趋势等方面的共性特征.

(1) 图中所有对数函数的图像均在 $y$ 轴的右侧(**位置特征**)；

(2) 图中所有对数函数的图像都经过定点 $(1，0)$(**公共点特征**)；

(3) 在定义域内，对数函数 $y=\log_{\frac{3}{2}}x$，$y=\log_2 x$，$y=\log_{4.5}x$ 图像从左到右分别逐渐上升，在第四象限内向下与 $y$ 轴无限接近；对数函数 $y=\log_{0.08}x$，$y=\log_{\frac{1}{2}}x$，$y=\log_{0.6}x$ 图像从左到右分别逐渐下降，在第一象限内向上与 $y$ 轴无限接近(**变化趋势特征**).

类比指数函数的图像，对数函数 $y=\log_a x(a>0$，且 $a\neq1)$ 的图像按底数 $a$ 的取值，可分为 $0<a<1$ 和 $a>1$ 两种类型，我们从指数式与对数式的关系也可发现.

**抽象概括**

一般地，对数函数 $y=\log_a x(a>0$，且 $a\neq1)$ 具有下列性质.

(1) 函数的定义域为 $(0，+\infty)$，值域为 **R**；

(2) 当 $x=1$ 时，函数值 $y=0$；

(3) 当 $a>1$ 时，函数在 $(0，+\infty)$ 内是增函数；当 $0<a<1$ 时，函数在 $(0，+\infty)$ 内是减函数.

对数函数的图像和性质可以总结如表 4-6 所示.

表 4-6

| $a>1$ | $0<a<1$ |
|---|---|
| | |
| 定义域：$(0，+\infty)$ | |
| 值域：**R** | |
| 过点$(1，0)$，即 $x=1$ 时，$y=0$ | |
| 在$(0，+\infty)$上是增函数 | 在$(0，+\infty)$上是减函数 |
| 当 $x>1$ 时，$y>0$；<br>当 $0<x<1$ 时，$y<0$ | 当 $x>1$ 时，$y<0$；<br>当 $0<x<1$ 时，$y>0$ |

**合作交流**

1. 观察对数函数的图像，你还能发现其他共性特征吗？比如，对数函数 $y=\log_2 x$ 和 $y=\log_{\frac{1}{2}} x$ 的图像有什么关系？

2. 两人一组，一人用表格呈现指数函数的图像与性质，另一人用表格呈现对数函数的图像与性质，然后对比两个函数的图像与性质，归纳总结为一个表格，并与同学交流分享.

**例1** 比较下列各组数中两个值的大小.

(1) $\log_2 5.3$ 与 $\log_2 4.7$；　　　(2) $\log_{0.2} 7$ 与 $\log_{0.2} 9$；

(3) $\log_5 4$ 与 1；　　　(4) $\log_3 4$ 与 $\log_{0.3} 4$.

**分析**　若两个对数的底数相同，可利用对数函数的单调性直接比较；若底数不同，可采用先与中间量(通常是 0 或 1)进行比较，再利用不等式传递性得出结论.

**解**　(1) 因为底数 $2>1$，所以 $y=\log_2 x$ 在区间$(0，+\infty)$上是增函数.

又因为 $5.3>4.7$，所以 $\log_2 5.3>\log_2 4.7$.

(2) 因为底数 $0<0.2<1$，所以 $y=\log_{0.2} x$ 在区间$(0，+\infty)$上是减函数.

又因为 $7<9$，所以 $\log_{0.2} 7>\log_{0.2} 9$.

(3) $\log_5 4<\log_5 5=1$，即 $\log_5 4<1$.

(4) 因为 $\log_3 4 > \log_3 1 = 0$，$\log_{0.3} 4 < \log_{0.3} 1 = 0$，所以 $\log_3 4 > \log_{0.3} 4$.

**例 2** 解下列不等式.

(1) $\log_4 x < \log_4 5$；　　　(2) $\log_{\frac{4}{5}} x > 1$.

**解**　(1) 因为 $y = \log_4 x$ 在 $(0, +\infty)$ 上是增函数，所以 $x < 5$.

又因为 $x > 0$，所以 $0 < x < 5$.

所以不等式的解集为 $(0, 5)$.

(2) $\log_{\frac{4}{5}} x > 1$，即 $\log_{\frac{4}{5}} x > \log_{\frac{4}{5}} \frac{4}{5}$.

因为 $y = \log_{\frac{4}{5}} x$ 在 $(0, +\infty)$ 上是减函数，所以 $x < \frac{4}{5}$.

又因为 $x > 0$，所以 $0 < x < \frac{4}{5}$.

所以不等式的解集为 $\left(0, \frac{4}{5}\right)$.

**随堂练习**

1. 求函数 $y = \log_{0.7}(2x - x^2)$ 的定义域.

2. 比较下列各组数中两个值的大小.

(1) $\lg 6$ 与 $\lg 8$；　　　(2) $\log_{0.3} 5$ 与 $\log_{0.3} 7$；

(3) $\log_{0.3} 5$ 与 $0$；　　　(4) $\log_{\frac{2}{3}} \pi$ 与 $\log_{\frac{3}{2}} \pi$.

3. 解下列不等式.

(1) $\log_3 x > \log_3 4$；　　　(2) $\log_{\frac{1}{3}} x < 1$.

## 习题 4.4 >>>>>>>>>>>>

**水平一**

1. 选择题.

(1) 函数 $y = \log_a x (a > 0$，且 $a \neq 1)$ 的图像过定点（　　）.

A. $(0, 0)$　　　B. $(0, 1)$　　　C. $(1, 0)$　　　D. $(1, 1)$

(2) 函数 $f(x) = \log_a x (0 < a < 1)$ 中，$f(3)$ 和 $f(5)$ 的大小关系是（　　）.

A. $f(3) > f(5)$　　　　　　　B. $f(3) = f(5)$

C. $f(3) < f(5)$　　　　　　　D. 不能比较

(3) 函数 $y = \lg(x+1)$ 的定义域为(　　).

A. $(-\infty, +\infty)$　　　　　　B. $(-1, +\infty)$

C. $(0, +\infty)$　　　　　　　　D. $(1, +\infty)$

(4) 关于函数 $y = \log_3 x$ 和函数 $y = \log_{\frac{1}{3}} x$ 图像的对称性, 正确的是(　　).

A. 关于 $x$ 轴对称　　　　　　B. 关于 $y$ 轴对称

C. 关于原点对称　　　　　　　D. 无对称性

2. 比较下列各组数中两个值的大小.

(1) $\lg 6.2$ 与 $\lg 2\pi$;　　　　(2) $\log_{0.5} 6$ 与 $\log_{0.5} 4$;

(3) $\log_{0.5} \dfrac{1}{3}$ 与 $1$;　　　　(4) $\ln \dfrac{1}{4}$ 与 $0$.

3. 求函数 $y = \lg(2-x) + \dfrac{1}{x+1}$ 的定义域.

4. 求下列函数的定义域.

(1) $y = \dfrac{1}{\log_3 x}$;　　　(2) $y = \sqrt{1 - \lg x}$;　　　(3) $y = \dfrac{1}{\sqrt{\log_{0.5} x}}$.

## 水平二

1. 选择题.

(1) 对数函数 $y = \log_a x(a > 0$, 且 $a \neq 1)$ 的图像过点 $(4, 2)$, 则 $a =$ (　　).

A. $\pm 2$　　　　B. $\dfrac{1}{2}$　　　　C. $2$　　　　D. $4$

(2) 函数 $y = \log_{(a-1)} x$ 在区间 $(0, +\infty)$ 上是减函数, 则 $a$ 的取值范围是(　　).

A. $(0, 1)$　　　　　　　　B. $(1, 2)$

C. $(1, +\infty)$　　　　　　D. $(0, 2)$

(3) 函数 $y = 3 + \log_a x(a > 0$, 且 $a \neq 1)$ 的图像过定点(　　).

A. $(0, 1)$　　　　　　　　B. $(1, 0)$

C. $(1, 3)$　　　　　　　　D. $(1, 4)$

(4) 已知 $\log_{0.5} x > \log_{0.5} 3$, 则 $x$ 的取值范围是(　　).

A. $(3, +\infty)$　　　　　　B. $(0, +\infty)$

C. $(-\infty, 3)$　　　　　　D. $(0, 3)$

笔记

(5) 已知 $a=\log_{0.7}0.8$，$b=\log_{0.7}1.9$，$c=\log_5 1$，则 $a$，$b$，$c$ 的大小关系是(　　).

A. $a<b<c$ 　　　　　　　　B. $a<c<b$

C. $b<a<c$ 　　　　　　　　D. $b<c<a$

2. 求下列函数的定义域.

(1) $y=\dfrac{x}{\sqrt{1-\log_3 x}}$；　　　　(2) $y=\sqrt{\log_{\frac{1}{4}}x}$.

3. 已知函数 $f(x)=\log_a x\,(a>0$，且 $a\neq 1)$ 的图像过点 $(9，-2)$，求 $f(3)$ 的值.

4. 我国经济总量占世界经济的比重达 18.5%，居世界第二位. 2020 年我国全年 GDP 为 1 015 986 亿元，取得了超过 100 万亿的历史性成就. 2021 年我国 GDP 预期目标是增长率超过 6.0%. 假设我国每年 GDP 的增长率均为 6.0%，从 2021 年开始，大约经过多少年，我国能实现全年 GDP 比 2021 年翻一番？

## 4.5　指数函数与对数函数的实际应用 ▷▷▷▷▷▷▷▷▷▷

我们学习的基本初等函数，可以描述、刻画客观世界中某一类事物运动变化的规律. 例如，用一次函数模型可以描述生活中的"线性增长"(直线增长)现象. 利用指数函数与对数函数的相关知识建立函数模型，可以描述、刻画科学与技术、经济与社会、生产与生活中的"指数增长"和"对数增长"现象.

**例 1**　开展人口普查，对于调整、完善人口政策，推动人口结构优化，促进人口素质提升具有重要意义. 第七次全国人口普查结果显示，2020 年年末全国大陆总人口为 141 178 万人，其中城镇常住人口 90 199 万人，占总人口的比例(常住人口城镇化率)为 63.89%，与 2010 年相比，提高了 14.21 个百分点.

(1) 假设此后每年都增加 700 万人口，20 年后我国大陆人口总数是多少？

(2) 假设此后每年人口的平均增长率是 1%(每年都在前一年基础上增加 1%)，20 年后我国大陆人口总数约为多少？(单位：万，结果精确到 0.01)

**分析**　(1) 这是经济社会中的"线性增长"现象, 即每年增加量保持不变, 每年增加 700 万人口, 20 年共增加 14 000 万人口, 因此总共人口为 155 178 万.

(2) 这是经济社会中的"指数增长"现象, 即每年按照一定的增长率(成倍数)增长. 我们首先考查逐年增长的情况, 从中发现每一年都是前一年的 $(1+1\%)$ 倍(也可采用后一年与前一年的比值发现规律), 即呈指数增长, 最后利用指数函数知识解决问题.

2020 年年末　人口约为 141 178 万;

经过 1 年　人口约为 $141\ 178(1+1\%)$ 万;

经过 2 年　人口约为 $141\ 178(1+1\%)(1+1\%)=141\ 178(1+1\%)^2$ 万;

经过 3 年　人口约为 $141\ 178(1+1\%)^2(1+1\%)=141\ 178(1+1\%)^3$ 万;

......

经过 $x$ 年　人口约为 $141\ 178(1+1\%)^x$ 万.

**解**　(1) 因为每年增加 700 万人口, 20 年共增加 $20\times700$ 万 $=14\ 000$ 万人口, 因此 20 年后我国大陆人口为 155 178 万(15.517 8 亿).

(2) 设经过 $x$ 年, 我国人口为 $y$ 万, 由题意得

$$y=141\ 178(1+1\%)^x.$$

当 $x=20$ 时, $y=141\ 178(1+1\%)^{20}$.

利用科学计算器可求得 $y\approx172\ 263.99$ 万.

所以, 假设每年都增加 700 万人口, 20 年后我国大陆人口为 155 178 万; 假设每年人口的平均增长率是 1%, 经过 20 年后我国大陆人口约为 172 263.99 万.

**分析理解**

比较两种增长方式, 随着时间推移, "指数增长"方式更具有爆发性. 探究两种增长方式的特点, 并分别列举社会生活中的"线性增长"和"指数增长"现象.

一般地, 形如 $y=ka^x(a>0$, 且 $a\neq1$, $k\neq0)$ 的函数称为**指数型函数**, 这是生活实际中常见的和实用的函数模型. 其中, 当 $a>1$ 时, 该函数叫作指数增长模型, 如我们常说的"指数爆炸"现象所蕴含的就是这种模型; 当 $0<a<1$ 时, 该函数叫作指数衰减模型, 如考古工作中的碳 14 衰减现象所

蕴含的就是这种模型.

**例 2** 2020 年 12 月 8 日，中国、尼泊尔两国共同向全世界正式宣布，世界第一高峰珠穆朗玛峰的最新海拔高程为 8 848.86 m. 由于珠穆朗玛峰气候多变、高寒缺氧、环境复杂，对测量装备、测绘技术和测绘人员有很高的要求，因此精确测量珠穆朗玛峰高程是一个国家测绘技术水平和能力的综合体现. 已知海拔高程 $y$(m) 与大气压强 $x$(Pa)之间的关系可用函数 $y = k \ln x + c$ 来近似描述，其中 $c$，$k$ 可看成常量. 又知登顶过程中，海平面的大气压强为 $1.013 \times 10^5$ Pa，北坳营地海拔 7 028 m，大气压强约为 $4.21 \times 10^4$ Pa.

(1) 当大气压强为 $3.81 \times 10^4$ Pa 时，海拔高程是多少?

(2) 当测绘人员在登顶过程中测得其所在位置的海拔高程为 8 844.43 m 时，大气压强为多少?

**解** 海平面的海拔高程为 0 m. 将

$$x_1 = 1.013 \times 10^5, \quad y_1 = 0,$$

$$x_2 = 4.21 \times 10^4, \quad y_2 = 7\ 028,$$

分别代入函数关系式 $\quad y = k \ln x + c,$

解得 $\quad k \approx -8\ 004.203, \quad c \approx 92\ 255.180.$

于是，大气压强与海拔高程的关系式近似为

$$y = -8\ 004.203 \ln x + 92\ 255.180. \qquad ①$$

(1) 当 $x = 3.81 \times 10^4$ 时，

$$y = -8\ 004.203 \times \ln(3.81 \times 10^4) + 92\ 255.180$$

$$\approx 7\ 827.090.$$

所以，当大气压强为 $3.81 \times 10^4$ Pa 时，海拔高程约为 7 827.090 m.

(2) 把 $y = 8\ 844.43$ 代入①式，

$$8\ 844.43 = -8\ 004.203 \ln x + 92\ 255.180,$$

$$\ln x = 10.421 \Rightarrow x = e^{10.421} \approx 33\ 556.974 \approx 3.36 \times 10^4.$$

所以，当测绘人员在登顶过程中测得其所在位置的海拔高程为 8 844.43 m 时，大气压强约为 $3.36 \times 10^4$ Pa，约为海平面大气压强的 $\dfrac{1}{3}$.

随堂练习

1. 一部价值 4 650 元的手机，若每年的折旧率为 30%，三年后其价值为多少元？

2. 某工厂年产值为 800 万元，计划从今年起，年产值平均增长率为 25%，写出年产值随年数变化的函数关系式，并求三年后其年产值是原来的多少倍(结果取整数)。

3. 某种放射性物质，每经过 1 年剩留的质量约是原来的 90%. 大约经过几年，剩留的质量是原来的一半？

## 习题 4.5 >>>>>>>>>>>>

### 水平一

1. 一种按复利计算的储蓄(复利指每年的利息转入下一年的本金参与计息)，设本金为 $a$ 元，年利率为 $r$，本利和为 $y$ 元，存期为 $x$ 年。写出 $y$ 随存期 $x$ 变化的函数关系式。如果存入本金 2 000 元，年利率为 2.25%，那么存满四年的本利和是多少？

2. 用清水漂洗衣服，若每次能洗去污垢的 $\dfrac{3}{4}$，写出存留污垢 $y$ 与漂洗次数 $x$ 的函数关系式。若要使存留的污垢不超过原有的 $\dfrac{1}{64}$，则至少要漂洗几次？

3. 我们知道，候鸟每年秋天都要从北方飞向南方过冬。假如某种候鸟的飞行速度 $y(\text{m/s})$ 可以表示为函数 $y=5\log_2\dfrac{x}{10}$，其中 $x$ 表示这种候鸟的耗氧量的单位数。

(1) 当这种候鸟的飞行速度为 15 m/s 时，它的耗氧量是多少单位；

(2) 当这种候鸟的耗氧量是 40 个单位时，它的飞行速度是多少？

### 水平二

1. 当代中国青年生逢其时，施展才干的舞台无比广阔，实现梦想的前景无比光明。广大青年要立志做有理想、敢担当、能吃苦、肯奋斗的新时代好青年。假设给你一笔无息贷款资金用于创业投资，现有三种创

笔 记

笔记

业投资方案供你选择，这三种创业方案的回报如下.

方案一：每天回报 40 元.

方案二：第一天回报 10 元，以后每天比前一天多回报 10 元.

方案三：第一天回报 0.4 元，以后每天的回报比前一天翻一番.

请问，你会选择哪种创业投资方案？

2. 某护士在工作中按治疗方案给病人注射相关药液，有一种药在病人血液中的含量保持在 1 500 mg 以上时才有疗效，而低于 500 mg 时病人就会有危险. 该护士现给某病人注射了这种药 2 500 mg，如果该药在血液中以每小时 20% 的比例衰减，那么该护士应该在什么时间范围再向该病人注射这种药(结果精确到 0.1 h)？

# 数学园地 >>>>>>>>>>>>

## 我们身边的"指数爆炸"

　　"指数爆炸"不是真正的爆炸，是事物数量的变化呈现爆炸式急剧增长时的现象．用数学语言描述该现象时，可用指数函数模型 $f(x)=ka^x(a>1)$ 来刻画这种变化规律，这种增长方式也叫作"指数增长"．

　　在幼儿园、小学阶段，同学们经常玩的折纸游戏也蕴含着"指数爆炸"的道理．一张足够大、足够柔软的纸片每对折一次，纸片的厚度就会翻一番，如果持续对折下去，其厚度增长是"爆炸式"的．一张足够大的 1 mm 厚的纸片如果连续对折 42 次，其厚度大约为 $4.4\times10^5$ km，可以直接从地球连到月球了(地球与月球之间的距离约为 $3.8\times10^5$ km)．

　　在卫生健康方面，我们几乎每天都在和细菌打交道，因为很多细菌的繁殖速度都是呈"指数爆炸"式的．有研究显示，一双未洗过的手上大约有 80 万个细菌，假设某种细菌以二分裂法繁殖(每分裂一次，数量是原来的两倍)，每 5 秒分裂一次，很快，这双未洗过的手上的细菌就会增长到 5 000 多万个，庞大的细菌群体经常会导致我们"病从手入"．所以，保持饭前便后洗手的良好卫生习惯，对我们身体健康有着至关重要的作用．

　　在旅游服务领域，一些消费性政策可能会导致游客人数的"爆炸式"增长．例如，某一景区为吸引更多游客，从 2001 年开始，施行门票免费活动，游客人数从 30 万人次增加到 2020 年的 220 万人次，平均每年增长 11%，这也蕴含着"指数增长"．如果游客人数增长过度，会出现景区人满为患、服务跟不上等问题，因此需要利用函数模型预测未来变化趋势，合理施行旅游活动．

　　从细如发丝的拉面、折纸游戏、细菌繁殖，到景区旅游、银行储蓄等，都与"指数爆炸"有着千丝万缕的联系．在客观世界中，数学早已悄悄潜入我们生活、工作的方方面面．

# 单元小结 >>>>>>>>>

## 学习导图

## 学习指导

1. 实数指数幂.

(1) 正整数、负整数、分数、指数幂的意义.

①$a^n = \underbrace{a \cdot a \cdot a \cdot \cdots \cdot a}_{n\uparrow a}(n \in \mathbf{N}_+)$;　　②$a^{-n} = \dfrac{1}{a^n}(a \neq 0,\ n \in \mathbf{N}_+)$;

③$a^{\frac{m}{n}} = \sqrt[n]{a^m}\ (a > 0,\ m,\ n \in \mathbf{N}_+,\ n > 1)$.

(2) 运算性质.

设 $a > 0$，$b > 0$，$m$，$n \in \mathbf{R}$，则

①$a^m a^n = a^{m+n}$;　　　②$(a^m)^n = a^{mn}$;　　　③$(ab)^n = a^n b^n$.

2. 对数.

(1) 定义：如果 $a^x = N(a > 0$，且 $a \neq 1)$，那么数 $x$ 叫作以 $a$ 为底 $N$ 的**对数**，记作 $x = \log_a N$，其中 $a$ 叫作对数的**底数**(简称底)，$N$ 叫作**真数**.

通常我们把 $\log_{10} N$ 叫作常用对数，简记作 $\lg N$；把 $\log_e N$ 叫作自然对数，简记作 $\ln N$.

(2) 性质：①零和负数没有对数；②$\log_a 1 = 0$，即 1 的对数为 0；③$\log_a a = 1$，即底数的对数为 1.

（3）运算法则.

① $\log_a(MN)=\log_aM+\log_aN$；　　② $\log_a\dfrac{M}{N}=\log_aM-\log_aN$；

③ $\log_aN^n=n\log_aN(a>0$，且 $a\neq1$，$n\in\mathbf{R})$.

（4）（选学）换底公式.

$$\log_ab=\dfrac{\log_cb}{\log_ca}(a>0，且\ a\neq1；c>0，且\ c\neq1).$$

特别地，$\log_ab=\dfrac{\lg b}{\lg a}(a>0$，且 $a\neq1)$.

对数恒等式：$a^{\log_aN}=N(a>0$，且 $a\neq1)$.

3. 指数函数与对数函数.

（1）定义.

形如 $y=a^x(a>0$，且 $a\neq1)$ 的函数叫指数函数；形如 $y=\log_ax(a>0$，且 $a\neq1)$ 的函数叫对数函数.

（2）图像和性质.

| 对比 | | 指数函数 | 对数函数 |
|---|---|---|---|
| 函数式 | | $y=a^x(a>0$，且 $a\neq1)$ | $y=\log_ax(a>0$，且 $a\neq1)$ |
| 图像 | | | |
| 性质 | 定义域 | $\mathbf{R}$ | $(0，+\infty)$ |
| | 值域 | $(0，+\infty)$ | $\mathbf{R}$ |
| | 过点 | 过点$(0，1)$，即 $a^0=1$ | 过点$(1，0)$，即$\log_a1=0$ |
| | 单调性 | 当 $a>1$ 时，函数在 $\mathbf{R}$ 上是增函数；当 $0<a<1$ 时，函数在 $\mathbf{R}$ 上是减函数 | 当 $a>1$ 时，函数在$(0，+\infty)$上是增函数；当 $0<a<1$ 时，函数在$(0，+\infty)$上是减函数 |
| | 函数值的特点 | 当 $a>1$，$x>0$ 时，$y>1$，当 $a>1$，$x<0$ 时，$0<y<1$；当 $0<a<1$，$x>0$ 时，$0<y<1$，当 $0<a<1$，$x<0$ 时，$y>1$ | 当 $a>1$，$x>1$ 时，$y>0$，当 $a>1$，$0<x<1$ 时，$y<0$；当 $0<a<1$，$x>1$ 时，$y<0$，当 $0<a<1$，$0<x<1$ 时，$y>0$ |

4. 指数函数与对数函数的实际应用.

分析实例背景，建立指数函数或对数函数模型，并利用指数函数、对数函数的图像及基本性质解决简单的实际问题. 体会"指数爆炸"与"指数衰减"的特点.

## ▌单元检测 ＞＞＞＞＞＞＞＞＞＞＞

**水平一**

1. 选择题.

(1) 下列函数中，(　　)是指数函数.

A. $y=x^{-\frac{2}{3}}$　　　　B. $y=\left(\dfrac{1}{2}\right)^x$　　　　C. $y=2\times 3^x$　　　　D. $y=-3^x$

(2) 下列运算中错误的是(　　).

A. $\left(\dfrac{27}{8}\right)^{\frac{2}{3}}=\dfrac{9}{4}$　　B. $0.25^{-\frac{1}{2}}=2$　　C. $\sqrt[5]{\dfrac{1}{16}}=2^{-\frac{4}{5}}$　　D. $2^{-3}=-8$

(3) 下列式子中，计算结果正确的是(　　).

A. $a^6\div a^3=a^2$　　　　　　　　　　B. $a^6 a^3=a^{18}$

C. $(a^6)^3=a^{18}$　　　　　　　　　　D. $a^3+a^3=a^6$

(4) 下列各式成立的是(　　).

A. $\log_2(8-4)=\log_2 8-\log_2 4$　　　　B. $\dfrac{\log_2 8}{\log_2 4}=\log_2\dfrac{8}{4}$

C. $\log_2 8=3\log_2 2$　　　　　　　　D. $\log_2(8+4)=\log_2 8+\log_2 4$

(5) 若 $a^{\frac{3}{7}}>a^{\frac{5}{7}}$，则 $a$ 的取值范围是(　　).

A. $0<a<1$　　　　B. $a>1$　　　　C. $a<-1$　　　　D. $a<0$

(6) 已知 $\log_a 9=2$，则 $a$ 的值为(　　).

A. 3　　　　　　B. $-3$　　　　C. $\dfrac{1}{3}$　　　　D. $\pm 3$

(7) $(-2)^{100}+(-2)^{101}=($　　$)$.

A. 1　　　　　　B. $-1$　　　　C. $2^{100}$　　　　D. $-2^{100}$

(8) 已知 $a>b>0$，则下列不等式一定成立的是(　　).

A. $\lg a<\lg b$　　　　　　　　　　B. $\log_{0.3}a>\log_{0.3}b$

C. $3^a>3^b$　　　　　　　　　　　D. $\left(\dfrac{2}{3}\right)^a>\left(\dfrac{2}{3}\right)^b$

2. 求下列各式中 $x$ 的值.

(1) $2^x=\dfrac{1}{16}$;　　　(2) $\log_3 x=2$;　　　(3) $\lg x=\dfrac{2}{3}$;　　　(4) $\ln x=-2$.

📖 笔 记

3. 比较大小.

(1) $\left(\dfrac{4}{5}\right)^{0.6}$ _____ $\left(\dfrac{4}{5}\right)^{0.7}$;　　　(2) $\left(\dfrac{1}{5}\right)^{-0.2}$ _____ $\left(\dfrac{2}{5}\right)^{-0.2}$;

(3) $\log_5 0.2$ _____ $\log_5 \dfrac{1}{4}$;　　　(4) $\log_{0.2} 3$ _____ $0$.

4. 计算.

(1) $\left(1\dfrac{7}{9}\right)^{\frac{1}{2}} - (-\sqrt{2})^0 + \left(\dfrac{3}{2}\right)^{-1}$;

(2) $10^{\lg 2} + \lg 12 + \lg \dfrac{25}{3}$;

(3) $2^{-1} + \log_3 \dfrac{1}{27} - \log_6 18 + \log_6 3$;

(4) $\lg 100 - \left(\dfrac{1}{4}\right)^{-\frac{1}{2}} + 2\lg 15 - \lg \dfrac{9}{4}$.

5. 求下列函数的定义域.

(1) $y = 3^{\frac{1}{2-x}}$;　　　(2) $y = \dfrac{1}{2^x - 1}$;　　　(3) $y = \log_2(3 - x - 2x^2)$;

(4) $y = \sqrt{2 - 0.5^x}$;　　(5) $y = \dfrac{1}{\sqrt{\log_{0.5} x - 1}}$.

6. 为了推进新型工业化, 加快建设制造强国、质量强国, 某新能源汽车配件公司 2020 年生产某种产品 2 万件, 计划从 2021 年开始, 每年的产量比上一年增长 20%, 经过多少年, 该工厂生产的这种产品的年产量达到 12 万件?

## 水平二

1. 选择题.

(1) 下列函数中, 在区间 $(0, +\infty)$ 内是增函数的是(　　　).

A. $y = x^{-1}$　　　B. $y = \log_{\frac{2}{3}} x$　　　C. $y = \left(\dfrac{3}{2}\right)^x$　　　D. $y = \left(\dfrac{2}{3}\right)^x$

(2) $\log_9 27 = ($　　$)$.

A. $3$　　　　　B. $9$　　　　　C. $\dfrac{3}{2}$　　　　　D. $\dfrac{4}{3}$

(3) 已知 $\log_3(\lg x) = 0$, 则 $x = ($　　$)$.

A. $0$　　　　　B. $1$　　　　　C. $3$　　　　　D. $10$

（4）已知 $a=0.7^{2.1}$，$b=\log_2 0.7$，$c=2.1^{0.7}$，则它们的大小关系为（ 　 ）．

A. $a>b>c$ 　　　B. $c>a>b$ 　　　C. $c>b>a$ 　　　D. $b>c>a$

（5）函数 $y=3-2^x$ 的值域为（ 　 ）．

A. $(-\infty, 3)$ 　　　　　　　　　B. $(-\infty, +\infty)$

C. $(0, +\infty)$ 　　　　　　　　　D. $(3, +\infty)$

（6）函数 $y=a^{x+b}(a>0$，且 $a\neq 1)$ 的图像如图所示，则 $a$，$b$ 的范围是（ 　 ）．

A. $a>1$，$b>0$ 　　　　　　　　B. $a>1$，$b<0$

C. $0<a<1$，$b>0$ 　　　　　　　D. $0<a<1$，$b<0$

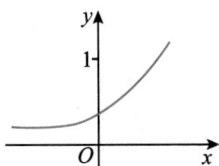

第 1（6）题图

2. 计算.

（1）$3^{\log_3 2}-\lg 0.1+\left(\dfrac{1}{9}\right)^{-\frac{1}{2}}-\lg 2\times\log_2 10$；

（2）$(a^2 b^3)^{\frac{1}{2}}\cdot(a^{\frac{2}{3}}b^{\frac{1}{2}})^3$；

（3）$\sqrt{27}\cdot\sqrt[3]{9}\div\sqrt[6]{3}$；

（4）$\lg\sqrt{1\,000}+\log_3\dfrac{\sqrt{3}}{3}$.

3. 已知 $\log_6 3=a$，$6^b=5$.

（1）求 $6^{2a-b}$ 的值； 　　　　　　（2）用 $a$，$b$ 表示 $\log_6 45$ 的值.

4. 死亡动植物体内的碳 14 的含量会有规律地不断减少，利用这种变化规律可以测定动植物的死亡年代，其计算公式是 $M=M_0\left(\dfrac{1}{2}\right)^{\frac{t}{5\,730}}$，其中 $M$ 是某生物死亡后的碳 14 的含量，$M_0$ 是该生物活着时碳 14 的含量，$t$ 是该生物死亡后到现在的年数. 现有一颗古树的化石，测得其碳 14 的含量只有这棵古树活着时的 5%. 这棵古树的死亡时间距今大约多少年？（结果精确到 1 年）

笔记

中华优秀传统文化源远流长、博大精深，是中华文明的智慧结晶. 成语"周而复始"出自《汉书·礼乐志》，"精健日月，星辰度理，阴阳五行，周而复始". 在现实世界中，许多事物的运动变化会呈现循环往复、周而复始的规律，我们称这种变化规律为周期性. 例如，表针旋转、车轮滚动、物体简谐振动等. 这些有规律的变化现象都可用三角函数来刻画.

本单元我们将在已学函数概念的基础上，利用函数的思想和方法来学习三角函数的相关内容. 三角函数是研究自然界中周期性现象的重要数学工具，它在测量、物理等方面都有着广泛应用.

本单元主要将角的概念推广到任意情形，引入弧度制、任意角的三角函数，学习三角函数基本公式及任意角的三角函数的图像和性质. 本单元将借助图像理解任意角的三角函数的概念，利用直观想象发现三角函数中数与形之间的联系，会表达其特征与关系；感受用直观想象从具体问题中抽象出数学问题的过程，认识数学中的通性、通法；通过对三角函数具体问题的分析，利用逻辑推理进行三角函数基本公式的推导；初步感知三角函数模型所刻画的简单的周期性函数；提升数学运算、直观想象、逻辑推理和数学抽象等核心素养.

# 第五单元
# 三角函数

1. 角的概念的推广.

知道推广角的意义和任意角所在的象限，能识别终边相同的角.

2. 弧度制.

知道引入弧度制的意义，会进行角度与弧度的换算.

3. 任意角的正弦函数、余弦函数和正切函数.

能根据任意角的三角函数(正弦函数、余弦函数和正切函数)定义，判断三角函数值的符号.

4. 同角三角函数的基本关系.

会根据三角函数的定义或借助单位圆，推导同角三角函数的平方关系和商数关系，能进行有关化简和计算.

5. 诱导公式.

知道诱导公式在三角函数求值与化简中的作用.

6. 正弦函数、余弦函数的图像和性质.

会借助代数运算与几何直观，认识正弦函数、余弦函数的图像和性质；

知道运用"五点法"可以画出正弦函数、余弦函数在一个周期上的简图.

7. 已知三角函数值求指定范围的角.

知道特殊的三角函数值与$[0, 2\pi]$范围内角的对应关系；

会用计算工具进行有关的三角计算.

# 5.1 角的概念的推广 >>>>>>>>>>>>

笔 记

## 5.1.1 角的概念的推广 >>>

**问题提出**

(1) 中国跳水队享有奥运"梦之队"的美誉. 自 1984 年到 2024 年，奥运会跳水项目一共产生了 72 枚奥运金牌，中国跳水队一共夺得了 55 枚，约占其中的 76.4%. 如图 5-1 (1) 所示，跳水比赛中有"向前翻腾一周半"和"向后翻腾两周半"的动作，你知道这两个动作分别表示的旋转的角度是多少吗？

(2) 环青海湖国际公路自行车赛是我国规模最大、参赛队伍最多的竞赛，也是世界上海拔最高的国际性竞赛，"绿色、人文、和谐"的竞赛主题倡导体育运动应低碳环保，促进文化交流、人与自然和谐共生. 如图 5-1 (2) 所示，选手在骑自行车时，自行车车轮在前进和后退的过程中旋转形成的角一样吗？

（1）　　　　　　　　（2）

**图 5-1**

**分析理解**

生活中随处可见超出 0°～360°范围的角. 问题 (1) 中"向前翻腾一周半"和"向后翻腾两周半"的跳水动作，不仅有超出 360°的"一周半"和"两周半"的角，而且旋转的方向也不同，产生的效果也不一样；问题 (2) 中自行车前进时车轮若是逆时针方向旋转，可以旋转几百圈甚至上万圈，后退时车轮则是顺时针方向旋转，其形成的角是不一样的. 因此，要准确描述这些现象，就应知道旋转度数和旋转方向，这就需要对角的概念进行推广.

概念

正角
负角
零角
任意角

笔记

**抽象概括**

我们规定,一条射线绕其端点按逆时针方向旋转形成的角叫作**正角**,如图 5-2 (1) 所示. 按顺时针方向旋转形成的角叫作**负角**,如图 5-2 (2) 所示. 如果一条射线没有做任何旋转,就称它形成了一个**零角**,如图 5-2 (3) 所示.

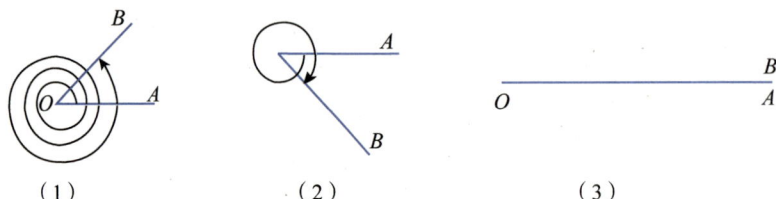

图 5-2

这样我们就把角的概念推广到了**任意角**,包括正角、负角和零角.

**合作交流**

类比实数 $a$ 与 $-a$ 互为相反数,角 $\alpha$ 与角 $-\alpha$ 是什么关系呢? 类比实数减法的"减去一个数等于加上这个数的相反数",角的减法可以转化为角的加法吗? 即 $\alpha-\beta=\alpha+(-\beta)$ 成立吗? 不妨画图试试.

为了简便起见,在不引起混淆的前提下,我们把"角 $\alpha$"或"$\angle\alpha$"简记为"$\alpha$". 今后我们可以用小写希腊字母 $\alpha$,$\beta$,$\gamma$,…来表示角.

在问题 (1) 中,若"向前翻腾一周半"记为 $\alpha=540°$,那么"向后翻腾两周半"则记为 $\alpha=-900°$. 在问题 (2) 中,自行车前进或后退,车轮按逆时针方向旋转形成正角,按顺时针方向旋转形成负角.

为了方便研究,通常在平面直角坐标系内讨论角. 我们将角的顶点与原点重合,角的始边与 $x$ 轴的非负半轴重合. 这样,角的终边在第几象限,就说这个角是第几象限角.

例如,图 5-3 中的 690°角、$-210°$角分别是第四象限角和第二象限角.

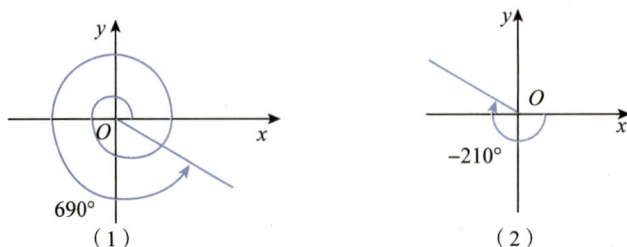

图 5-3

如果角的终边在坐标轴上,那么就认为这个角不属于任何一个象限(也称界限角). 例如,0°,90°,180°,270°,360°角.

**例 1** 在平面直角坐标系中，分别画出下列各角，并指出它们是第几象限角.

(1) 225°；　　　(2) −300°.

**解** (1) 以 $x$ 轴的非负半轴为始边，逆时针方向旋转 225°，即形成 225° 角，如图 5-4 (1) 所示. 因为 225° 角的终边在第三象限内，所以 225° 角是第三象限角.

(2) 以 $x$ 轴的非负半轴为始边，顺时针方向旋转 300°，即形成 −300° 角，如图 5-4 (2) 所示. 因为 −300° 角的终边在第一象限内，所以 −300° 角是第一象限角.

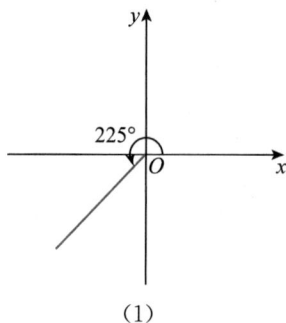

(1)

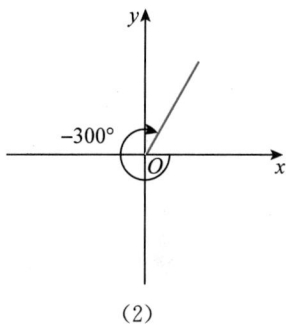

(2)

图 5-4

---

随堂练习

1. 如图所示，已知锐角 $\angle AOB = 45°$，写出下图中箭头所示角的度数.

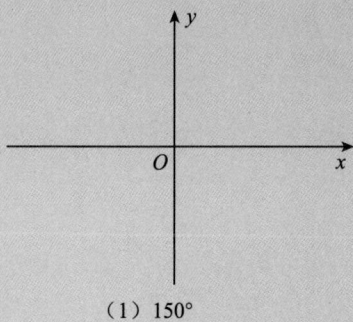

(1)

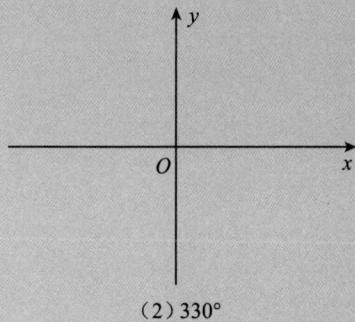

(2)

第 1 题图

2. 在平面直角坐标系中，分别画出下列各角，并指出它们各是第几象限角.

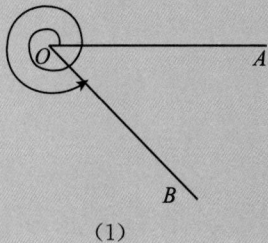

(1) 150°

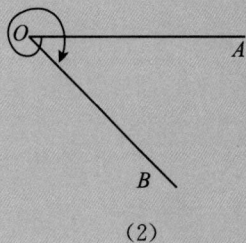

(2) 330°

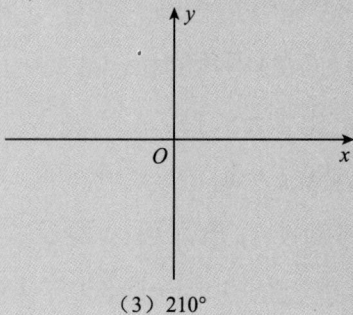

(3) 210°

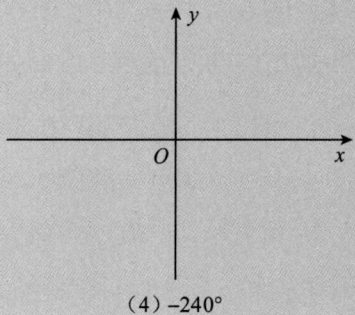

(4) −240°

第 2 题图

3. 判断下列说法是否正确，正确的画"√"，错误的画"×".

(1) 锐角是第一象限角，钝角是第二象限角.                （    ）

(2) 小于 90°的角一定是锐角.                            （    ）

(3) 直角是第一象限角或第二象限角.                     （    ）

(4) 第二象限角一定比第一象限角大.                     （    ）

4. (1) 若 $0°<\alpha<90°$，则 $\alpha$ 是第＿＿＿象限角；若 $90°<\alpha<180°$，则 $\alpha$ 是第＿＿＿象限角；若 $180°<\alpha<270°$，则 $\alpha$ 是第＿＿＿象限角；若 $270°<\alpha<360°$，则 $\alpha$ 是第＿＿＿象限角.

(2) 若 $-90°<\alpha<0°$，则 $\alpha$ 是第＿＿＿象限角；若 $-180°<\alpha<-90°$，则 $\alpha$ 是第＿＿＿象限角；若 $-270°<\alpha<-180°$，则 $\alpha$ 是第＿＿＿象限角；若 $-360°<\alpha<-270°$，则 $\alpha$ 是第＿＿＿象限角.

## 5.1.2  终边相同的角 >>>

**问题提出**

如图 5-5 所示，在平面直角坐标系中，分别画出了 $-330°$，$30°$，$390°$ 角，观察其终边有何联系？$-330°$，$390°$ 与 $30°$ 在数值上有什么关系？

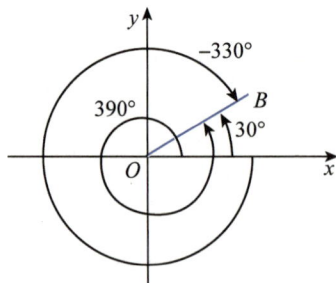

图 5-5

**分析理解**

观察发现，图 5-5 中 $-330°$，$390°$ 与 $30°$ 角终边相同，并且与 $30°$ 角终边相同的这些角都可以表示成 $30°$ 角与 $k$ 个（$k\in\mathbf{Z}$）周角的和，如

$$-330°=30°-360°（这里 k=-1），$$

$$390°=30°+360°（这里 k=1）.$$

进一步分析可知，与 $30°$ 角终边相同的所有角都可以表示成 $30°$ 角与 $k$（$k\in\mathbf{Z}$）个周角的和，因此可用集合 $S=\{\beta\mid\beta=30°+k\cdot360°,\ k\in\mathbf{Z}\}$ 表示与 $30°$ 角终边相同的角. 显然，$-330°$，$390°$ 角都是集合 $S$ 中的元素，$30°$ 角

也是 $S$ 中的元素(此时 $k=0$). 反之, 集合 $S$ 中的任何一个元素都与 $30°$ 角终边相同.

与 $45°$, $60°$, $70°$, $100°$, …角终边相同的角构成的集合又应该如何表达呢?

**抽象概括** ⚙

一般地, 所有与 $\alpha$ 终边相同的角, 连同 $\alpha$ 在内, 可以组成一个集合

$$S=\{\beta \mid \beta=\alpha+k\cdot 360°, k\in \mathbf{Z}\}.$$

**任意的与 $\alpha$ 终边相同的角都可以表示成 $\alpha$ 与整数个周角($360°$的整数倍)的和.** 例如, 与 $100°$ 角终边相同的角组成的集合为 $S=\{\beta \mid \beta=100°+k\cdot 360°, k\in \mathbf{Z}\}$, 当 $k=0$ 时, $\beta=100°$; $k=1$ 时, $\beta=460°$; $k=-1$ 时, $\beta=-260°$.

**例 1** 在 $0°\sim 360°$ 内, 找出与下列各角终边相同的角, 并分别判断它们是第几象限角.

(1) $600°$;　　　(2) $-230°$;　　　(3) $-890°$.

**解** (1) 因为 $600°=240°+360°$, 所以 $600°$ 角与 $240°$ 角终边相同, 是第三象限角.

(2) 因为 $-230°=130°-360°$, 所以 $-230°$ 角与 $130°$ 角终边相同, 是第二象限角.

(3) 因为 $-890°=190°-3\times 360°$, 所以 $-890°$ 角与 $190°$ 角终边相同, 是第三象限角.

**例 2** 写出下列角的集合.

(1) 终边在 $y$ 轴正半轴上的角的集合;

(2) 终边在 $y$ 轴负半轴上的角的集合;

(3) 终边在 $y$ 轴上的角的集合.

**解** (1) 在 $0°\sim 360°$ 内, 终边在 $y$ 轴正半轴上的角是 $90°$ 角, 所以, 终边在 $y$ 轴正半轴上的角的集合是

$$S_1=\{\beta \mid \beta=90°+k\cdot 360°, k\in \mathbf{Z}\}.$$

(2) 在 $0°\sim 360°$ 内, 终边在 $y$ 轴负半轴上的角是 $270°$ 角, 所以, 终边在 $y$ 轴负半轴上的角的集合是

$$S_2=\{\beta \mid \beta=270°+k\cdot 360°, k\in \mathbf{Z}\}.$$

（3）终边在 $y$ 轴上的角的集合是

$S = S_1 \cup S_2$

$= \{\beta \mid \beta = 90° + k \cdot 360°, k \in \mathbf{Z}\} \cup \{\beta \mid \beta = 270° + k \cdot 360°, k \in \mathbf{Z}\}$

$= \{\beta \mid \beta = 90° + 2k \cdot 180°, k \in \mathbf{Z}\} \cup \{\beta \mid \beta = 90° + (2k+1) \cdot 180°, k \in \mathbf{Z}\}$

$= \{\beta \mid \beta = 90° + m \cdot 180°, m \in \mathbf{Z}\}.$

**随堂练习**

1. 选择题.

（1）与 60°角终边相同的角的集合表示正确的是（　　）.

A. $\{\beta \mid \beta = 60° + k \cdot 360°\}$

B. $\{\beta \mid \beta = 60° + k \cdot 180°, k \in \mathbf{Z}\}$

C. $\{\beta \mid \beta = 60° + k \cdot 360°, k \in \mathbf{Z}\}$

D. $\{\beta \mid \beta = -60° + k \cdot 360°, k \in \mathbf{Z}\}$

（2）与 -70°角终边相同的角的集合表示正确的是（　　）.

A. $\{\alpha \mid \alpha = -70° + k \cdot 360°\}$

B. $\{\alpha \mid \alpha = 70° + k \cdot 360°, k \in \mathbf{Z}\}$

C. $\{\alpha \mid \alpha = -70° + k \cdot 180°, k \in \mathbf{Z}\}$

D. $\{\alpha \mid \alpha = -70° + k \cdot 360°, k \in \mathbf{Z}\}$

2. 填空题.

（1）在 0°～360°内，与 -50°角终边相同的角是_____，则 -50°角是第_____象限角；

（2）在 0°～360°内，与 390°角终边相同的角是_____，则 390°角是第_____象限角；

（3）在 0°～360°内，与 -480°角终边相同的角是_____，则 -480°角是第_____象限角；

（4）在 0°～360°内，与 800°角终边相同的角是_____，则 800°角是第_____象限角.

3. 写出与下列角终边相同的角的集合.

（1）与 0°角终边相同的角的集合是_____；

（2）与 180°角终边相同的角的集合是_____；

（3）终边在 $x$ 轴上的角的集合是_____.

# 习题 5.1 »»»»»»»»

**水平一**

1. $230°$ 角是第( )象限角.

A. 一       B. 二       C. 三       D. 四

2. 与 $-420°$ 角终边相同的角是( ).

A. $420°$       B. $-120°$       C. $280°$       D. $-60°$

3. (1) 与 $70°$ 角终边相同的角的集合表示为 _____;

(2) 与 $-120°$ 角终边相同的角的集合表示为 _____.

4. 在 $0°\sim360°$ 内, 找出与下列各角终边相同的角, 并判断它们分别是第几象限角.

(1) $-285°$;       (2) $570°$.

5. 把下列各角化成 $\alpha+k\cdot360°(0°\leqslant\alpha<360°,\ k\in\mathbf{Z})$ 的形式, 并指出它们是第几象限角.

(1) $675°$;       (2) $-520°$.

**水平二**

1. 找出与 $1\,200°$ 角终边相同且绝对值最小的负角.

2. 设 $\alpha$ 为第二象限角, 指出 $\dfrac{\alpha}{2}$ 是第几象限角.

3. 分别写出与下列各角终边相同的角组成的集合, 并把满足不等式 $-360°<\beta<360°$ 的 $\beta$ 写出来.

(1) $125°$;       (2) $-380°$;       (3) $485°$.

# 5.2 弧度制 »»»»»»»»»»

## 5.2.1 弧度制的定义 »»»

    2016 年 9 月 25 日, 具有我国自主知识产权的世界最大单口径、最灵敏的球面射电望远镜 "中国天眼" 在贵州平塘落成启用. 这个 500 m 口径球面射电望远镜主要用于实现巡视宇宙中的中性氢、观测脉冲星等科学目标和空间飞行器测量与通信等应用目标.

**问题提出**

在衡量天体之间的距离时，我们可以用光年、米的单位制来度量；对于面积，我们可以用平方米、公顷等不同的单位制来度量；质量可以用千克、吨等不同的单位制来度量. 角的大小，我们是否也能用不同的单位制来度量？

**分析理解**

我们知道，角可以以度为单位进行度量，把周角的 $\frac{1}{360}$ 所对应的圆心角规定为 1 度的角，记为 1°. 这种以度为单位来度量角的单位制，叫作**角度制**.

在数学和其他科学研究中，经常使用另一种度量角的单位制——**弧度制**.

**概念**
角度制
弧度制
弧度

**抽象概括**

我们规定，长度等于半径的圆弧所对的圆心角叫作 1 弧度的角，弧度单位用符号 rad 表示，读作**弧度**. 1 弧度的角就记作 1 rad，读作"1 弧度"，如图 5-6 所示.

根据上述规定可知，在半径为 $r$ 的圆中，若弧长为 $l$ 的弧所对的圆心角为 $\alpha$ rad，则 $\alpha$ 的大小为

$$|\alpha| = \frac{l}{r}.$$

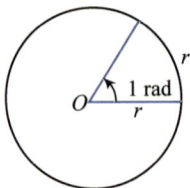

图 5-6

$\alpha$ 的正负由 $\alpha$ 的始边到终边的旋转方向决定，逆时针方向旋转为正，顺时针方向旋转为负.

当一个圆的半径为 $r$ 时，若圆心角 $\angle AOB$ 所对的圆弧长为 $2r$，则 $\angle AOB$ 的弧度数就为 $\frac{2r}{r} = 2$ rad(如图 5-7 (1))；若圆心角 $\angle AOB$ 所对的圆弧长为整个圆周长 $2\pi r$，则 $\angle AOB$ 的弧度数就为 $\frac{2\pi r}{r} = 2\pi$ rad(如图 5-7 (2))，即一个周角的弧度数是 $2\pi$ rad.

$$360° = 2\pi \text{ rad}; \quad 180° = \pi \text{ rad};$$

$$1° = \frac{\pi}{180} \text{ rad} \approx 0.017\ 45 \text{ rad};$$

$$1 \text{ rad} = \frac{180°}{\pi} \approx 57.30° = 57°18'.$$

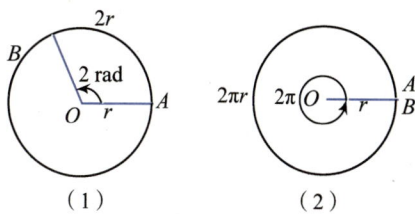

图 5-7

为了简便起见，以弧度为单位表示角的大小时，单位"弧度"或"rad"一般省略不写．例如，$1$ rad，$\frac{\pi}{6}$ rad，$0$ rad 可简写成 $1$，$\frac{\pi}{6}$，$0$．

一般地，正角的弧度数为正数，负角的弧度数为负数，零角的弧度数为 $0$．

当形成角的射线旋转一周后继续旋转，就可以得到弧度数大于 $2\pi$ 或小于 $-2\pi$ 的角．这样就可以得到任意弧度数的角．

因此，每一个确定的角都有唯一确定的实数与它对应；反之，每一个确定的实数也都有唯一确定的角与它对应，如图 5-8 所示．这样，角与实数之间就建立了一一对应的关系．

**例 1** 把下列各角化为弧度.

(1) $30°$；　　　(2) $-225°$；　　　(3) $0°$.

**解**　(1) $30° = 30 \times \frac{\pi}{180} = \frac{\pi}{6}$.

(2) $-225° = -225 \times \frac{\pi}{180} = -\frac{5\pi}{4}$.

(3) $0° = 0 \times \frac{\pi}{180} = 0$.

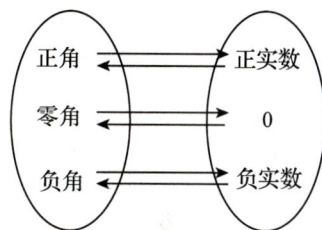

图 5-8

**例 2** 把下列各角化为角度.

(1) $-\frac{\pi}{3}$；　　　(2) $5$ rad (结果精确到 $0.01$).

**解**　(1) $-\frac{\pi}{3} = -\frac{180°}{3} = -60°$.

(2) $5$ rad $= 5 \times \frac{180°}{\pi} \approx 286.44°$.

💡 特别提示

弧度化角度时，如果式子里有 $\pi$，直接把 $\pi$ 转化成 $180°$ 即可.

**例3** 利用科学计算器，把下列各角进行弧度与角度的互化．（结果精确到 0.01）

(1) $-5.6$;    (2) $154°13'$.

**解** (1) 先将科学计算器的精确度设置为 0.01，再将科学计算器设置为角度计算模式，科学计算器 I 按 SHIFT MODE/SETUP 3，科学计算器 II 按 MODE MODE 1．之后依次按下列各键．

结果显示：

$$-5.6^r$$
$$-320.86$$

所以        $-5.6\ \text{rad} \approx -320.86°$.

(2) 先将科学计算器的精确度设置为 0.01，再将科学计算器设置为弧度计算模式，科学计算器 I 按 SHIFT MODE/SETUP 4，科学计算器 II 按 MODE MODE 2．之后依次按下列各键．

结果显示：

$$154°13°°$$
$$2.69$$

所以        $154°13' \approx 2.69\ \text{rad}$.

**随堂练习** ⛽

1. 补充下列表格.

表 5-1

| 度 | $0°$ | $30°$ | $45°$ | $90°$ | $120°$ | $150°$ | $180°$ | $360°$ |
|---|---|---|---|---|---|---|---|---|
| 弧度 | $0$ | $\dfrac{\pi}{6}$ | $\dfrac{\pi}{3}$ | $\dfrac{\pi}{2}$ | $\dfrac{3\pi}{4}$ | $\pi$ | $\dfrac{3\pi}{2}$ | $2\pi$ |

2. 角度与弧度互化.

(1) $225° = $ _____;      (2) $-330° = $ _____;

(3) $\dfrac{9\pi}{4} = $ _____;      (4) $-\dfrac{5\pi}{6} = $ _____.

3. 利用科学计算器，进行弧度与角度的互化．（结果精确到 0.01）

(1) $-3\ \text{rad} = $ _____;      (2) $12° = $ _____.

### 5.2.2 弧长公式、扇形的面积公式 >>>

**问题提出**

学习了弧度制后,你能推导出弧度制下的弧长和扇形的面积公式吗?

**分析理解**

如图 5-9 所示,已知半径为 $r$ 的圆,设圆心角 $\alpha = n°$,且 $0° < \alpha < 360°$,$\alpha$ 所对的 $\overset{\frown}{AB}$ 长为 $l$,$\alpha$ 所对应的扇形面积为 $S$,则

$$\frac{l}{2\pi r} = \frac{n}{360},\ \text{即}\ l = \frac{n\pi r}{180}\ (n°\ \text{的圆心角所对的弧长为}\ \frac{n\pi r}{180}).$$

$$\frac{S}{\pi r^2} = \frac{n}{360},\ \text{即}\ S = \frac{n\pi r^2}{360}\ (n°\ \text{的圆心角所对应的扇形面积为}\ \frac{n\pi r^2}{360}).$$

我们知道,弧长 $l$ 与半径 $r$ 的比值等于所对圆心角的弧度数,即 $\alpha$,$r$,$l$ 三者之间满足关系式

$$\alpha = \frac{l}{r}.$$

所以,弧长公式为 $l = \alpha r$.

扇形的圆心角为 $\alpha(0 < \alpha < 2\pi)$,圆周角为 $2\pi$,圆面积为 $\pi r^2$,所以圆心角为 $\alpha$ 的扇形面积为

$$S = \frac{\alpha}{2\pi} \cdot \pi r^2 = \frac{1}{2}\alpha r^2 = \frac{1}{2}r \cdot \alpha r = \frac{1}{2}rl.$$

将采用角度制表示的和弧度制表示的弧长公式与扇形的面积公式进行对比可知,采用弧度制后弧长公式和扇形的面积公式就更简洁了.

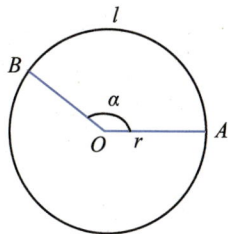

图 5-9

**例 1** 截至 2021 年 4 月,中国高速公路总里程约为 16 万千米,位居全球第一.某高速公路转弯处为一弧形高架桥,测得此处公路中线的总长为 1 200 m,该弧形高架桥所对应的圆心角为 $\frac{3\pi}{5}$,求该弧形高架桥的转弯半径 (结果精确到 1 m).

**解** 由题意可知,$l = 1\ 200$,$\alpha = \frac{3\pi}{5}$,由 $l = \alpha r$ 可得

$$r = \frac{l}{\alpha} = \frac{1\ 200}{\dfrac{3\pi}{5}} = \frac{1\ 200 \times 5}{3\pi} = \frac{2\ 000}{\pi} \approx 645 (\text{m}).$$

所以,该弧形高架桥的转弯半径约为 645 m.

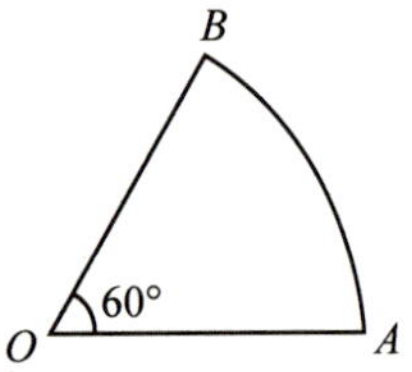

**例2**　如图 5-10 所示，要在一块废铁皮上剪出一个扇形，用于制作一个圆锥筒，要求这个扇形的圆心角为 60°，半径为 90 cm. 请求出这个扇形的弧长与面积.（结果分别精确到 0.01 cm 和 0.01 cm²）

图 5-10

**解**　由于 $60° = \dfrac{\pi}{3}$，所以

$$l = \alpha r = \dfrac{\pi}{3} \times 90 = 30\pi \approx 94.26 \text{(cm)};$$

$$S = \dfrac{1}{2}rl = \dfrac{1}{2} \times 90 \times 30\pi \approx 4\ 241.70 \text{(cm}^2).$$

所以，这个扇形的弧长约为 94.26 cm，面积约为 4 241.70 cm².

📖 笔记

**随堂练习**

1. 要在一个半径为 120 mm 的圆形塑料上切割一片弧长为 144 mm 的扇形物料，切割时，该弧所对应的圆心角(正角)为＿＿＿＿弧度.

2. 若弧形花台的弧长为 20 m，该弧所对应的圆心角为 1.6 rad，则该弧形花台对应的转弯半径是＿＿＿＿ m.

3. 若扇形的圆心角为 $\dfrac{\pi}{6}$，半径为 5 cm，则此扇形的弧长为＿＿＿＿ cm，面积为＿＿＿＿ cm².

# 习题 5.2 ＞＞＞＞＞＞＞＞＞＞＞

**水平一**

1. 在下图中填入适当的值.

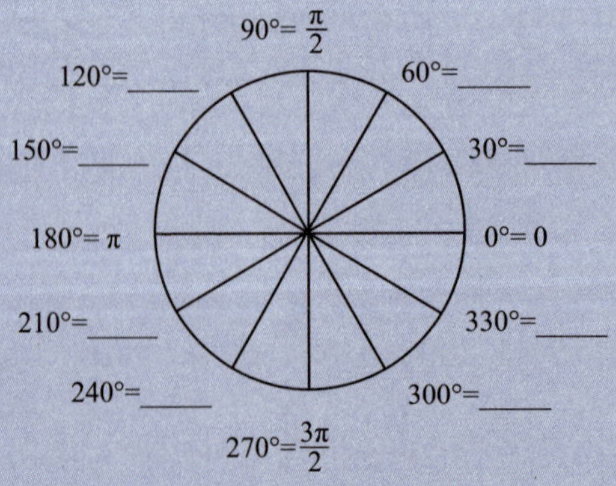

$$90° = \dfrac{\pi}{2}$$

120°=＿＿＿　　60°=＿＿＿

150°=＿＿＿　　30°=＿＿＿

$$180° = \pi$$　　$$0° = 0$$

210°=＿＿＿　　330°=＿＿＿

240°=＿＿＿　　300°=＿＿＿

$$270° = \dfrac{3\pi}{2}$$

第 1 题图

2. 角度与弧度互化.

(1) $135° =$ _____；　　　　(2) $-225° =$ _____；

(3) $-300° =$ _____；　　　　(4) $\dfrac{2}{3}\pi =$ _____；

(5) $\dfrac{5\pi}{4} =$ _____；　　　　(6) $-3\pi =$ _____.

3. (1) 若 $\alpha \in \left( \dfrac{\pi}{2} , \pi \right)$，则 $\alpha$ 是第 _____ 象限角，$\dfrac{\alpha}{2}$ 是第 _____ 象限角；

(2) 若 $\alpha \in \left( \pi , \dfrac{3\pi}{2} \right)$，则 $\alpha$ 是第 _____ 象限角，$\dfrac{\alpha}{2}$ 是第 _____ 象限角.

4. 三角形的三个内角的度数之比为 $1 : 2 : 3$，求最小内角的弧度数.

5. 经过 $1\ h$，钟表的时针和分针各转了多少度？分别是多少弧度？

**水平二**

1. 已知扇形的面积为 2，扇形的圆心角的弧度数为 4，求该扇形的周长.

2. 要在半径为 $100\ cm$ 的圆金属板上截取一块扇形板，使它的弧长为 $112\ cm$，求该弧所对的圆心角的弧度数与角度数.（结果精确到 $1°$）

3. 已知长 $50\ cm$ 的弧所对的圆心角为 $200°$，求该弧所在圆的半径.（结果精确到 $1\ cm$）

# 5.3　任意角的正弦函数、余弦函数和正切函数

📋 **知识回顾**

初中我们在 $Rt\triangle ABC$ 中定义了锐角 $\alpha$ 的正弦、余弦和正切，如图 5-11 所示.

正弦：$\sin \alpha = \dfrac{a}{c} = \dfrac{\angle \alpha \text{ 的对边}}{\text{斜边}}$.

余弦：$\cos \alpha = \dfrac{b}{c} = \dfrac{\angle \alpha \text{ 的邻边}}{\text{斜边}}$.

正切：$\tan \alpha = \dfrac{a}{b} = \dfrac{\angle \alpha \text{ 的对边}}{\angle \alpha \text{ 的邻边}}$.

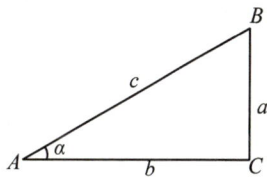

图 5-11

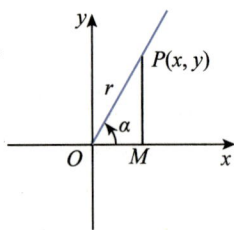

图 5-12

**问题提出** ❓

现在我们将一个锐角 $\alpha$ 放入平面直角坐标系中，使得顶点与原点重合，始边与 $x$ 轴的非负半轴重合，如图 5-12 所示．已知点 $P(x，y)$ 是锐角 $\alpha$ 终边上的任意一点，点 $P$ 与原点 $O$ 的距离 $OP=r(r>0)$，你能利用锐角三角函数的定义计算出锐角 $\alpha$ 所对应的三角函数值吗？

**分析理解** 🎯

过点 $P$ 作 $x$ 轴的垂线，垂足为 $M$，则线段 $OM$ 的长度为 $x$，线段 $MP$ 的长度为 $y$.

在 Rt$\triangle OMP$ 中，根据勾股定理可得，$r=\sqrt{x^2+y^2}>0$.

$$\sin\alpha=\frac{MP}{OP}=\frac{y}{r}，\cos\alpha=\frac{OM}{OP}=\frac{x}{r}，\tan\alpha=\frac{MP}{OM}=\frac{y}{x}.$$

**抽象概括** ⚙️

在弧度制下，我们已将 $\alpha$ 的范围扩展到了全体实数.

一般地，如图 5-13 所示，当 $\alpha$ 为任意角时，点 $P(x，y)$ 是 $\alpha$ 的终边上异于原点的任意一点，点 $P$ 到原点的距离为 $r=\sqrt{x^2+y^2}$. 我们仍然将 $\alpha$ 的正弦、余弦、正切分别定义如下．

$$\sin\alpha=\frac{y}{r}，\cos\alpha=\frac{x}{r}，\tan\alpha=\frac{y}{x}\ (x\neq0).$$

注意：当 $\alpha$ 的终边不在 $y$ 轴上时，$\tan\alpha$ 才有意义.

对于每一个确定的 $\alpha$，其正弦、余弦及正切都分别对应一个确定的比值，因此，正弦、余弦及正切都是以 $\alpha$ 为自变量的函数，分别叫作正弦函数、余弦函数及正切函数.

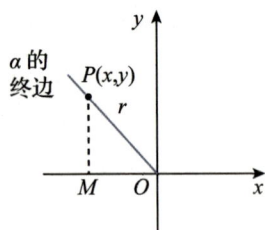

图 5-13

当点 $P$ 的横坐标 $x=0$ 时，$\alpha$ 的终边在 $y$ 轴上，此时 $\alpha=\frac{\pi}{2}+k\pi$ $(k\in\mathbf{Z})$，$\frac{y}{x}=\tan\alpha$ 无意义．除此之外，对于确定的 $\alpha$，三个函数都有意义.

我们将正弦函数、余弦函数和正切函数统称为三角函数，通常记为：

**正弦函数** $\quad y=\sin x，x\in\mathbf{R}$；

**余弦函数** $\quad y=\cos x，x\in\mathbf{R}$；

**正切函数** $\quad y=\tan x，x\neq\frac{\pi}{2}+k\pi(k\in\mathbf{Z})$.

**例 1**　如图 5-14 所示，已知 $\alpha$ 的终边经过点 $P(3, -4)$，求 $\sin \alpha$，$\cos \alpha$，$\tan \alpha$ 的值.

**解**　由已知有　　　　　　　$x = 3$，$y = -4$，

则　　　　　　　　　　　$r = \sqrt{3^2 + (-4)^2} = 5.$

于是

$$\sin \alpha = \frac{y}{r} = -\frac{4}{5},$$

$$\cos \alpha = \frac{x}{r} = \frac{3}{5},$$

$$\tan \alpha = \frac{y}{x} = -\frac{4}{3}.$$

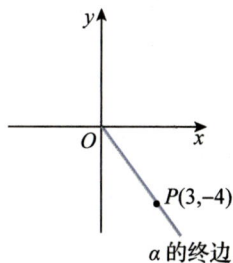

图 5-14

笔 记

**随堂练习**

1. (1) 正弦函数表示为 $y = $ _____，$x \in$ _____；

(2) 余弦函数表示为 $y = $ _____，$x \in$ _____；

(3) 正切函数表示为 $y = $ _____，$x \neq$ _____.

2. 若 $\alpha$ 的终边过点 $(-8, 6)$，则 $\sin \alpha = $ _____，$\cos \alpha = $ _____，$\tan \alpha = $ _____.

3. 若 $\alpha$ 的终边过点 $(5, 12)$，则 $\sin \alpha = $ _____，$\cos \alpha = $ _____，$\tan \alpha = $ _____.

**问题提出**

从 $\alpha$ 的正弦、余弦和正切的定义与实例可知，任意角的正弦值、余弦值和正切值在不同的象限有不同的符号. 下面我们来研究各个象限内，任意角的正弦值、余弦值和正切值的符号的规律.

**分析理解**

以第二象限角为例，根据任意角的正弦、余弦和正切的定义，试分析它们在第二象限的符号情况.

因为 $\alpha$ 的终边在第二象限，任取终边上异于原点的一点 $P(x, y)$，有

$$x < 0, y > 0, OP = r > 0.$$

根据任意角的正弦、余弦和正切的定义可知，

（1）$\sin \alpha = \dfrac{y}{r} > 0$；

（2）$\cos \alpha = \dfrac{x}{r} < 0$；

（3）$\tan \alpha = \dfrac{y}{x} < 0$.

所以，可以得出第二象限各值的符号，见表 5-2.

表 5-2

| α 所在的象限 | 点 P 的坐标符号 | | $\sin \alpha = \dfrac{y}{r}$ | $\cos \alpha = \dfrac{x}{r}$ | $\tan \alpha = \dfrac{y}{x}$ |
| --- | --- | --- | --- | --- | --- |
| | $x$ | $y$ | | | |
| 第二象限 | − | + | + | − | − |

同理，可得出其他象限内各值的符号.

### 抽象概括 ⚙

一般地，$\alpha$ 为任意角，$P(x，y)$ 为 $\alpha$ 终边上异于原点的任意一点，点 $P$ 与原点 $O$ 的距离 $OP = r$. 因为 $r > 0$，由定义可知，

**正弦值的符号与点 $P$ 的纵坐标 $y$ 的符号相同；**

**余弦值的符号与点 $P$ 的横坐标 $x$ 的符号相同；**

**正切值的符号与点 $P$ 的纵坐标与横坐标的比值 $\dfrac{y}{x}$ 的符号相同.**

将点 $P(x，y)$ 的坐标与各象限角的正弦值、余弦值和正切值的符号列表，如表 5-3 所示.

表 5-3

| α 所在的象限 | 点 P 的坐标符号 | | $\sin \alpha = \dfrac{y}{r}$ | $\cos \alpha = \dfrac{x}{r}$ | $\tan \alpha = \dfrac{y}{x}$ |
| --- | --- | --- | --- | --- | --- |
| | $x$ | $y$ | | | |
| 第一象限 | + | + | + | + | + |
| 第二象限 | − | + | + | − | − |
| 第三象限 | − | − | − | − | + |
| 第四象限 | + | − | − | + | − |

为了便于记忆，我们将 $\sin \alpha$，$\cos \alpha$，$\tan \alpha$ 的符号标在各象限内，如图 5-15 所示.

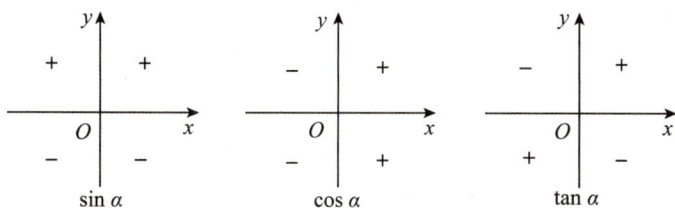

**图 5-15**

**例 2**　确定下列各三角函数值的符号.

(1) $\sin(-210°)$；　　(2) $\tan 760°$；　　(3) $\cos\dfrac{17\pi}{12}$.

**解**　(1) 因为 $-210°$ 是第二象限角，所以

$$\sin(-210°)>0.$$

(2) 因为 $760°=40°+2\times360°$，可知 $760°$ 角与 $40°$ 角的终边相同，是第一象限角，所以

$$\tan 760°>0.$$

(3) 由 $\dfrac{17\pi}{12}=\pi+\dfrac{5}{12}\pi$，可看出 $\pi<\pi+\dfrac{5\pi}{12}<\pi+\dfrac{6\pi}{12}=\dfrac{3\pi}{2}$，是第三象限角，所以
$$\cos\dfrac{17\pi}{12}<0.$$

**例 3**　根据 $\sin\alpha>0$，且 $\cos\alpha<0$，确定 $\alpha$ 是第几象限角.

**解**　因为 $\sin\alpha>0$，所以 $\alpha$ 的终边在第一或第二象限或 $y$ 轴的正半轴上；又因为 $\cos\alpha<0$，所以 $\alpha$ 的终边在第二或第三象限或 $x$ 轴的负半轴上. 因此，$\alpha$ 为第二象限角.

**随堂练习**

1. 用"<""＞"或"＝"填空.

(1) $\sin 160°$ _____ $0$；　　　　(2) $\cos\dfrac{18\pi}{5}$ _____ $0$；

(3) $\tan 590°$ _____ $0$.

2. (1) 若 $\sin\alpha>0$，则 $\alpha$ 的终边在 _____；

(2) 若 $\cos\alpha<0$，则 $\alpha$ 的终边在 _____；

(3) 若 $\tan\alpha>0$，则 $\alpha$ 的终边在第 _____ 或第 _____ 象限.

3. 若 $\sin\alpha<0$，且 $\tan\alpha<0$，则 $\alpha$ 是第 _____ 象限角.

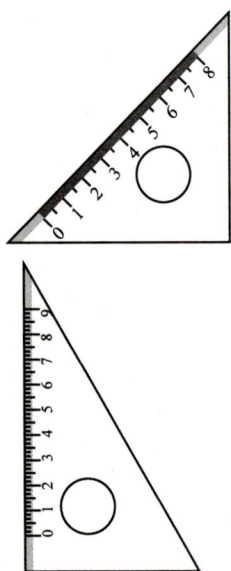

图 5-16

## 问题提出 ❓

如图 5-16 所示，两个三角板上有几个特殊的锐角：30°，45°，60°. 初中已研究了它们对应的正弦值、余弦值和正切值. 现将角的范围进行了推广，已经在平面直角坐标系中研究了各象限角的正弦值、余弦值和正切值的符号分布规律. 对于在平面直角坐标系中不属于任何象限的特殊角，如 0°，90°，180°，270°等，它们的正弦值、余弦值和正切值又是多少？以 180° 为例，试求出它的正弦值、余弦值和正切值.

## 分析理解 🎯

在平面直角坐标系中，180°角的终边正好与 $x$ 轴的负半轴重合，如图 5-17 所示. 以坐标原点为圆心、半径为单位长度的圆(简称单位圆)与 $x$ 轴交于点 $P(-1, 0)$，于是有

$$x=-1, \ y=0, \ r=1.$$

根据任意角的正弦、余弦和正切的定义可知，

$$\sin 180°=\frac{y}{r}=0; \quad \cos 180°=\frac{x}{r}=-1; \quad \tan 180°=\frac{y}{x}=0.$$

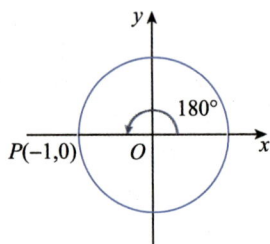

图 5-17

## 类比归纳 📖

一般地，取单位圆与坐标轴的交点就可以得到 0°，90°，180°和 270°等特殊角的正弦值、余弦值和正切值，如表 5-4 所示.

表 5-4

| $\alpha$ | 0° | 30° | 45° | 60° | 90° | 180° | 270° | 360° |
|---|---|---|---|---|---|---|---|---|
| $\alpha$ 的弧度数 | 0 | $\frac{\pi}{6}$ | $\frac{\pi}{4}$ | $\frac{\pi}{3}$ | $\frac{\pi}{2}$ | $\pi$ | $\frac{3\pi}{2}$ | $2\pi$ |
| $\sin \alpha$ | 0 | $\frac{1}{2}$ | $\frac{\sqrt{2}}{2}$ | $\frac{\sqrt{3}}{2}$ | 1 | 0 | $-1$ | 0 |
| $\cos \alpha$ | 1 | $\frac{\sqrt{3}}{2}$ | $\frac{\sqrt{2}}{2}$ | $\frac{1}{2}$ | 0 | $-1$ | 0 | 1 |
| $\tan \alpha$ | 0 | $\frac{\sqrt{3}}{3}$ | 1 | $\sqrt{3}$ | 不存在 | 0 | 不存在 | 0 |

表中 360°角与 0°角的终边相同，对应的三角函数值也相同.

📖 笔记

**例 4**　求 $5\sin 180°-4\sin 90°+2\tan 180°-7\sin 270°$ 的值.

**解**　原式 $=5×0-4×1+2×0-7×(-1)$

$\qquad\quad=3.$

**例 5**　求 $\sin\dfrac{\pi}{6}-\cos\dfrac{\pi}{3}+\cos\pi-\sin\dfrac{3\pi}{2}$ 的值.

**解**　原式 $=\dfrac{1}{2}-\dfrac{1}{2}+(-1)-(-1)$

$\qquad\quad=0.$

**随堂练习**

1. $\dfrac{\cos 60°}{\tan 45°}=$（　　　）.

A. $\dfrac{1}{2}$　　　　　B. $\dfrac{\sqrt{3}}{2}$　　　　　C. $\dfrac{\sqrt{3}}{6}$　　　　　D. $\dfrac{\sqrt{2}}{4}$

2. $2\cos 270°+5\sin 0°+2\cos 180°=$_____.

3. $5\sin\dfrac{\pi}{2}+2\cos\dfrac{3\pi}{2}-3\tan\pi+6\cos 0=$_____.

# 习题 5.3　>>>>>>>>>>>>

**水平一**

1. 若 $\alpha$ 的终边经过点 $P(-3,-4)$，则 $\tan\alpha=$（　　　）.

A. $-3$　　　　B. $-4$　　　　C. $\dfrac{4}{3}$　　　　D. $\dfrac{3}{4}$

2. (1) 若 $\sin\alpha<0$，则 $\alpha$ 的终边在_____；

(2) 若 $\cos\alpha>0$，则 $\alpha$ 的终边在_____；

(3) 若 $\tan\alpha<0$，则 $\alpha$ 的终边在第_____或第_____象限.

3. 用"$<$""$>$"或"$=$"填空.

(1) $\sin 210°$_____ $0$；　　　(2) $\cos(-30°)$_____ $0$；

(3) $\tan 240°$_____ $0$；　　　(4) $\sin 150°$_____ $0$.

4. 若 $\alpha$ 的终边经过点 $P$，求 $\sin\alpha$，$\cos\alpha$，$\tan\alpha$ 的值.

(1) $P(3,4)$；　　　　　(2) $P(12,-5)$.

笔记

5. 计算.

(1) $\sin \dfrac{\pi}{6} + 2\cos \dfrac{\pi}{3} - \tan \dfrac{\pi}{4}$;

(2) $2\sin 0° - 3\sin 90° + 4\sin 180° - 5\sin 270° - 6\sin 360°$;

(3) $\cos 0 - 2\cos \dfrac{\pi}{2} + 3\cos \pi - 4\cos \dfrac{3\pi}{2} + 5\cos 2\pi$.

**水平二**

1. 若 $\tan \alpha \cos \alpha > 0$,且 $\cos \alpha \sin \alpha < 0$,求 $\alpha$ 所在的象限.

2. 若 $\alpha$ 的终边经过点 $P(3,\ y)$,且满足 $\cos \alpha = \dfrac{3}{5}$,求 $\sin \alpha$,$\tan \alpha$ 的值.

3. 已知 $\alpha$ 的终边经过点 $P(3a,\ -4a)(a \neq 0)$,求 $\sin \alpha$,$\cos \alpha$,$\tan \alpha$ 的值.

# 5.4 同角三角函数的基本关系 ⟫⟫⟫⟫⟫⟫

**问题提出** ❓

在上一节,我们学习了三角函数的定义以及在各个象限的符号,那么同一个角的三角函数值之间是否存在某种关系呢?

**分析理解** 🎯

我们知道,在平面直角坐标系中,单位圆是以原点为圆心、单位长度为半径的圆. 下面我们利用单位圆来研究同角三角函数的基本关系. 如图 5-18 所示,已知点 $P(x,\ y)$ 是角 $\alpha$ 的终边与单位圆的交点. 过点 $P$ 作 $x$ 轴的垂线,垂足为 $M$,则 $\triangle OMP$ 是直角三角形,且 $OM = |x|$,$PM = |y|$,$OP = r = 1$.

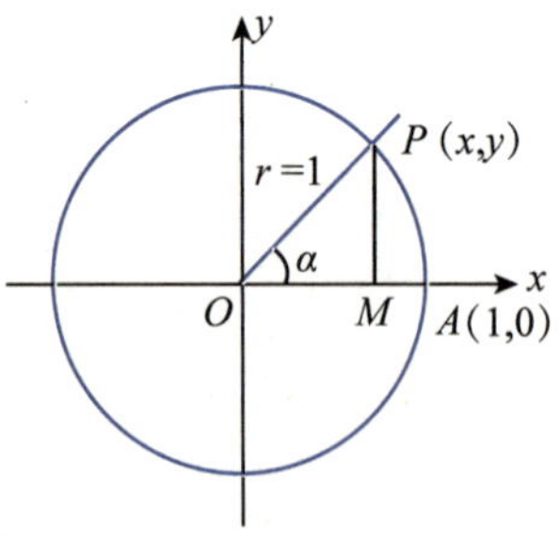

根据正弦、余弦和正切的定义可知,在单位圆上,

$$\sin \alpha = y; \quad \cos \alpha = x; \quad \tan \alpha = \frac{y}{x},\ x \neq 0.$$

在 $\text{Rt}\triangle OPM$ 中,由勾股定理有 $OM^2 + PM^2 = OP^2$,即 $x^2 + y^2 = 1$,

图 5-18

所以 $\sin^2 \alpha + \cos^2 \alpha = 1$.

显然，当 $\alpha$ 的终边与坐标轴重合时，这个公式也成立.

根据正切的定义，当 $\alpha \neq \dfrac{\pi}{2} + k\pi (k \in \mathbf{Z})$ 时，

$$\tan \alpha = \frac{\sin \alpha}{\cos \alpha}.$$

**抽象概括** ⚙

一般地，可以得到同角三角函数的基本关系式.

(1) **平方关系**：$\sin^2 \alpha + \cos^2 \alpha = 1$.

(2) **商数关系**：$\tan \alpha = \dfrac{\sin \alpha}{\cos \alpha}$.

**例1** 已知 $\cos \alpha = \dfrac{3}{5}$，且 $\alpha$ 是第四象限角，求 $\sin \alpha$，$\tan \alpha$ 的值.

**解** 因为 $\alpha$ 是第四象限角，所以 $\sin \alpha < 0$.

$$\sin \alpha = -\sqrt{1 - \cos^2 \alpha} = -\sqrt{1 - \left(\frac{3}{5}\right)^2} = -\frac{4}{5},$$

$$\tan \alpha = \frac{\sin \alpha}{\cos \alpha} = \frac{-\dfrac{4}{5}}{\dfrac{3}{5}} = -\frac{4}{3}.$$

**例2** 已知 $\tan \alpha = \dfrac{12}{5}$，且 $\alpha$ 是第三象限角，求 $\sin \alpha$，$\cos \alpha$ 的值.

**解** 由 $\tan \alpha = \dfrac{12}{5}$ 得，$\dfrac{\sin \alpha}{\cos \alpha} = \dfrac{12}{5}$，即 $\sin \alpha = \dfrac{12}{5} \cos \alpha$. ①

把①代入 $\sin^2 \alpha + \cos^2 \alpha = 1$， ②

得 $\left(\dfrac{12}{5} \cos \alpha\right)^2 + \cos^2 \alpha = 1$，

$$\frac{169}{25} \cos^2 \alpha = 1,$$

$$\cos^2 \alpha = \frac{25}{169}.$$

因为 $\alpha$ 是第三象限角，所以 $\cos \alpha < 0$.

所以 $\cos \alpha = -\dfrac{5}{13}$.

📖 笔 记

💡 **特别提示**

　　根据 $\sin^2 \alpha + \cos^2 \alpha = 1$，可得 $\sin \alpha = \sqrt{1 - \cos^2 \alpha}$ 或 $\sin \alpha = -\sqrt{1 - \cos^2 \alpha}$. 其开方后的符号是由正弦值的象限符号来确定的. 同理，开方后余弦值的符号也一样.

把 $\cos\alpha=-\dfrac{5}{13}$ 代入①式，得

$$\sin\alpha=\dfrac{12}{5}\cos\alpha=\dfrac{12}{5}\times\left(-\dfrac{5}{13}\right)=-\dfrac{12}{13}.$$

**例 3** 求证 $\sin^4\alpha-\cos^4\alpha=2\sin^2\alpha-1$.

**证明**
$$
\begin{aligned}
\sin^4\alpha-\cos^4\alpha &=(\sin^2\alpha+\cos^2\alpha)(\sin^2\alpha-\cos^2\alpha)\\
&=\sin^2\alpha-\cos^2\alpha\\
&=\sin^2\alpha-(1-\sin^2\alpha)\\
&=2\sin^2\alpha-1.
\end{aligned}
$$

**例 4** 化简 $\dfrac{\sin\theta-\cos\theta}{\tan\theta-1}$.

**解** 原式
$$
\begin{aligned}
&=\dfrac{\sin\theta-\cos\theta}{\dfrac{\sin\theta}{\cos\theta}-1}\\[2mm]
&=\dfrac{\sin\theta-\cos\theta}{\dfrac{\sin\theta-\cos\theta}{\cos\theta}}\\[2mm]
&=(\sin\theta-\cos\theta)\cdot\dfrac{\cos\theta}{\sin\theta-\cos\theta}\\[2mm]
&=\cos\theta.
\end{aligned}
$$

**例 5** 已知 $\tan\theta=-3$，求 $\dfrac{4\sin\theta-2\cos\theta}{5\cos\theta+3\sin\theta}$ 的值.

**解** 方法一：显然 $\cos\theta\neq0$，

$$\dfrac{4\sin\theta-2\cos\theta}{5\cos\theta+3\sin\theta}=\dfrac{\dfrac{4\sin\theta}{\cos\theta}-\dfrac{2\cos\theta}{\cos\theta}}{\dfrac{5\cos\theta}{\cos\theta}+\dfrac{3\sin\theta}{\cos\theta}}=\dfrac{4\tan\theta-2}{5+3\tan\theta}=\dfrac{4\times(-3)-2}{5+3\times(-3)}=\dfrac{7}{2}.$$

方法二：由 $\tan\theta=\dfrac{\sin\theta}{\cos\theta}=-3$，得 $\sin\theta=-3\cos\theta$.

$$
\begin{aligned}
\dfrac{4\sin\theta-2\cos\theta}{5\cos\theta+3\sin\theta}&=\dfrac{4(-3\cos\theta)-2\cos\theta}{5\cos\theta+3(-3\cos\theta)}\\[2mm]
&=\dfrac{-14\cos\theta}{-4\cos\theta}=\dfrac{7}{2}.
\end{aligned}
$$

特别提示

方法一的运算思路是由正弦函数、余弦函数变化为正切函数求出结果，我们简称为"弦化切"；方法二的运算思路是由正切函数变化为正弦函数和余弦函数的关系后求出结果，我们简称为"切化弦".

随堂练习 📑

1. 已知 $\sin \alpha = \dfrac{5}{13}$，且 $\alpha$ 是第二象限角，则 $\cos \alpha =$ _____，$\tan \alpha =$ _____．

2. 已知 $\tan \alpha = -\sqrt{3}$，且 $\alpha$ 是第四象限角，则 $\sin \alpha =$ _____，$\cos \alpha =$ _____．

3. 化简．

(1) $\cos \alpha \tan \alpha =$ _____；　(2) $(1-\sin x)(1+\sin x) =$ _____．

## 习题 5.4　>>>>>>>>>>>>

### 水平一

1. 已知 $\sin \alpha = -\dfrac{3}{5}$，且 $\alpha$ 是第四象限角，则 $\cos \alpha =$（　　）．

A. $-\dfrac{4}{5}$　　　　B. $-\dfrac{3}{4}$　　　　C. $\dfrac{3}{5}$　　　　D. $\dfrac{4}{5}$

2. $\sin^2 25° + \cos^2 25° =$ _____．

3. 已知 $\cos \alpha = -\dfrac{1}{2}$，且 $\alpha$ 是第三象限角，则 $\sin \alpha =$ _____，$\tan \alpha =$ _____．

4. 已知 $\tan \alpha = -1$，且 $\alpha$ 是第四象限角，求 $\sin \alpha$，$\cos \alpha$ 的值．

5. 化简 $\dfrac{2\cos^2 \alpha - 1}{1 - 2\sin^2 \alpha}$．

### 水平二

1. 已知 $\sin \alpha = -\dfrac{1}{3}$，且 $\alpha \in \left(\dfrac{3\pi}{2}, 2\pi\right)$，求 $\cos \alpha$，$\tan \alpha$ 的值．

2. 设 $\tan \alpha = 3$，求 $\dfrac{2\cos \alpha + \sin \alpha}{\cos \alpha - 2\sin \alpha}$ 的值．

3. 求证．

(1) $\sin^4 \alpha + \sin^2 \alpha \cos^2 \alpha + \cos^2 \alpha = 1$；

(2) $\tan^2 \alpha - \sin^2 \alpha = \tan^2 \alpha \sin^2 \alpha$．

📑 笔 记

## 5.5 诱导公式 >>>>>>>>>>>

我们知道，图像的对称性是函数性质(如奇偶性)的重要几何特征．在上一节，我们借助单位圆推导了同角三角函数的基本关系式．下面，我们继续利用在平面直角坐标系中关于原点中心对称的单位圆，推导三角函数的诱导公式．

**问题提出** ❓

我们知道，$\dfrac{\pi}{3}$ 和 $\dfrac{7\pi}{3}$ ($\dfrac{7\pi}{3}$ 可写为 $\dfrac{\pi}{3}+2\pi$) 所对应的角是终边相同的角．想一想，$\sin\dfrac{\pi}{3}$ 与 $\sin\dfrac{7\pi}{3}$，$\cos\dfrac{\pi}{3}$ 与 $\cos\dfrac{7\pi}{3}$ 之间有什么关系？

**分析理解** ◎

在平面直角坐标系中，由于 $\dfrac{\pi}{3}$ 和 $\dfrac{7\pi}{3}$ 所对应的角的终边相同，所以由三角函数的定义可知，$\sin\dfrac{\pi}{3}=\sin\dfrac{7\pi}{3}$，$\cos\dfrac{\pi}{3}=\cos\dfrac{7\pi}{3}$．

如图 5-19 所示，角 $\alpha$ 的终边与单位圆的交点为 $P(\cos\alpha,\ \sin\alpha)$，终边继续旋转 $2\pi k(k\in\mathbf{Z})$ 后，点 $P(\cos\alpha,\ \sin\alpha)$ 又回到原来的位置，所以各三角函数值并不发生变化．

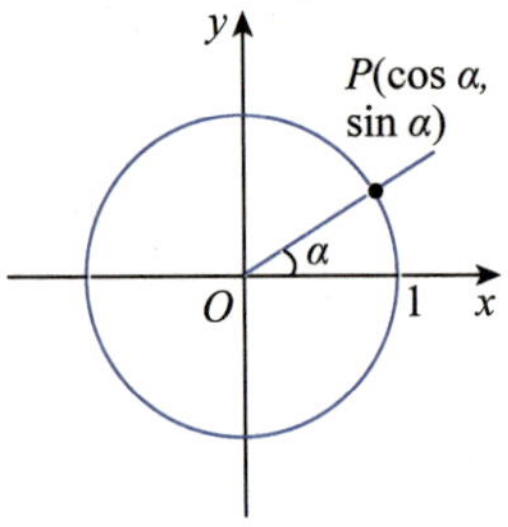

图 5-19

**抽象概括** ⚙

我们知道，所有与 $\alpha$ 终边相同的角，连同 $\alpha$ 在内，可以组成一个集合
$$S=\{\beta\mid\beta=\alpha+2k\pi,\ k\in\mathbf{Z}\}.$$

由三角函数的定义可知，角 $\alpha+2k\pi(k\in\mathbf{Z})$ 与角 $\alpha$ 的同名三角函数的值相等("同名"指同为正弦、余弦或正切，下同)．于是，当 $k\in\mathbf{Z}$ 时，有

$$\sin(\alpha+2k\pi)=\sin\alpha\ (k\in\mathbf{Z});$$
$$\cos(\alpha+2k\pi)=\cos\alpha\ (k\in\mathbf{Z});\qquad\text{公式一}$$
$$\tan(\alpha+2k\pi)=\tan\alpha\ (k\in\mathbf{Z}).$$

即终边相同的角同名三角函数值相等．

**例1**　求下列三角函数的值.

（1）$\sin \dfrac{13\pi}{6}$；　（2）$\cos\left(-\dfrac{5\pi}{3}\right)$；　（3）$\tan 405°$.

**解**　（1）$\sin \dfrac{13\pi}{6}=\sin\left(\dfrac{\pi}{6}+2\pi\right)=\sin\dfrac{\pi}{6}=\dfrac{1}{2}$；

（2）$\cos\left(-\dfrac{5\pi}{3}\right)=\cos\left(\dfrac{\pi}{3}-2\pi\right)=\cos\dfrac{\pi}{3}=\dfrac{1}{2}$；

（3）$\tan 405°=\tan(45°+360°)=\tan 45°=1$.

**特别提示**
利用公式一，可以把任意角的三角函数转化为$[0,2\pi)$范围内角的三角函数.

**笔记**

**随堂练习**

1. $\sin 750°=$（　　）.

A. $-\dfrac{1}{2}$　　B. $-\dfrac{\sqrt{3}}{2}$　　C. $\dfrac{1}{2}$　　D. $\dfrac{\sqrt{3}}{2}$

2. $\cos \dfrac{25\pi}{6}=$（　　）.

A. $-\dfrac{1}{2}$　　B. $-\dfrac{\sqrt{3}}{2}$　　C. $\dfrac{1}{2}$　　D. $\dfrac{\sqrt{3}}{2}$

3. $\tan\left(-\dfrac{7\pi}{4}\right)=$（　　）.

A. $-1$　　B. $1$　　C. $\dfrac{\sqrt{3}}{3}$　　D. $\sqrt{3}$

**观察思考**

如图5-20所示，$\dfrac{\pi}{6}$和$\dfrac{7\pi}{6}$（$\dfrac{7\pi}{6}$可写为$\pi+\dfrac{\pi}{6}$）所对应的角的终边关于坐标原点对称. 想一想，$\sin\dfrac{\pi}{6}$与$\sin\dfrac{7\pi}{6}$，$\cos\dfrac{\pi}{6}$与$\cos\dfrac{7\pi}{6}$之间有什么关系?

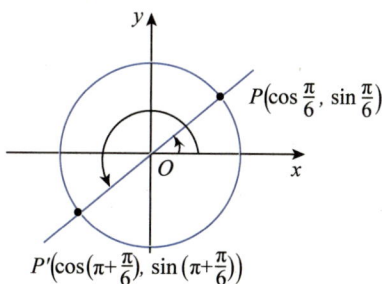

图 5-20

**分析理解**

如图 5-20 所示，$\frac{\pi}{6}$ 和 $\frac{7\pi}{6}$ 所对应的角的终边与单位圆的交点分别是点 $P$ 与点 $P'$. 根据对称性可知，它们的横坐标与纵坐标都分别互为相反数.

由此得到

$$\sin \frac{\pi}{6} = -\sin \frac{7\pi}{6} = -\sin \left(\pi + \frac{\pi}{6}\right), \quad \cos \frac{\pi}{6} = -\cos \frac{7\pi}{6} = -\cos \left(\pi + \frac{\pi}{6}\right).$$

如图 5-21 所示，设单位圆与任意角 $\alpha$，$\pi + \alpha$ 的终边分别相交于点 $P$ 和 $P'$，则点 $P$ 和 $P'$ 关于原点中心对称. 如果点 $P$ 的坐标是 $(\cos \alpha, \sin \alpha)$，那么点 $P'$ 的坐标应该是 $(-\cos \alpha, -\sin \alpha)$. 又由于点 $P'$ 作为角 $\pi + \alpha$ 的终边与单位圆的交点，其坐标应该是 $(\cos (\pi + \alpha), \sin (\pi + \alpha))$，由此得到

$$\cos (\pi + \alpha) = -\cos \alpha, \quad \sin (\pi + \alpha) = -\sin \alpha.$$

由同角三角函数的关系式知

$$\tan (\pi + \alpha) = \frac{\sin (\pi + \alpha)}{\cos (\pi + \alpha)} = \frac{-\sin \alpha}{-\cos \alpha} = \tan \alpha.$$

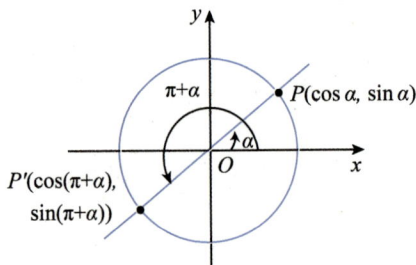

图 5-21

**抽象概括**

与任意角 $\alpha$ 的终边关于原点中心对称的角 $\pi + \alpha$ 的正弦函数、余弦函数和正切函数的计算公式如下.

$$\sin (\pi + \alpha) = -\sin \alpha;$$
$$\cos (\pi + \alpha) = -\cos \alpha; \qquad 公式二$$
$$\tan (\pi + \alpha) = \tan \alpha.$$

**例 2** 求下列三角函数的值.

(1) $\sin 225°$;      (2) $\cos \dfrac{4\pi}{3}$;      (3) $\tan 570°$.

**解** (1) $\sin 225° = \sin(180° + 45°) = -\sin 45° = -\dfrac{\sqrt{2}}{2}$;

(2) $\cos \dfrac{4\pi}{3} = \cos\left(\pi + \dfrac{\pi}{3}\right) = -\cos\dfrac{\pi}{3} = -\dfrac{1}{2}$;

(3) $\tan 570° = \tan(210° + 360°) = \tan 210° = \tan(180° + 30°) = \tan 30°$

$\qquad = \dfrac{\sqrt{3}}{3}$.

**随堂练习**

1. $\sin 240° = ($    $)$.

A. $-\dfrac{1}{2}$      B. $-\dfrac{\sqrt{3}}{2}$      C. $\dfrac{1}{2}$      D. $\dfrac{\sqrt{3}}{2}$

2. $\cos \dfrac{10\pi}{3} = ($    $)$.

A. $-\dfrac{1}{2}$      B. $-\dfrac{\sqrt{3}}{2}$      C. $\dfrac{1}{2}$      D. $\dfrac{\sqrt{3}}{2}$

3. $\tan \dfrac{21\pi}{4} = ($    $)$.

A. $-1$      B. $\dfrac{\sqrt{3}}{3}$      C. $1$      D. $\sqrt{3}$

**观察思考**

如图 5-22 所示, $\dfrac{\pi}{6}$ 和 $-\dfrac{\pi}{6}$ 所对应的角的终边关于 $x$ 轴对称. 想一想,

$\sin \dfrac{\pi}{6}$ 与 $\sin\left(-\dfrac{\pi}{6}\right)$, $\cos \dfrac{\pi}{6}$ 与 $\cos\left(-\dfrac{\pi}{6}\right)$ 之间有什么关系?

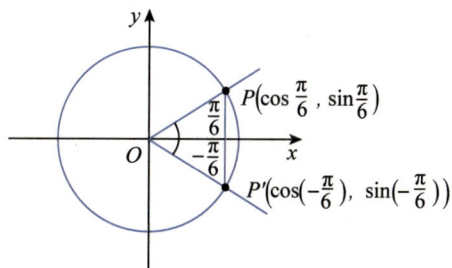

图 5-22

如图 5-22 所示，$\dfrac{\pi}{6}$ 和 $-\dfrac{\pi}{6}$ 所对应的角的终边与单位圆的交点分别是点 $P$ 与点 $P'$. 根据对称性可知，点 $P$ 与点 $P'$ 的横坐标相同、纵坐标互为相反数.

由此得到 $\cos\dfrac{\pi}{6}=\cos\left(-\dfrac{\pi}{6}\right)$，$\sin\dfrac{\pi}{6}=-\sin\left(-\dfrac{\pi}{6}\right)$.

如图 5-23 所示，设单位圆与任意角 $\alpha$，$-\alpha$ 的终边分别相交于点 $P$ 和点 $P'$，则点 $P$ 与点 $P'$ 关于 $x$ 轴对称. 如果点 $P$ 的坐标是 $(\cos\alpha,\ \sin\alpha)$，那么点 $P'$ 的坐标是 $(\cos\alpha,\ -\sin\alpha)$. 由于点 $P'$ 作为角 $-\alpha$ 的终边与单位圆的交点，其坐标应该是 $(\cos(-\alpha),\ \sin(-\alpha))$，于是得到

$$\cos(-\alpha)=\cos\alpha,\ \sin(-\alpha)=-\sin\alpha.$$

由同角三角函数的关系式知

$$\tan(-\alpha)=\frac{\sin(-\alpha)}{\cos(-\alpha)}=\frac{-\sin\alpha}{\cos\alpha}=-\tan\alpha.$$

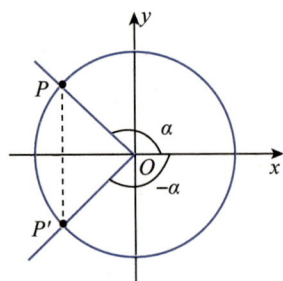

图 5-23

笔 记

与任意角 $\alpha$ 的终边关于 $x$ 轴对称的角 $-\alpha$ 的正弦函数、余弦函数和正切函数的计算公式如下.

$$\begin{aligned}
&\sin(-\alpha)=-\sin\alpha;\\
&\cos(-\alpha)=\cos\alpha;\qquad \text{公式三}\\
&\tan(-\alpha)=-\tan\alpha.
\end{aligned}$$

**例 3** 求下列三角函数的值.

(1) $\sin(-45°)$;　　　　(2) $\cos(-390°)$;　　　　(3) $\tan\left(-\dfrac{16\pi}{3}\right)$.

**解** (1) $\sin(-45°)=-\sin45°=-\dfrac{\sqrt{2}}{2}$;

(2) $\cos(-390°)=\cos390°=\cos(30°+360°)=\cos30°=\dfrac{\sqrt{3}}{2}$;

(3) $\tan\left(-\dfrac{16\pi}{3}\right)=-\tan\dfrac{16\pi}{3}=-\tan\left(\dfrac{4\pi}{3}+4\pi\right)=-\tan\dfrac{4\pi}{3}$

$$=-\tan\left(\pi+\dfrac{\pi}{3}\right)=-\tan\dfrac{\pi}{3}=-\sqrt{3}.$$

特别提示

利用公式三，可以把负角的三角函数转化为正角的三角函数.

**随堂练习**

1. $\sin\left(-\dfrac{\pi}{6}\right)=($　　$)$.

　A. $-\dfrac{1}{2}$　　　B. $-\dfrac{\sqrt{3}}{2}$　　　C. $\dfrac{1}{2}$　　　D. $\dfrac{\sqrt{3}}{2}$

2. $\cos\left(-\dfrac{4\pi}{3}\right)=($　　$)$.

　A. $-\dfrac{\sqrt{3}}{2}$　　　B. $-\dfrac{1}{2}$　　　C. $\dfrac{1}{2}$　　　D. $\dfrac{\sqrt{3}}{2}$

3. $\tan\left(-\dfrac{9\pi}{4}\right)=($　　$)$.

　A. $1$　　　B. $\dfrac{\sqrt{3}}{3}$　　　C. $-1$　　　D. $\sqrt{3}$

笔 记

**观察思考**

如图 5-24 所示，$\alpha$ 和 $\pi-\alpha$ 所对应的角的终边关于 $y$ 轴对称．想一想，$\sin\alpha$ 与 $\sin(\pi-\alpha)$，$\cos\alpha$ 与 $\cos(\pi-\alpha)$ 之间有什么关系？

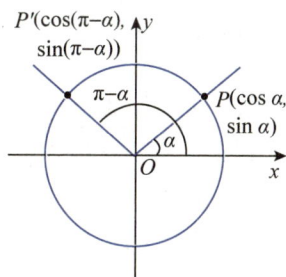

**图 5-24**

**分析理解**

如图 5-24 所示，设单位圆与角 $\alpha$，$\pi-\alpha$ 的终边分别相交于点 $P$ 和点 $P'$，则点 $P$ 与点 $P'$ 关于 $y$ 轴对称．如果点 $P$ 的坐标是 $(\cos\alpha,\ \sin\alpha)$，那么点 $P'$ 的坐标是 $(-\cos\alpha,\ \sin\alpha)$．由于点 $P'$ 作为角 $\pi-\alpha$ 的终边与单位圆的交点，其坐标应该是 $(\cos(\pi-\alpha),\ \sin(\pi-\alpha))$，

$$\cos(\pi-\alpha)=-\cos\alpha,\qquad \sin(\pi-\alpha)=\sin\alpha.$$

由同角三角函数的关系式知

$$\tan(\pi-\alpha)=\frac{\sin(\pi-\alpha)}{\cos(\pi-\alpha)}=\frac{\sin\alpha}{-\cos\alpha}=-\tan\alpha.$$

**抽象概括**

与任意角 $\alpha$ 的终边关于 $y$ 轴对称的角 $\pi-\alpha$ 的正弦函数、余弦函数和正切函数的计算公式如下.

$$\sin(\pi-\alpha)=\sin\alpha;$$
$$\cos(\pi-\alpha)=-\cos\alpha;\qquad \text{公式四}$$
$$\tan(\pi-\alpha)=-\tan\alpha.$$

公式一至公式四统称为三角函数的诱导公式. 利用这些公式可以把任意角的三角函数转化为锐角三角函数.

**例 4** 求下列三角函数的值.

(1) $\cos 135°$;　　　(2) $\tan\dfrac{8\pi}{3}$;　　　(3) $\cos\dfrac{11\pi}{4}$.

**解** (1) $\cos 135°=\cos(180°-45°)=-\cos 45°=-\dfrac{\sqrt{2}}{2}$;

(2) $\tan\dfrac{8\pi}{3}=\tan\left(\dfrac{2\pi}{3}+2\pi\right)=\tan\dfrac{2\pi}{3}=\tan\left(\pi-\dfrac{\pi}{3}\right)=-\tan\dfrac{\pi}{3}=-\sqrt{3}$;

(3) $\cos\dfrac{11\pi}{4}=\cos\left(\dfrac{3\pi}{4}+2\pi\right)=\cos\dfrac{3\pi}{4}=\cos\left(\pi-\dfrac{\pi}{4}\right)=-\cos\dfrac{\pi}{4}=-\dfrac{\sqrt{2}}{2}$.

**例 5** 化简: $\dfrac{\sin(2\pi-\alpha)\sin(3\pi+\alpha)}{\cos(-\pi+\alpha)\cos(3\pi-\alpha)\tan(-\alpha-\pi)}$.

**解** 原式 $=\dfrac{-\sin\alpha(-\sin\alpha)}{-\cos\alpha(-\cos\alpha)(-\tan\alpha)}$

$=-\dfrac{\sin\alpha\sin\alpha}{\cos\alpha\cos\alpha\dfrac{\sin\alpha}{\cos\alpha}}$

$=-\dfrac{\sin\alpha}{\cos\alpha}=-\tan\alpha.$

**归纳总结**

利用诱导公式, 把任意角的三角函数值转化为锐角的三角函数值的一般步骤为:

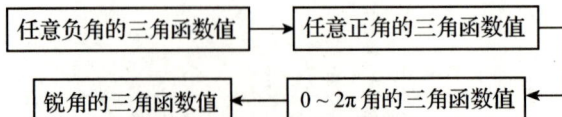

任意负角的三角函数值 → 任意正角的三角函数值

锐角的三角函数值 ← $0\sim2\pi$ 角的三角函数值

事实上，以上步骤体现了将未知转化为已知的化归思想．利用公式一至公式四，按上述步骤解决了求三角函数值这个重要而困难的问题．现在，由于计算工具的便捷使用，对于三角函数的"求值"已不是问题，但其中的思想方法在解决三角函数的各种问题中却依然有重要的作用．

**随堂练习**

1. $\sin 150° = ($　　$)$.

A. $-\dfrac{1}{2}$　　　B. $-\dfrac{\sqrt{3}}{2}$　　　C. $\dfrac{1}{2}$　　　D. $\dfrac{\sqrt{3}}{2}$

2. $\cos\left(-\dfrac{14\pi}{3}\right) = ($　　$)$.

A. $-\dfrac{1}{2}$　　　B. $-\dfrac{\sqrt{3}}{2}$　　　C. $\dfrac{1}{2}$　　　D. $\dfrac{\sqrt{3}}{2}$

3. $\tan \dfrac{29\pi}{6} = ($　　$)$.

A. $-1$　　　B. $-\dfrac{\sqrt{3}}{3}$　　　C. $1$　　　D. $\sqrt{3}$

**问题提出**

前面我们探究了求特殊角的三角函数值的方法，而对于不是特殊角的三角函数值又该如何求值呢？使用计算工具就能很容易地解决这个问题．

**分析理解**

利用科学计算器的 sin cos tan 键，可以方便地计算任意角的三角函数值．

主要步骤如下：设置精确度→设置模式（角度制或弧度制）→按键 sin （或键 cos tan ）→输入角的大小→按键 = 显示结果．

**例6** 利用科学计算器计算．（结果精确到 0.01）

(1) $\sin 63°52'41''$;　　　(2) $\cos \dfrac{4\pi}{3}$;　　　(3) $\tan\left(-\dfrac{6\pi}{5}\right)$.

**解** (1) 先将精确度设置为 0.01，再将科学计算器设置为角度计算模式，然后依次按下列各键：

sin ( 6 3 ····· 5 2 ····· 4 1 ····· ) =

结果显示：

sin(63°52°41°)
0.90

所以 sin 63°52′41″≈0.90.

(2) 先将精确度设置为 0.01，再将科学计算器设置为弧度计算模式，然后依次按下列各键：

cos ( 4 SHIFT X10¹ ( EXP ) ÷ 3 ) = S⇔D

结果显示：

cos (4π÷3)
-050

所以 $\cos\dfrac{4\pi}{3}=-0.50.$

(3) 先将精确度设置为 0.01，再将科学计算器设置为弧度计算模式，然后依次按下列各键：

tan ( – 6 SHIFT X10¹ ( EXP ) ÷ 5 ) =

结果显示：

tan (−6π÷5)
-073

所以 $\tan\left(-\dfrac{6\pi}{5}\right)\approx-0.73.$

**随堂练习**

1. 利用科学计算器求值.（结果精确到 0.01）

(1) $\sin 1\,480°10′12″\approx$ _____; (2) $\cos\dfrac{9\pi}{7}\approx$ _____;

(3) $\tan(-3.6)\approx$ _____.

2. 先填"＜""＞"或"＝"，再用科学计算器加以验证.

(1) sin 516°_____ 0;　　(2) cos $\dfrac{16\pi}{5}$ _____ 0;

(3) tan (−1 050°) _____ 0.

# 习题 5.5 　＞＞＞＞＞＞＞＞＞＞＞＞

**水平一**

1. sin $\dfrac{14\pi}{3}$ ＝(　　).

A. $-\dfrac{1}{2}$ 　　　　　B. $-\dfrac{\sqrt{3}}{2}$ 　　　　C. $\dfrac{1}{2}$ 　　　　D. $\dfrac{\sqrt{3}}{2}$

2. tan 315°＝(　　).

A. 1 　　　　　　　B. −1 　　　　　C. $\dfrac{1}{2}$ 　　　　D. $\dfrac{\sqrt{3}}{2}$

3. 填空题. ((7)～(9)小题用科学计算器完成，结果精确到 0.001)

(1) sin 240°＝_____;　　　　(2) cos 330°＝_____;

(3) tan 225°＝_____;　　　　(4) sin $\dfrac{13\pi}{3}$ ＝_____;

(5) cos $\left(-\dfrac{7\pi}{6}\right)$ ＝_____;　　(6) tan $\dfrac{17\pi}{4}$ ＝_____;

(7) sin $\dfrac{12\pi}{5}$ ≈_____;　　　　(8) cos $\left(-\dfrac{3\pi}{7}\right)$ ≈_____;

(9) tan 236°7′≈_____.

4. 计算 sin $\dfrac{5\pi}{6}$ −cos $\dfrac{2\pi}{3}$ ＋tan $\left(-\dfrac{\pi}{4}\right)$.

5. 化简 $\dfrac{\cos (-\alpha)\tan (\alpha-2\pi)\tan (2\pi-\alpha)}{\sin (\pi+\alpha)}$.

**水平二**

1. 已知 sin (−α)＝$\dfrac{1}{3}$，求 sin (π−α)的值.

2. 求值 sin (−1 200°)cos 1 290°＋cos (−1 020°)sin (−1 050°).

3. 化简 $\dfrac{\sin (\pi-\alpha)\cos (3\pi-\alpha)\tan (-\alpha-\pi)\tan (2\pi-\alpha)}{\tan (4\pi-\alpha)\sin (5\pi+\alpha)}$.

笔 记

# 5.6　正弦函数的图像和性质 >>>>>>>>>>

## 5.6.1　正弦函数的图像 >>>

### 观察思考 🔍

如果今天是 2021 年 3 月 17 日周三，那么往前推 7 天是周几？往后推 7 天是周几？再过 7 天又是周几？

显然，前面所有问题都是同一个答案：周三.

生活中，像这样每隔 7 天，"周三"又会重复出现，这个"7 天"就是我们常说的一周(一个周期)，这种每隔一段时间便会重复出现的现象称为周期现象.

### 分析理解 🎯

我们知道，单位圆上任意一点在圆周上旋转一周就回到原来的位置，这说明，在函数 $y=\sin x$ 中，当自变量每间隔 $2\pi$ 个单位长度时，对应的函数值都会重复出现，即 $\sin (x+2\pi)=\sin x$.

### 抽象概括 ⚙️

概念

周期函数

周期

最小正周期

一般地，对于函数 $y=f(x)$，如果存在一个非零常数 $T$，当 $x$ 取定义域 $D$ 内的每一个值时，都有 $x+T\in D$，并且都满足
$$f(x+T)=f(x),$$
则称函数 $y=f(x)$ 为**周期函数**，非零常数 $T$ 叫作这个函数的一个**周期**.

例如，函数 $y=\sin x$ 中，对于任意 $x\in \mathbf{R}$，都有 $x+2\pi\in \mathbf{R}$，且满足 $f(x+2\pi)=f(x)$. 可见，正弦函数是周期函数，且 $2\pi$ 是它的一个周期.

又由 $\sin (x+2\pi k)=\sin x\,(k\in \mathbf{Z})$，可知 $2\pi$，$4\pi$，$6\pi$，$\cdots$ 及 $-2\pi$，$-4\pi$，$-6\pi$，$\cdots$ 都是正弦函数 $y=\sin x$ 的周期.

对于一个周期函数 $y=f(x)$，如果在它的所有的周期中存在一个最小的正数，就称这个最小的正数为 $y=f(x)$ 的**最小正周期**.

由此可见，$2\pi$ 就是正弦函数 $y=\sin x$ 的最小正周期. 为了简便起见，

本书所指的三角函数的周期一般指函数的最小正周期. 因此, 我们说正弦函数的周期是 $2\pi$.

**分析理解**

$y = \sin x$ 是以 $2\pi$ 为周期的函数, 所以只要画出它在一个完整周期内的图像, 再利用周期性就可以得到正弦函数的图像.

首先, 列表. 自变量 $x$ 的取值如表 5-5 所示, 利用科学计算器求出 $y = \sin x$ 的各个值并填入表中.

表 5-5

| $x$ | 0 | $\frac{\pi}{6}$ | $\frac{\pi}{3}$ | $\frac{\pi}{2}$ | $\frac{2\pi}{3}$ | $\frac{5\pi}{6}$ | $\pi$ | $\frac{7\pi}{6}$ | $\frac{4\pi}{3}$ | $\frac{3\pi}{2}$ | $\frac{5\pi}{3}$ | $\frac{11\pi}{6}$ | $2\pi$ |
|---|---|---|---|---|---|---|---|---|---|---|---|---|---|
| $y = \sin x$ | 0 | 0.5 | 0.87 | 1 | 0.87 | 0.5 | 0 | $-0.5$ | $-0.87$ | $-1$ | $-0.87$ | $-0.5$ | 0 |

其次, 描点连线. 根据表中数值描点, 然后用光滑的曲线把各点连接起来, 绘制出在 $[0, 2\pi]$ 上的图像, 如图 5-25 所示.

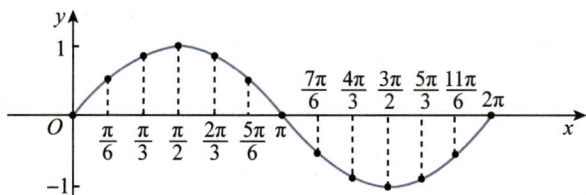

图 5-25

由图 5-25 可以看出, 决定函数 $y = \sin x (x \in [0, 2\pi])$ 图像形状的有五个关键点, 即

$$(0, 0), \left(\frac{\pi}{2}, 1\right), (\pi, 0), \left(\frac{3\pi}{2}, -1\right), (2\pi, 0).$$

因此, 在精确度要求不高时, 经常先找出这五个关键点, 再用光滑的曲线将它们连接起来, 得到函数 $y = \sin x (x \in [0, 2\pi])$ 的简图, 我们称这种画图方法为"五点(画图)法".

最后, 利用正弦函数的周期性, 我们将函数 $y = \sin x (x \in [0, 2\pi])$ 的图像向左或向右平移 $2\pi$, $4\pi$, $\cdots$, 即可画出 $y = \sin x$ 在 **R** 的图像, 如图 5-26 所示.

笔 记

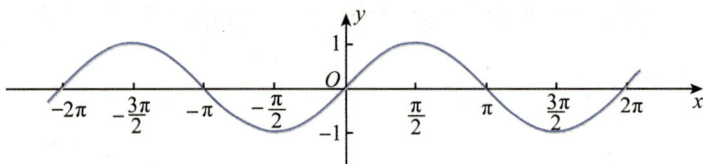

图 5-26

正弦函数 $y=\sin x$，$x \in \mathbf{R}$ 的图像叫作**正弦曲线**.

**例1** 用"五点法"画出下列函数在区间 $[0，2\pi]$ 内的简图.

(1) $y=-\sin x$；　　(2) $y=1+\sin x$.

**解** (1) 列表(表 5-6).

表 5-6

| $x$ | 0 | $\frac{\pi}{2}$ | $\pi$ | $\frac{3\pi}{2}$ | $2\pi$ |
|---|---|---|---|---|---|
| $y=\sin x$ | 0 | 1 | 0 | $-1$ | 0 |
| $y=-\sin x$ | 0 | $-1$ | 0 | 1 | 0 |

描点连线得 $y=-\sin x$ 在区间 $[0，2\pi]$ 内的简图，如图 5-27 所示.

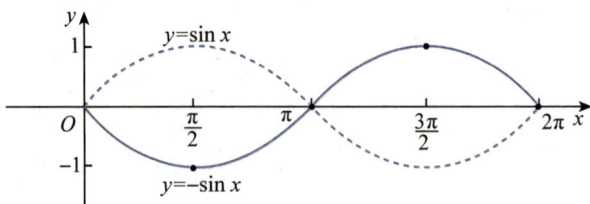

图 5-27

(2) 列表(表 5-7).

表 5-7

| $x$ | 0 | $\frac{\pi}{2}$ | $\pi$ | $\frac{3\pi}{2}$ | $2\pi$ |
|---|---|---|---|---|---|
| $y=\sin x$ | 0 | 1 | 0 | $-1$ | 0 |
| $y=1+\sin x$ | 1 | 2 | 1 | 0 | 1 |

描点连线得 $y=1+\sin x$ 在区间 $[0，2\pi]$ 内的简图，如图 5-28 所示.

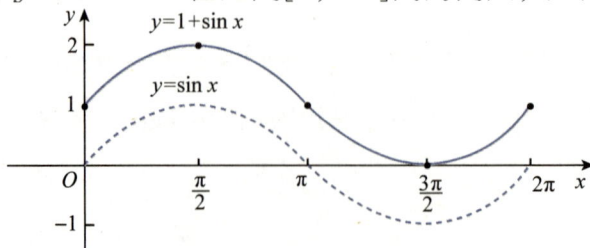

图 5-28

**合作交流**

$y=-\sin x$ 与 $y=\sin x$ 的图像有什么关系? $y=1+\sin x$ 与 $y=\sin x$ 的图像有什么关系?

**随堂练习**

完成下表(表5-8),并利用"五点法"画出 $y=3\sin x$ 在区间$[0,2\pi]$内的简图,并说明 $y=3\sin x$ 的图像与正弦函数 $y=\sin x$ 的图像的区别和联系.

表 5-8

| $x$ | 0 | $\frac{\pi}{2}$ | $\pi$ | $\frac{3\pi}{2}$ | $2\pi$ |
|---|---|---|---|---|---|
| $y=\sin x$ | 0 | 1 | 0 | $-1$ | 0 |
| $y=3\sin x$ | | | | | |

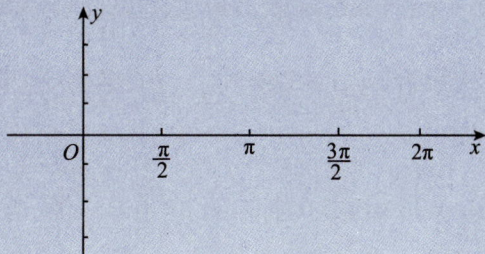

## 5.6.2 正弦函数的性质(一) >>>

**抽象概括**

通过观察 $y=\sin x$ 的图像可知正弦函数 $y=\sin x$ 的性质. 本节主要研究正弦函数的定义域、值域、周期性和奇偶性.

1. 定义域.

$y=\sin x$ 的定义域是 **R**.

2. 值域.

曲线夹在两条直线 $y=1$ 和 $y=-1$ 之间,因此$-1\leqslant\sin x\leqslant1$,即 $y=\sin x$ 的值域是$[-1,1]$.

当 $x=2k\pi+\dfrac{\pi}{2}(k\in\mathbf{Z})$时,$y=\sin x$ 取得最大值1;

当 $x=2k\pi-\dfrac{\pi}{2}(k\in\mathbf{Z})$时,$y=\sin x$ 取得最小值$-1$.

3. 周期性.

$y=\sin x$ 是周期函数，周期是 $2\pi$.

4. 奇偶性.

因为 $\sin(-x)=-\sin x$，所以 $y=\sin x$ 是奇函数，其图像关于原点对称.

**例 1** 已知 $\sin x=\dfrac{3-a}{2}$，求 $a$ 的取值范围.

**解** 因为 $\qquad\qquad -1\leqslant\sin x\leqslant 1$,

所以 $\qquad\qquad -1\leqslant\dfrac{3-a}{2}\leqslant 1$,

解得 $\qquad\qquad 1\leqslant a\leqslant 5$.

**例 2** 求使下列函数取得最大值、最小值的 $x$ 的集合，并求出这些函数的最大值、最小值.

(1) $y=3+\sin x$；    (2) $y=-2\sin x$.

**解** (1) 使函数 $y=3+\sin x$ 取得最大值的 $x$ 的集合，就是使函数 $y=\sin x$ 取得最大值的 $x$ 的集合 $\left\{x\left|x=2k\pi+\dfrac{\pi}{2},\ k\in\mathbf{Z}\right.\right\}$. 这时函数 $y=3+\sin x$ 的最大值为 $y=3+1=4$.

使函数 $y=3+\sin x$ 取得最小值的 $x$ 的集合，就是使函数 $y=\sin x$ 取得最小值的 $x$ 的集合 $\left\{x\left|x=2k\pi-\dfrac{\pi}{2},\ k\in\mathbf{Z}\right.\right\}$. 这时函数 $y=3+\sin x$ 的最小值为 $y=3+(-1)=2$.

(2) 使函数 $y=-2\sin x$ 取得最大值的 $x$ 的集合，就是使函数 $y=\sin x$ 取得最小值的 $x$ 的集合 $\left\{x\left|x=2k\pi-\dfrac{\pi}{2},\ k\in\mathbf{Z}\right.\right\}$. 这时函数 $y=-2\sin x$ 的最大值为 $y=-2\times(-1)=2$.

使函数 $y=-2\sin x$ 取得最小值的 $x$ 的集合，就是使函数 $y=\sin x$ 取得最大值的 $x$ 的集合 $\left\{x\left|x=2k\pi+\dfrac{\pi}{2},\ k\in\mathbf{Z}\right.\right\}$. 这时函数 $y=-2\sin x$ 的最小值为 $y=-2\times 1=-2$.

**随堂练习**

1. 已知 $\sin x=\dfrac{a-1}{5}$，则 $a$ 的取值范围为_____.

2. (1) 函数 $y=1+0.6\sin x$ 的最大值为_____，最小值

为_____；

（2）函数 $y=-\dfrac{2}{3}\sin x$ 的最大值为_____，最小值为_____.

### 5.6.3　正弦函数的性质(二) >>>

抽象概括 ⚙

5.单调性.

如图 5-29 所示，选取正弦曲线在长度为 $2\pi$ 的区间 $\left[-\dfrac{\pi}{2},\dfrac{3\pi}{2}\right]$ 内的图像

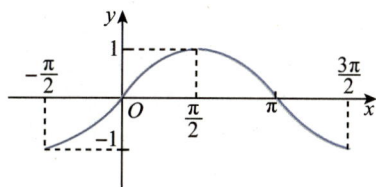

进行考查.

**图 5-29**

$y=\sin x$ 在区间 $\left[-\dfrac{\pi}{2},\dfrac{\pi}{2}\right]$ 上是增函数，在区间 $\left[\dfrac{\pi}{2},\dfrac{3\pi}{2}\right]$ 上是减函数.

由正弦函数的周期性可知：$y=\sin x$ 在每一个区间 $\left[2k\pi-\dfrac{\pi}{2},2k\pi+\dfrac{\pi}{2}\right]$

$(k\in\mathbf{Z})$ 上都是增函数，函数值由 $-1$ 增大到 $1$；在每一个区间

$\left[2k\pi+\dfrac{\pi}{2},2k\pi+\dfrac{3\pi}{2}\right]$ $(k\in\mathbf{Z})$ 上都是减函数，函数值由 $1$ 减小到 $-1$.

**例**　不求值，利用正弦函数的单调性，比较下列各对正弦值的大小.

（1）$\sin\dfrac{3\pi}{4}$ 与 $\sin\dfrac{2\pi}{3}$；　　（2）$\sin\left(-\dfrac{\pi}{9}\right)$ 与 $\sin\left(-\dfrac{\pi}{10}\right)$.

**解**　（1）因为 $\dfrac{\pi}{2}<\dfrac{2\pi}{3}<\dfrac{3\pi}{4}<\dfrac{3\pi}{2}$，

而 $y=\sin x$ 在 $\left[\dfrac{\pi}{2},\dfrac{3\pi}{2}\right]$ 上是减函数，所以

$$\sin\dfrac{3\pi}{4}<\sin\dfrac{2\pi}{3}.$$

笔记

（2）因为 $-\dfrac{\pi}{2}<-\dfrac{\pi}{9}<-\dfrac{\pi}{10}<0$，

而 $y=\sin x$ 在 $\left[-\dfrac{\pi}{2},\ 0\right]$ 上是增函数，所以

$$\sin\left(-\dfrac{\pi}{9}\right)<\sin\left(-\dfrac{\pi}{10}\right).$$

### 随堂练习

不求值，利用正弦函数的单调性，比较下列各对正弦函数值的大小.

（1）$\sin\dfrac{\pi}{12}$＿＿＿＿ $\sin\dfrac{\pi}{11}$；　　　　（2）$\sin 250°$＿＿＿＿ $\sin 260°$.

## 习题 5.6 >>>>>>>>>>>

### 水平一

1. 比较大小.

（1）$\sin 53°$＿＿＿＿ $\sin 78°$；　　　　（2）$\sin\dfrac{3\pi}{5}$＿＿＿＿ $\sin\dfrac{4\pi}{5}$.

2. 函数 $y=2\sin x$ 的最大值为＿＿＿＿，最小值为＿＿＿＿.

3. 已知 $\sin x=\dfrac{3a-1}{2}$，则 $a$ 的取值范围为＿＿＿＿.

4. 求函数 $y=-\dfrac{1}{2}\sin x$，$x\in[0,\ 2\pi]$ 的单调区间.

5. 利用"五点法"画出函数 $y=\dfrac{3}{2}\sin x$ 在一个周期内的图像.

### 水平二

1. 求函数 $y=-1-1.5\sin x$ 的最大值与最小值.

2. 求函数 $y=3-2\sin x$，$x\in\mathbf{R}$ 的单调区间.

3. 不求值，利用函数的单调性，比较下列各对正弦值的大小.

（1）$\sin 500°$ 与 $\sin 140°$；

（2）$\sin\left(-\dfrac{5\pi}{6}\right)$ 与 $\sin\left(-\dfrac{6\pi}{7}\right)$.

## 5.7 余弦函数的图像和性质 >>>>>>>>>>>

### 5.7.1 余弦函数的图像 >>>

**问题提出** ❓

我们学习了正弦函数的图像和性质，你能用类似的方法绘制出余弦函数的图像，并根据图像研究它的性质吗？

**分析理解** 🎯

根据诱导公式可知，

$$\cos(x+2\pi)=\cos x.$$

由周期函数的定义可知，余弦函数 $y=\cos x$ 是以 $2\pi$ 为周期的周期函数. 为画出函数 $y=\cos x$ 的图像，可仿照正弦曲线的画法，先用描点法画出它在一个周期 $[0，2\pi]$ 内的图像，然后利用周期性画出其完整图像.

首先，列表. 自变量 $x$ 取值如表 5-9 所示，利用科学计算器求出 $\cos x$ 的各个值并填入表中.

**表 5-9**

| $x$ | 0 | $\frac{\pi}{6}$ | $\frac{\pi}{3}$ | $\frac{\pi}{2}$ | $\frac{2\pi}{3}$ | $\frac{5\pi}{6}$ | $\pi$ | $\frac{7\pi}{6}$ | $\frac{4\pi}{3}$ | $\frac{3\pi}{2}$ | $\frac{5\pi}{3}$ | $\frac{11\pi}{6}$ | $2\pi$ |
|---|---|---|---|---|---|---|---|---|---|---|---|---|---|
| $y=\cos x$ | 1 | 0.87 | 0.5 | 0 | $-0.5$ | $-0.87$ | $-1$ | $-0.87$ | $-0.5$ | 0 | 0.5 | 0.87 | 1 |

其次，描点连线. 根据表中数值描点，用光滑的曲线把各点连接起来，得出图像如图 5-30 所示.

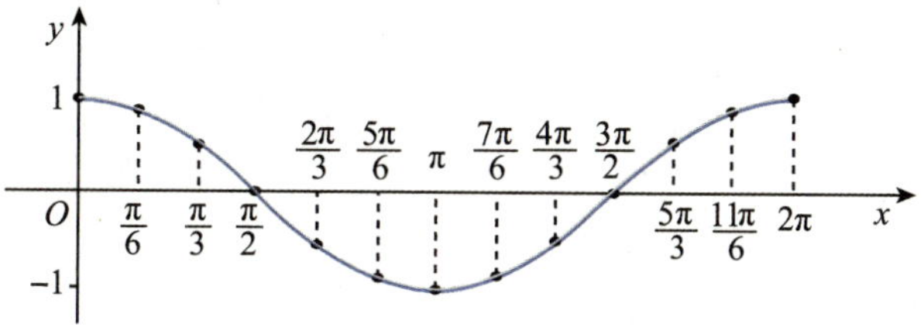

**图 5-30**

最后，利用余弦函数的周期性，把 $y=\cos x$ 在 $[0，2\pi]$ 内的图像向左或向右平移 $2\pi$，$4\pi$，…就可以画出 $y=\cos x$ 在 **R** 上的图像，如图 5-31 所示.

余弦函数 $y=\cos x$，$x\in$**R** 的图像叫作**余弦曲线**.

笔 记

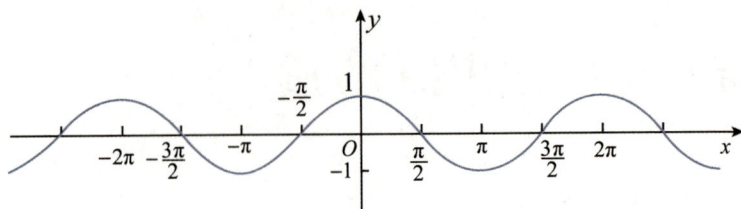

图 5-31

💡 特别提示

1. 与画正弦函数的图像一样，也可以用"五点法"画出 $y = \cos x$ 在 $[0, 2\pi]$ 内的简图，这五个关键点是：

$$\left(0,\ 1\right),\ \left(\frac{\pi}{2},\ 0\right),\ \left(\pi,\ -1\right),\ \left(\frac{3\pi}{2},\ 0\right),\ \left(2\pi,\ 1\right).$$

2. 正弦函数的图像向左平移 $\frac{\pi}{2}$ 个单位长度即可得到余弦函数的图像，如图 5-32 所示.

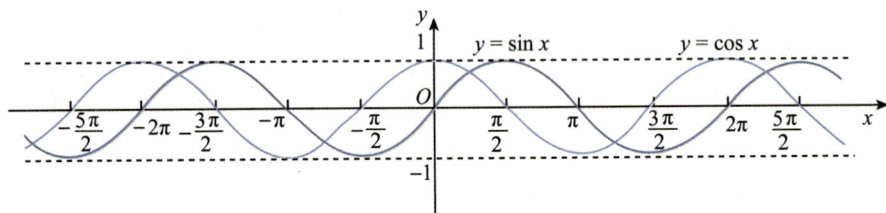

图 5-32

**例** 用"五点法"画出下列函数在区间 $[0, 2\pi]$ 内的简图.

(1) $y = 2\cos x$；　　(2) $y = -1 + \cos x$.

**解** (1) 列表(表 5-10).

表 5-10

| $x$ | $0$ | $\dfrac{\pi}{2}$ | $\pi$ | $\dfrac{3\pi}{2}$ | $2\pi$ |
|---|---|---|---|---|---|
| $y = \cos x$ | $1$ | $0$ | $-1$ | $0$ | $1$ |
| $y = 2\cos x$ | $2$ | $0$ | $-2$ | $0$ | $2$ |

描点连线得 $y = 2\cos x$ 在区间 $[0, 2\pi]$ 内的简图，如图 5-33 所示.

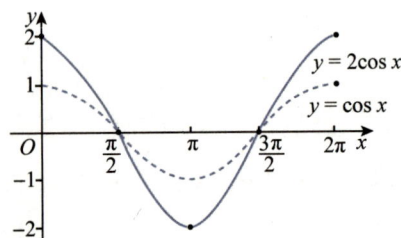

图 5-33

（2）列表（表 5-11）.

**表 5-11**

| $x$ | 0 | $\dfrac{\pi}{2}$ | $\pi$ | $\dfrac{3\pi}{2}$ | $2\pi$ |
|---|---|---|---|---|---|
| $y=\cos x$ | 1 | 0 | $-1$ | 0 | 1 |
| $y=-1+\cos x$ | 0 | $-1$ | $-2$ | $-1$ | 0 |

描点连线得 $y=-1+\cos x$ 在区间$[0，2\pi]$内的简图，如图 5-34 所示.

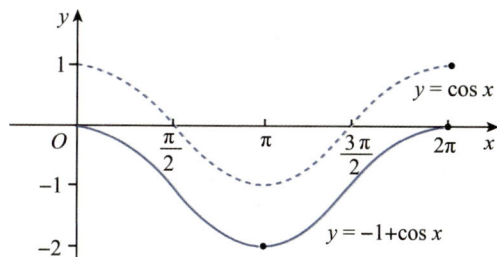

**图 5-34**

**合作交流**

　　1. $y=2\cos x$ 与 $y=\cos x$ 的图像有什么关系？

　　2. $y=-1+\cos x$ 与 $y=\cos x$ 的图像有什么关系？

**随堂练习**

　　完成下表（表 5-12），利用"五点法"画出 $y=1-\cos x$ 在区间$[0，2\pi]$内的简图，并说明 $y=1-\cos x$ 的图像与 $y=\cos x$ 的图像的区别和联系.

**表 5-12**

| $x$ | 0 | $\dfrac{\pi}{2}$ | $\pi$ | $\dfrac{3\pi}{2}$ | $2\pi$ |
|---|---|---|---|---|---|
| $y=\cos x$ |  |  |  |  |  |
| $y=1-\cos x$ |  |  |  |  |  |

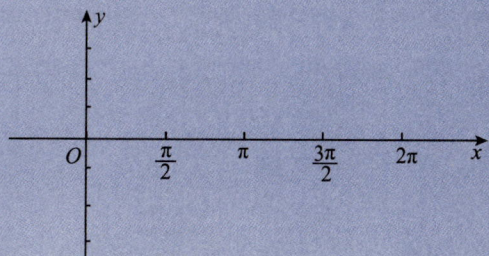

对比 $y=\cos x$ 的图像，$y=1-\cos x$ 图像是将 $y=\cos x$ 的图像通过 _____ 变化而得到的.

### 5.7.2　余弦函数的性质 >>>

抽象概括

通过观察 $y=\cos x$ 的图像可知，余弦函数 $y=\cos x$ 的性质有：

1. 定义域.

$y=\cos x$ 的定义域是 **R**.

2. 值域.

由余弦函数的图像可以看出，曲线夹在两条直线 $y=1$ 和 $y=-1$ 之间，因此 $-1\leqslant\cos x\leqslant 1$，即 $y=\cos x$ 的值域是 $[-1，1]$.

当 $x=2k\pi(k\in\mathbf{Z})$ 时，$y=\cos x$ 取得最大值 1；

当 $x=2k\pi+\pi(k\in\mathbf{Z})$ 时，$y=\cos x$ 取得最小值 $-1$.

3. 周期性.

$y=\cos x$ 是周期函数，周期是 $2\pi$.

4. 奇偶性.

因为 $\cos(-x)=\cos x$，所以 $y=\cos x$ 是偶函数，其图像关于 $y$ 轴对称.

5. 单调性.

$y=\cos x$ 在区间 $[0，\pi]$ 上是减函数，在 $[\pi，2\pi]$ 上是增函数.

余弦函数 $y=\cos x$ 在每一个区间 $[2k\pi，2k\pi+\pi](k\in\mathbf{Z})$ 上都是减函数，其值由 1 减小到 $-1$；在每一个区间 $[2k\pi+\pi，2k\pi+2\pi](k\in\mathbf{Z})$ 上都是增函数，其值由 $-1$ 增大到 1.

**例 1**　求函数 $y=-1+\cos x$ 的最大值、最小值、最小正周期及值域.

**解**　当 $x=2k\pi(k\in\mathbf{Z})$ 时，函数 $y=-1+\cos x$ 的最大值为 $y=1-1=0$；

当 $x=2k\pi+\pi(k\in\mathbf{Z})$ 时，函数 $y=-1+\cos x$ 的最小值为 $y=-1-1=-2$；

函数 $y=-1+\cos x$ 的最小正周期为 $2\pi$；函数 $y=-1+\cos x$ 的值域

为 $[-2,0]$.

**例 2**　不求值，利用余弦函数的单调性，比较下列各对余弦值的大小.

(1) $\cos\dfrac{6\pi}{5}$ 与 $\cos\dfrac{5\pi}{4}$；　　(2) $\cos\left(-\dfrac{\pi}{7}\right)$ 与 $\cos\left(-\dfrac{\pi}{8}\right)$.

**解**　(1) 因为 $\pi<\dfrac{6\pi}{5}<\dfrac{5\pi}{4}<\dfrac{3\pi}{2}$，而函数 $y=\cos x$ 在 $\left[\pi,\dfrac{3\pi}{2}\right]$ 上是增函数，所以

$$\cos\dfrac{6\pi}{5}<\cos\dfrac{5\pi}{4}.$$

(2) $\cos\left(-\dfrac{\pi}{7}\right)=\cos\dfrac{\pi}{7}$，$\cos\left(-\dfrac{\pi}{8}\right)=\cos\dfrac{\pi}{8}$.

因为 $0<\dfrac{\pi}{8}<\dfrac{\pi}{7}<\dfrac{\pi}{2}$，而函数 $y=\cos x$ 在 $\left[0,\dfrac{\pi}{2}\right]$ 上是减函数，所以 $\cos\dfrac{\pi}{7}<\cos\dfrac{\pi}{8}$，即

$$\cos\left(-\dfrac{\pi}{7}\right)<\cos\left(-\dfrac{\pi}{8}\right).$$

**随堂练习**

1. (1) 函数 $y=1+\dfrac{1}{2}\cos x$ 的最大值为＿＿＿＿，最小值为＿＿＿＿，最小正周期为＿＿＿＿；

(2) 函数 $y=1+4\cos x$ 的最大值为＿＿＿＿，最小值为＿＿＿＿.

2. 比较大小.

(1) $\cos 157°$＿＿＿＿$\cos 160°$；　　(2) $\cos\left(-\dfrac{\pi}{5}\right)$＿＿＿＿$\cos\left(-\dfrac{\pi}{6}\right)$.

3. 下列等式是否成立？并说明理由.

(1) $\cos^2 x=1$；　　(2) $2\cos x=3$.

4. 求使下列函数取得最大值、最小值的 $x$ 的集合，并求出这个函数的最大值、最小值.

(1) $y=-3\cos x$；　　(2) $y=4+\dfrac{5}{6}\cos x$.

笔 记

## 习题 5.7 >>>>>>>>>>>

**水平一**

1. 比较大小.

(1) $\cos 153°$ _____ $\cos 173°$；　　(2) $\cos \dfrac{8\pi}{7}$ _____ $\cos \dfrac{9\pi}{7}$.

2. (1) 函数 $y=3\cos x$ 的最大值为 _____，最小值为 _____；

(2) 函数 $y=-0.5\cos x$ 的最大值为 _____，最小值为 _____.

3. 函数 $y=1+3\cos x$，$x\in[0,\ 2\pi]$，当 $x=$ _____ 时，$y$ 取最大值；当 $x=$ _____ 时，$y$ 取最小值.

4. 求函数 $y=2+\cos x$，$x\in[0,\ 2\pi]$ 的单调区间.

5. 利用"五点法"画出函数 $y=-4\cos x$ 在区间 $[0，2\pi]$ 内的图像.

**水平二**

1. 求函数 $y=|\cos x|$ 的最小正周期.

2. 求函数 $y=\dfrac{2}{-1+\cos x}$ 的定义域.

3. 不求值，利用函数的单调性，比较下列各对函数值的大小.

(1) $\cos\left(-\dfrac{23\pi}{5}\right)$ 与 $\cos\left(-\dfrac{17\pi}{4}\right)$；

(2) $\cos\dfrac{2\pi}{7}$ 与 $\cos\left(-\dfrac{3\pi}{5}\right)$.

## 5.8　已知三角函数值，求指定范围的角 >>>>>>>>>>>

### 5.8.1　已知特殊三角函数值求角 >>>

问题提出

如果 $x=\dfrac{\pi}{6}$，那么 $\sin x=\dfrac{1}{2}$；反之，如果 $\sin x=\dfrac{1}{2}$，那么 $x=\dfrac{\pi}{6}$ 吗？

分析理解

由 $\sin\dfrac{\pi}{6}=\dfrac{1}{2}$ 可知，$x=\dfrac{\pi}{6}$ 是满足 $\sin x=\dfrac{1}{2}$ 的一个角，还有没有更多的角也能满足 $\sin x=\dfrac{1}{2}$ 呢？我们借助正弦曲线来探究问题.

如图 5-35 所示，条件中的 $\sin x=\dfrac{1}{2}$，在图像中就可以表示为 $y=\sin x=\dfrac{1}{2}$，问题就转化为求当 $y=\sin x=\dfrac{1}{2}$ 时 $x$ 的值，即直线 $y=\dfrac{1}{2}$ 与正弦曲线 $y=\sin x$ 交点所对应的 $x$ 的值.

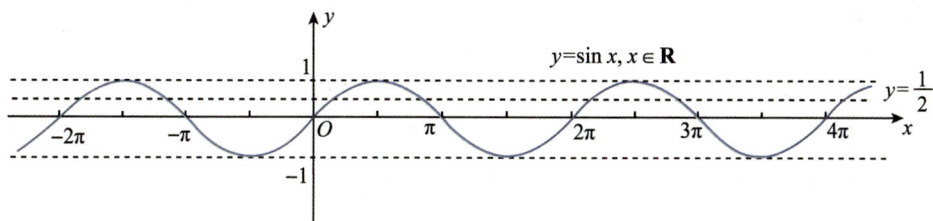

图 5-35

观察图像可知，直线 $y=\dfrac{1}{2}$ 与正弦曲线 $y=\sin x$ 的交点有无数个.

现将问题的范围限定为 $x\in[0，2\pi]$，由图像可知，满足条件的交点共有两个.

因为 $\sin x=\dfrac{1}{2}>0$，所以 $x$ 是第一或第二象限角.

满足 $\sin x=\dfrac{1}{2}$ 的锐角是 $\dfrac{\pi}{6}$，所以符合条件的第一象限的角是 $\dfrac{\pi}{6}$.

由诱导公式 $\sin\left(\pi-\dfrac{\pi}{6}\right)=\sin\dfrac{\pi}{6}=\dfrac{1}{2}$ 可知，$x=\pi-\dfrac{\pi}{6}=\dfrac{5\pi}{6}$，所以符合条件的第二象限角是 $\dfrac{5\pi}{6}$.

所以 $x=\dfrac{\pi}{6}$ 或 $x=\dfrac{5\pi}{6}$.

**例 1**　已知 $\cos x=-\dfrac{\sqrt{2}}{2}$，且 $x\in[0，2\pi]$，求 $x$ 的值.

**解**　因为 $\cos x=-\dfrac{\sqrt{2}}{2}<0$，所以 $x$ 是第二或第三象限角.

笔记

满足 $\cos \alpha = \dfrac{\sqrt{2}}{2}$ 的锐角是 $\alpha = \dfrac{\pi}{4}$，所以

符合条件的第二象限角是 $x = \pi - \dfrac{\pi}{4} = \dfrac{3\pi}{4}$；

符合条件的第三象限角是 $x = \pi + \dfrac{\pi}{4} = \dfrac{5\pi}{4}$.

所以 $x = \dfrac{3\pi}{4}$ 或 $x = \dfrac{5\pi}{4}$.

**例 2** 已知 $\tan x = \sqrt{3}$，且 $0° \leqslant x \leqslant 360°$，求 $x$ 的值.

**解** 因为 $\tan x = \sqrt{3} > 0$，所以 $x$ 是第一或第三象限角.

由 $\tan 60° = \sqrt{3}$ 可知，符合条件的第一象限角是 $x = 60°$.

又因为 $\tan (180° + 60°) = \tan 60° = \sqrt{3}$，

所以符合条件的第三象限角是 $x = 180° + 60° = 240°$.

所以 $x = 60°$ 或 $x = 240°$.

**例 3** 已知 $\cos x = \dfrac{1}{2}$，且 $x \in [-\pi, \pi]$，求 $x$ 的值.

**解** 因为 $\cos x = \dfrac{1}{2} > 0$，所以 $x$ 是第一或第四象限角.

满足 $\cos x = \dfrac{1}{2}$ 的锐角是 $x = \dfrac{\pi}{3}$，所以符合条件的第一象限角是 $\dfrac{\pi}{3}$.

因为 $\cos \left(-\dfrac{\pi}{3}\right) = \cos \dfrac{\pi}{3} = \dfrac{1}{2}$，

所以符合条件的第四象限角是 $x = -\dfrac{\pi}{3}$.

所以 $x = \dfrac{\pi}{3}$ 或 $x = -\dfrac{\pi}{3}$.

特别提示

已知三角函数值，求给定范围的角 $x$ 的值，其基本步骤如下.

（1）根据已知三角函数值的符号，判定角 $x$ 所在的象限；

（2）求出满足三角函数值的锐角 $x'$；

（3）根据 $x$ 所在的象限和诱导公式，写出满足题目给定范围的 $x$ 的值.

**随堂练习**

1. 已知 $\sin x = \dfrac{\sqrt{2}}{2}$，且 $x \in [0, 2\pi]$，则 $x$ 的值为_____.

2. 已知 $\cos x = \dfrac{1}{2}$，且 $x \in [0, 2\pi]$，则 $x$ 的值为_____.

3. 已知 $\tan x = -\dfrac{\sqrt{3}}{3}$，且 $x \in [0, 2\pi]$，则 $x$ 的值为_____.

### 5.8.2　已知任意三角函数值求角 >>>

**问题提出**

　　我们已经探究了已知特殊的三角函数值求角的方法，而对于不是特殊的三角函数值，又该如何求角呢?

**分析理解**

　　根据已知特殊的三角函数值求角的方法，借助计算工具，可以解决已知任意三角函数值求角的问题.

　　**例 1**　已知 $\sin\alpha=0.943\,7$，$\alpha\in\left[-\dfrac{\pi}{2}, \dfrac{\pi}{2}\right]$，求 $\alpha$ 的值.（结果精确到 0.000 1）

　　**解**　因为 $\alpha\in\left[-\dfrac{\pi}{2}, \dfrac{\pi}{2}\right]$，所以 $\alpha$ 在 $y=\sin\alpha$ 的一个单调区间内，这时使 $\sin\alpha=0.943\,7$ 的角 $\alpha$ 的值是唯一的.

　　先将科学计算器的精确度设置为 0.000 1，再将科学计算器设置为弧度计算模式，然后依次按键：

| SHIFT | sin | ( | 0 | · | 9 | 4 | 3 | 7 | ) | = |

结果显示：

```
                      FIX  Math ▲
sin⁻¹(0.9437)
                    1.2336
```

所以　　　　　　　　　　　$\alpha\approx1.233\,6.$

　　**例 2**　已知 $\cos\alpha=0.694\,3$，$0°\leqslant\alpha\leqslant180°$，求 $\alpha$ 的值.（结果精确到 0.000 1）

　　**解**　因为 $0°\leqslant\alpha\leqslant180°$，所以 $\alpha$ 在 $y=\cos\alpha$ 的一个单调区间内，这时使 $\cos\alpha=0.694\,3$ 的角 $\alpha$ 的值是唯一的.

　　先将科学计算器的精确度设置为 0.000 1，再将科学计算器设置为角度计算模式，然后依次按键：

| SHIFT | cos | ( | 0 | · | 6 | 9 | 4 | 3 | ) | = |

笔 记

结果显示：

$$\cos^{-1}(0.6943)$$
$$46.0285$$

所以 $\qquad \alpha \approx 46.028\ 5°.$

注意：应当区分所给条件中角的单位是角度还是弧度．如果是角度，计算时应用角度计算模式；如果是弧度，计算时应用弧度计算模式．

**例 3** 已知 $\tan \alpha = -2.747\ 0$，$\alpha \in \left(-\dfrac{\pi}{2},\ \dfrac{\pi}{2}\right)$，求 $\alpha$ 的值．（结果精确到 $0.000\ 1$）

**解** 因为 $\alpha \in \left(-\dfrac{\pi}{2},\ \dfrac{\pi}{2}\right)$，所以 $\alpha$ 在 $y = \tan \alpha$ 的一个单调区间内，这时使 $\tan \alpha = -2.747\ 0$ 的角 $\alpha$ 的值是唯一的．

先将科学计算器的精确度设置为 $0.000\ 1$，再将科学计算器设置为弧度计算模式，然后依次按键：

SHIFT　tan　(　−　2　.　7　4　7　0　)　=

结果显示：

$$\tan^{-1}(-2.7470)$$
$$-1.2217$$

所以 $\qquad \alpha \approx -1.221\ 7.$

**例 4** 已知 $\sin \alpha = -0.857\ 2$，$\alpha \in [0,\ 2\pi]$，求 $\alpha$ 的值．（结果精确到 $0.000\ 1$）

**分析** 因为 $\sin \alpha = -0.857\ 2 < 0$，在 $[0,\ 2\pi]$ 范围内有两个 $\alpha$ 值满足条件，它们分别位于第三象限和第四象限，即 $\alpha$ 在 $[\pi,\ 2\pi]$ 范围内．可用科学计算器先求出 $\sin \alpha = 0.857\ 2$ 所对应的锐角，再利用诱导公式求出所求的角．

**解** 先将科学计算器的精确度设置为 $0.000\ 1$，再将科学计算器设置为弧度计算模式，然后依次按键：

SHIFT　sin　(　0　.　8　5　7　2　)　=

结果显示：

$$\sin^{-1}(0.8572)$$
$$1.0298$$

即 $\qquad \sin 1.029\ 8 \approx 0.857\ 2.$

因为
$$\sin(\pi+1.029\ 8)=-\sin 1.029\ 8\approx-0.857\ 2,$$
所以符合条件的第三象限角是 $\pi+1.029\ 8\approx4.171\ 4.$

因为
$$\sin(2\pi-1.029\ 8)=-\sin 1.029\ 8\approx-0.857\ 2,$$
所以符合条件的第四象限角是 $2\pi-1.029\ 8\approx5.253\ 4.$

所以满足 $\sin\alpha=-0.857\ 2$，$\alpha\in[0,\ 2\pi]$ 的角 $\alpha$ 的集合为 $\{4.171\ 4,\ 5.253\ 4\}.$

**随堂练习**

借助科学计算器，求出下列指定范围内的角.（结果精确到 0.000 1）

1. 已知 $\cos\beta-\dfrac{3}{7}=0$，$\beta\in[0,\ \pi]$，则 $\beta$ 的值为＿＿＿＿.

2. 已知 $\tan\gamma=-0.234\ 5$，$-90°<\gamma<90°$，则 $\gamma$ 的值为＿＿＿＿.

3. 已知 $\sin\alpha=0.973\ 4$，$0°\leqslant\alpha\leqslant360°$，则 $\alpha$ 的值为＿＿＿＿.

4. 已知 $\cos\beta=-0.202\ 8$，$\beta\in[-\pi,\ \pi]$，则 $\beta$ 的值为＿＿＿＿.

# 习题 5.8 >>>>>>>>>>>>

**水平一**

1. 已知 $\sin x=-\dfrac{1}{2}$，$x\in\left[-\dfrac{\pi}{2},\ \dfrac{\pi}{2}\right]$，则 $x$ 的值为＿＿＿＿.

2. 已知 $\cos x=-\dfrac{\sqrt{2}}{2}$，$0°\leqslant x\leqslant180°$，则 $x$ 的值为＿＿＿＿.

3. 已知 $\tan x=-\sqrt{3}$，$-90°<x<90°$，则 $x$ 的值为＿＿＿＿.

4. 借助科学计算器，求适合下列各式中的 $x(0\leqslant x<2\pi)$ 的值的集合.（结果精确到 0.000 1）

(1) $\sin x=0.318\ 5$；　　　(2) $\cos x=-0.789\ 0.$

5. 求适合下列各式中的 $x(-\pi\leqslant x\leqslant\pi)$ 的值的集合.

(1) $\sin x=-\dfrac{\sqrt{3}}{2}$；　　　(2) $\cos x=-0.5$；　　　(3) $\tan x=-1.$

笔 记

笔 记

**水平二**

1. 借助科学计算器，求适合下列各式中 $x$ 的值.（结果精确到 0.000 1）

(1) $\sin x = \dfrac{\sqrt{3}}{5}$，$\dfrac{\pi}{2} < x < \pi$；　　　　(2) $\cos x = -\dfrac{1}{4}$，$\pi < x < \dfrac{3\pi}{2}$；

(3) $\tan x = -\dfrac{1}{3}$，$\dfrac{3\pi}{2} < x < 2\pi$.

2. 求满足 $\sin 2x = -\dfrac{1}{2}$ 的角 $x(0° \leqslant x \leqslant 180°)$ 的值的集合.

3. 借助科学计算器，求出下面指定范围内的角 $\beta$ 的值的集合：$\cos 2\beta = -0.690\ 9$，$0° \leqslant \beta \leqslant 180°$.（结果精确到 0.000 1）

# 数学园地 >>>>>>>>>>

## 三角学在我国的发展

　　我国很早就开始了对三角知识的研究．我国古老的数学书籍《周髀算经》一书中，记载了古时候人们计算地面上一点到太阳距离的方法．魏晋时期的著名数学家刘徽在古人"重差术"的基础上，编撰了《海岛算经》一书．

　　春秋时期的《考工记》一书，对"角"已有初步认识，并用"倨句"表示角度的多少，其中直角叫作"矩"．

　　唐朝开元六年至十四年(718—726)，唐代文学家瞿昙悉达修撰《开元占经》一百二十卷，将印度数学家编制的三角函数表载于其中，这是传入我国的最早的三角函数表．

　　由我国著名数学家徐光启(1562—1633)等人共同编译的《大测》二卷序言中说："大测者，测三角之法也."我国"三角学"一词即由此而来．该书介绍了三角函数值的造表方法和正弦定理、余弦定理等．

　　明末清初数学家薛凤祚著有《三角算法》一书，这是我国数学家自己撰写的第一部三角学著作．书中所介绍的三角学知识，要比《大测》《测量全义》中的内容更详细与完备．

　　清初著名数学家梅文鼎研究三角学数年，对所传入的三角学知识进行了通俗的解释，并著有《平三角举要》五卷．其内容由浅入深，循序渐进，条理清楚，是当时以及后人学习三角学的主要教科书．

　　如果想知道更多的关于三角学在我国发展历程中所经历的人和事，你可以通过不同的途径(如上网搜索)查找资料，整理出更为丰富的史料来．对此，你不妨与同学合作，试一试．

　　——摘录自沈文选、杨清桃编著的《数学史话览胜》一书，引用时有改动

笔 记

# 单元小结 >>>>>>>>>>>

## 学习导图

## 学习指导

1. 与角 $\alpha$ 终边相同的角的集合：$S=\{\beta \mid \beta=\alpha+2k\pi,\ k\in\mathbf{Z}\}$.

2. 弧度与角度的换算.

$$\pi=180°;\ 2\pi=360°.$$

$$1\ \text{rad}=\frac{180°}{\pi}\approx57.30°=57°18';\ 1°=\frac{\pi}{180}\text{rad}\approx0.017\ 45\ \text{rad}.$$

3. 弧长公式为 $l=\alpha r$，扇形的面积公式为 $S=\dfrac{1}{2}rl$.

4. 任意角的正弦、余弦和正切.

点 $P(x,\ y)$ 是角 $\alpha$ 的终边上异于原点的任意一点，点 $P$ 到原点的距离为 $r=\sqrt{x^2+y^2}>0$，则 $\sin\alpha=\dfrac{y}{r}$，$\cos\alpha=\dfrac{x}{r}$，$\tan\alpha=\dfrac{y}{x}(x\neq0)$.

5. 任意角的正弦函数、余弦函数和正切函数.

正弦函数 $y = \sin x$，$x \in \mathbf{R}$；

余弦函数 $y = \cos x$，$x \in \mathbf{R}$；

正切函数 $y = \tan x$，$x \neq \dfrac{\pi}{2} + k\pi (k \in \mathbf{Z})$.

6. 同角三角函数基本关系式.

(1) 平方关系：$\sin^2 \alpha + \cos^2 \alpha = 1$；

(2) 商数关系：$\tan \alpha = \dfrac{\sin \alpha}{\cos \alpha}$.

7. 诱导公式表$(k \in \mathbf{Z})$.

| $\alpha$ | $\alpha + 2k\pi$ | $\pi + \alpha$ | $-\alpha$ | $\pi - \alpha$ |
| --- | --- | --- | --- | --- |
| $\sin \alpha$ | $\sin \alpha$ | $-\sin \alpha$ | $-\sin \alpha$ | $\sin \alpha$ |
| $\cos \alpha$ | $\cos \alpha$ | $-\cos \alpha$ | $\cos \alpha$ | $-\cos \alpha$ |
| $\tan \alpha$ | $\tan \alpha$ | $\tan \alpha$ | $-\tan \alpha$ | $-\tan \alpha$ |

8. 正弦函数、余弦函数的图像和性质.

| 三角函数 | $y = \sin x$ | $y = \cos x$ |
| --- | --- | --- |
| 图像 | | |
| 定义域 | $x \in \mathbf{R}$ | $x \in \mathbf{R}$ |
| 值域 | $y \in [-1, 1]$ | $y \in [-1, 1]$ |
| 单调性 | 在区间 $\left[-\dfrac{\pi}{2} + 2k\pi, \dfrac{\pi}{2} + 2k\pi\right] (k \in \mathbf{Z})$ 上为增函数；<br>在区间 $\left[\dfrac{\pi}{2} + 2k\pi, \dfrac{3\pi}{2} + 2k\pi\right] (k \in \mathbf{Z})$ 上为减函数 | 在区间 $[2k\pi, \pi + 2k\pi] (k \in \mathbf{Z})$ 上为减函数；<br>在区间 $[\pi + 2k\pi, 2\pi + 2k\pi] (k \in \mathbf{Z})$ 上为增函数 |
| 奇偶性 | 奇函数 | 偶函数 |
| 周期性 | $T = 2\pi$ | $T = 2\pi$ |

笔记

## 单元检测 >>>>>>>>>>>

**水平一**

1. 选择题.

(1) 下列正确的是(　　).

A. $15°=\dfrac{\pi}{11}$　　　　　　　　B. $1\,200°=\dfrac{21\pi}{3}$

C. $\dfrac{5\pi}{6}=150°$　　　　　　　　D. $-\dfrac{7\pi}{8}=-220°$

(2) 下列正确的是(　　).

A. $\cos(-60°)<0$　　　　　　　B. $\tan 320°>0$

C. $\tan\dfrac{4\pi}{5}>0$　　　　　　　　D. $\cos 330°>0$

(3) 下列正确的是(　　).

A. $\sin\dfrac{4\pi}{7}<\sin\dfrac{5\pi}{7}$　　　　　　B. $\cos\left(-\dfrac{3\pi}{5}\right)>\cos\left(-\dfrac{4\pi}{5}\right)$

C. $\tan\left(-\dfrac{9\pi}{7}\right)>\tan\left(-\dfrac{9\pi}{8}\right)$　　D. $\sin 6>\sin 7$

2. (1) 在 $0°\sim360°$ 范围内, 与 $1\,458°$ 角终边相同的角是_____, 它是第_____象限角;

(2) 在 $0°\sim360°$ 范围内, 与 $-330°$ 角终边相同的角是_____, 它是第_____象限角.

3. 计算.

(1) $\sin\dfrac{25\pi}{3}+\cos\left(-\dfrac{17\pi}{4}\right)+\tan\left(-\dfrac{23\pi}{6}\right)=$ _____;

(2) $\sin^2 150°+2\sin 390°+\cos^2(-120°)+\tan(-60°)=$ _____;

(3) $\tan 1+\cos 2+\sin 3=$ _____. (使用科学计算器)

4. 已知角 $\alpha$ 的终边上有一点 $P(5,-12)$, 求 $\sin\alpha$, $\cos\alpha$, $\tan\alpha$ 的值.

5. 已知 $\alpha$ 为锐角, 且 $\sin\alpha=\dfrac{3}{5}$, 求 $\cos\alpha$, $\tan\alpha$ 的值.

6. 已知 $\tan\theta=3$, 且 $\theta$ 为第三象限角, 求 $\sin\theta$, $\cos\theta$ 的值.

7. 已知 $\tan \alpha = 2$，求下列各式的值.

(1) $\dfrac{2\cos \alpha + 3\sin \alpha}{\cos \alpha + 2\sin \alpha}$；

(2) $\dfrac{\sin^2 \alpha + 3\cos^2 \alpha}{3\sin^2 \alpha - 2\cos^2 \alpha}$.

8. 求使下列函数取得最大值、最小值时 $x$ 的集合.

(1) $y = -1 + 2\sin x$；

(2) $y = 1 + \sqrt{2}\cos x$.

**水平二**

1. 在半径为 10 cm 的圆中，60°的圆心角所对的弧长是_____，对应的扇形面积是_____.

2. 求下列指定范围内的角 $x$ 的集合.

(1) $\sin x = -\dfrac{\sqrt{3}}{2}$，$x \in [-\pi, \pi]$，则 $x = $_____；

(2) $\cos x = \dfrac{\sqrt{2}}{2}$，$x \in [0, 2\pi]$，则 $x = $_____；

(3) $\tan x = \dfrac{\sqrt{3}}{3}\left(x \neq \dfrac{\pi}{2} + k\pi,\ k \in \mathbf{Z}\right)$，$x \in [-\pi, \pi]$，则 $x = $_____.

3. 已知 $m < 0$，角 $\alpha$ 的终边经过点 $P(-3m, 4m)$，求 $\sin \alpha + 2\cos \alpha$ 的值.

4. 已知 $\tan(\pi - \alpha) = 3$，求下列各式的值.

(1) $2\sin \alpha \cos \alpha$；

(2) $\dfrac{\sin^2 \alpha - 2\sin \alpha \cos \alpha - \cos^2 \alpha}{4\cos^2 \alpha - 3\sin^2 \alpha + 1}$.

5. 用"五点法"画出下列函数的图像，并写出它们的周期.

(1) $y = -5 + 2\sin x$；

(2) $y = 5 - \cos x$.

笔 记